设计文化——产业转型与传统再生

管宁——著

江苏大学出版社
JIANGSU UNIVERSITY PRESS
镇江

图书在版编目(CIP)数据

设计文化:产业转型与传统再生/管宁著. —镇江:江苏大学出版社,2020.3
ISBN 978-7-5684-1271-1

Ⅰ. ①设… Ⅱ. ①管… Ⅲ. ①文化产业-产业发展-研究 Ⅳ. ①G114

中国版本图书馆CIP数据核字(2019)第276430号

设计文化:产业转型与传统再生
Sheji Wenhua: Chanye Zhuanxing yu Chuantong Zaisheng

著　　者/管　宁
责任编辑/顾正彤
出版发行/江苏大学出版社
地　　址/江苏省镇江市梦溪园巷30号(邮编:212003)
电　　话/0511-84446464(传真)
网　　址/http://press.ujs.edu.cn
排　　版/镇江文苑制版印刷有限责任公司
印　　刷/扬州皓宇图文印刷有限公司
开　　本/718 mm×1 000 mm　1/16
印　　张/18.5
字　　数/239千字
版　　次/2020年3月第1版　2020年3月第1次印刷
书　　号/ISBN 978-7-5684-1271-1
定　　价/56.00元

如有印装质量问题请与本社营销部联系(电话:0511-84440882)

前言
PREFACE

文化的力量及其价值的动态性

当人类在远古时代于坚硬的岩石上刻下某种动物形象或抽象图案时，文化便开始它漫长的发展旅程——从简单粗糙到复杂多样，从融于生产生活到脱离生产、自成体系，再到既独立自恰又与生产生活相互交织，甚至成为一种生机勃勃、前景广阔的服务产业。今天，文化已经成为人类发展不可或缺的重要组成部分。人们基本形成一个共识：一个民族最内在、最真实和最深远的力量，不是政治、经济和军事力量，而是看似无形的文化力量。

但在历史长河中，人们对文化价值的认识却始终存在很大的差异，有时甚至存在误区。古人常谓“百无一用是书生”，文弱书生被嘲“手无缚鸡之力”；缺乏社会经验、只懂死啃书本的人被称作“书呆子”，虽然饱读诗书，却缺乏谋生能力。书生也好，书呆子也好，尽管不能代表文化，但毕竟在某种程度上联系着，甚至象征着文化，因而，社会对读书人的嘲弄，则多半暗含着对文化的地位和作用的贬抑，至少是对文化力量的怀疑。曾经一个时期，许多家长反对孩子报考文科，认为考上理工科才能学到真本领，便于将来谋职业，所谓“学好数理化，走遍天下都不怕”；而以文史哲等为主的人文学科，要么是闲情逸致时的消遣，要么是故纸堆里的死磕，要么是玄虚空泛的哲思。总之，文化总给人远离人间烟火的感觉。

文化的确总是与人们直接的生存需求拉开一定距离，诗词歌赋、音乐舞蹈、书法绘画、戏剧曲艺，总是不及穿衣吃饭、安居出行等物质需求更迫切、更具刚性——人不可一日无食、不可衣不遮体、不可居无定所，却可以数日乃至更长时间不需要文化滋养。在马斯洛的人类需求层次理论中，生理需求（即穿衣吃饭）是人的第一层次需求，这也就意味着它是最基本的需求，与安全需求共同构成人的生存性需求。按马斯洛的理论，只有当低层次需求满足后，高层次需求才会出现；高层次需求出现后，低层次需求仍然会存在，各层次的需求相互依赖和重叠。马斯洛理论的确能解释我们上面列举的种种忽视文化价值的现象，但这一理论仅仅从人的需求角度进行探讨，却没有从整体性角度来观照人类社会。事实上，无论在哪一个社会发展阶段，也无论经济是发达还是欠发达，尽管如马斯洛所言需求的主导面会存在不同，但生活水平低的群体或个人，除了低层次需求，也依然有高层次需求存在，甚至是更强烈的存在，只是不具备获得满足的条件而已。当年知青的生活不可谓不艰苦，吃饱是最大需求，但知青内心对情感、对文化的需求同样非常强烈。他们尽管被饥饿、劳累所困扰，可依然对文学、音乐和其他文化知识求之若渴、趋之若鹜。因此，马斯洛所总结的五个层次需求，应是一个综合性的整体，可以分层次表述和分析，但不能割裂开来。完整的人必然是灵与肉的统一。故此而言，最基本不等于完整，作为人的存在，其需求应该是全面和多维的，是多方面综合性需求所构成的一种完整性需求。生存的需求固然是第一位的，但却与其他需求同时存在的，而所谓第一位，应主要从维系生命的角度来说。人类越向高级阶段发展，需求就越多样、越复杂。并且，就是第一需求本身，其内容和形式也在发生变化。尤其是现代社会，“生存需要”这一概念已不再仅仅是填饱肚子，而是具有更广泛和丰富的内容；与此同时，精神性需求也更为复杂和多样。对有些人来说，追逐物质享受就是其人生的最大乐趣，就能让其获得心理、情感乃至尊严的最大满足。事实上，这是把心理的满足视同为精神满足，把感官的快慰等同于心灵的愉悦。在这里，物质满足与精神满足的界线模糊，表明二者其实也有相对性，有时也很难明确地加以区分。

但从理论层面，我们还是可以区分二者的本质性差异。物质满足仅仅作用和诉诸感官与肉身，是一种生理快慰（尽管这种快慰在某些人那里也会部分转化为精神愉悦），较为肤浅和短暂；精神满足则抵达和深入内心与灵魂，是一种精神滋养，更深刻、更具有长久性。后者尽管不是日常所需，却是生存品质必备，更是人类区分和独立于生物界的标志。

文化无疑是人的高层次需求，是显示人类本质，体现人类存在丰富性的重要标志。文化也是人类智慧和创造性的体现和结果，一个时代的文化积淀会成为下一个时代文化创造的丰厚土壤，随着人类发展而日积月累的文化沃土，使人类的精神世界更加丰富繁茂。事实上，文化的作用还不仅仅限于让人们从心理到情感、从精神到灵魂有更丰富的体验，文化还能让人类更加文明和智慧。文化借助人们对自然的认知、运用和改造，使人类从野蛮走向文明、从羸弱变得强壮，获得真正长远和持久的生存能力。文化还是一种人类发展的内在力量，它所形成的信念、信仰和探索未知世界的执着精神，是人类进步的不竭动力。从这个意义上说，文化的精神力量总是会转化为物质力量。文化不仅是人类的生存之根本，更是人类的存在之理由。

然而，尽管文化对人类如此重要，但人们对文化的态度并非始终将其视为生存与发展的第一要义。不同时代、不同国家、不同民族对文化的认知，都存在反差巨大，甚至对立悖谬的看法。即便是同一国家和民族，人们在不同时期、不同阶段对文化的认知与观念也存在差异。因此，不论过去、今天，还是未来，人们对文化的认知和态度的差异，都会继续存在下去。这是因为人们看问题的方式、角度和立场始终存在着差异。是从现实功利还是从精神价值角度？是从局部着眼还是从整体观照角度？是从外在表象还是从内在实质角度？是从当下利益还是从终极关怀角度？角度不同，得出的结论自然不同。在此我们不作细致辨析，仅就文化在整个社会系统中的作用来思考其价值。人类社会和文明的发展，其核心动力源于以人为中心的各种政治、经济、社会、文化教育等活动所形成的力量集合体所释放的能量。这个过程一般情况下是一种有序的规则发生和发展，而这种有序性和规则化，是人类根据自身目的性要求建立起来，并以制度、法规、政策等形式固定下来，借助行政体制和力量来实行的。这里必须回到问题的源头与关键点，那就是目的性的建立和实现目的的制度安排，均是由人来确定的。当然，目的的实行和实施也同样是由人来完成的。也就是说，一切问题的原点是人对自然、社会如何认知，并决定如何处理与它们的关系。正确的认知与智慧的抉择无疑是人类文明健康发展的必要前提，而这种认知与智慧最重要的依托学科是哲学，是整体性、根本性地把握世界、把握自然、把握科学的一种思维方法。它不纠缠于具体专业性和社会实践问题，甚至不局限于哪个具体国家和地区，而是以人类整体发展需要为着眼点，思考人类未来命运和为把握这种命运该建立怎样一种共同体的终极问题。

当然，在这个前提确立之后，还需要形成相应的共识和力量，构成推动人类文明发展的前行动力。这个动力就其本源而言，也来自精神文化，来自价值观、信念和理念。文化的核心就是价值观和理念，就是来自根植于人们内心的认知和价值认同，这些看似无形的东西，往往会上升为信念和信仰，形成无比强大的力量。从这个意义上说，文化对人们的影响显然要比经济、政治和军事等更深层、更强大、更有力。

当我们从人类整体发展的宏大视野回到文化本身时，仅仅是确立了一个基本立场，紧接下来的问题依然复杂。因为文化本身是一个复杂的系统，其发展是由多方面因素和力量决定的，不仅其内部各种因素相互作用和影响，而且与外部诸多因素也相互交织、互动互融，这些共同构成一个大文化框架，即精神文化、物质文化和制度文化。其中，精神文化是核心，是产生价值观念和发展理念的。但是，什么样的文化价值观和理念符合人类的根本利益？不同的国家、民族、阶层，乃至不同的职业、性别、年龄等的人群会有不同的，甚至对立的认识和选择。这样看来，似乎所谓的先进文化难以有确定的答案。对此，应当确立动态、辩证和发展的思考方式。“动态”是指不同的时代有不同的文化主题和文化观念，判定其优劣与否应置于特定的历史环境和社会条件之中；“辩证”是指既要看在观念生成的时代其独特作用和影响，也要超越时代进行辩证分析；“发展”是指将问题置于整体性把握之下的理性考量，即在人类从过去、现在到未来的发展长河中去判定和调整方向。唯有如此，先进文化才能被辨识和确认。如同科学探索一样，物质世界的真理绝不是一次性发现的，而是无数次实践验证的结果，但其终极结果或者终极真理未必恒久存在，始终都会有颠覆性的新发现。所不同的是，无论是科学的旧原理还是新发现，一般总是把人类引向更加美好的未来；而文化理念选择的失误，却往往导致灾难性后果。

在人们普遍意识到文化发展重要性的今天，从政府到民间，从学界到业界，都将各种资源和资本向文化领域集聚。科技、旅游、金融、设计、人工智能等领域，也纷纷向文化投以青睐的目光。文化正面临大发展、大繁荣的新时代。在这个过程中，我们切记要审慎把握文化的发展方向，冷静辨析纷至沓来的文化现象，精心创造格调高雅的文化产品，竭力营造良好宽松的文化环境，稳步推进文化事业的繁荣兴盛。

目录
CONTENTS

附录　区域视角中的文化遗产与文化产业

上篇

设计文化与文化产业转型

文化产业转型：重心与观念

文化产业的发展无疑需要依托一定的文化资源，中国优秀传统文化中蕴藏着极其丰富的经典符号与美学元素，如何运用、转化和再造这些符号与元素，成为我们不断探索、实践的重要问题。今天，文化产业发展进入从资源依赖型向创意引领型转化阶段。随着社会主要矛盾发生变化，人民日益增长的美好生活需要形成了对丰富的精神文化食粮的新期待；文化走出去的国家战略也要求拥有更多符合国际文化市场需求的文化品牌。在此背景下，当前文化产业的发展，应当聚焦于文化产品和服务的多样性、高品质和知名品牌的打造，这也是文化产业领域供给侧改革的题中应有之义。习近平总书记在2018年全国宣传思想工作会议上指出，要推动文化产业高质量发展，以高质量文化供给增强人们的文化获得感、幸福感。这就阐明了当前文化产业的重点与核心所在。文化产业的转型升级和高质量发展之所以成为当务之急，正是产业发展的逻辑必然和时代发展的现实要求。

一、 文化产业：重心的转移

文化产业作为涉及众多门类的新兴产业，探讨其现实发展时很难用一个整体性思路和框架来概括，原因不仅在于不同行业门类有其自身发展规律，而且精神文化和造物文化之间也存在明显区别。从近几年的发展情况看，文化产业中的造物文化、工艺美术，正显示出更为广阔的发展空间，并顺应着产业融合、跨界发展的时代趋势。也正因为如此，国家统计局在《文化及相关产业分类（2012）》标准中确定的十大类文化及相关产业里，增加了文化创意和设计服务类。对此，国家统计局的解释是：新增加的这一门类，是为了更好地适应我国文化产业发展的新情况和新变化，尤其是适应文化产业新业态的发展。最新发布的《文化及相关产业分类（2018）》，则再次将“创意设计服务”纳入新的九大门类之中，并确定为文化产业的核心领域，而在其他门类中，如“内容创作生产”门类里的“工艺美术品制造”“艺术陶瓷制造”，以及“文化辅助生产与中介服务”门类里的“会议展览服务”，“文化消费终端生产”门类里的文具、笔墨、玩具及影像设备等信息服务终端制造等，都离不开创意设计服务。更值得注意的是，在“创意设计服务”这一门类中，除了2012年版原有的“建筑设计”“专业设计”外，新加了“工业设计”服务（这包含相当丰富的内容，涉及许多行业门类，尤其直接关系到制造业的转型升级），进一步扩大了创意设计服务门类范围。这表明，与创意设计相关的造物文化在文化产业中占有越来越重要的地位。事实上，这本身就是适应文化产业与相关产业融合越来越密切的现实需要，表明文化产业的渗透性、扩展性和关联性更加鲜明和凸显。从这个意义上，我们特别关注文化产业中的创意设计门类及其相关行业，试图从设计文化角度探讨文化产业范畴中造物文化如何实现新突破和新发展，如何提升文化品牌国际影响力。

从设计文化角度探讨文化产业转型升级，首先得考察设计文化自身的理念更新及其与文化产业的关系。设计作为专门的学科，是20世纪初的事，但不论在中国还是外国，设计作为一种造物实践活动自古有之。在中国，从远古的石器到商周的青铜器，再到后来的瓷器、丝绸、漆器、金银器及建筑、园林、家具、文玩等，都是古代造物活动的结晶，虽然那时“设计”这一概念还没有产生，但造物之初的创意、构思乃至草样的绘制、实物打样等，就是一个完整的设计过程。中国古代在造物方面取得令世界瞩目的巨大成就，也积累了丰富的造物经验和智慧，并形成一批有关造物的经典文献，如《考工记》《长物志》《天工开物》《营造法式》《园冶》《三才图会·器用》《工段营造录》《装潢志》等，是总结造物技艺和造物文化的珍贵宝藏，也可看作是人类古代社会重要的设计类著作。事实上，中国古代许多造物实践的过程与今天的设计制造颇为相似。清代有一个雷氏家族，是世代专门为皇家建造宫殿的御用建筑世家，在每一项建筑工程施工之前，都要根据绘制的图纸将建筑样式按一定比例制作出实体模型，由皇帝亲自过目审查。雷氏家族因而被同行称为“样式雷”，雷氏几代传人先后设计营造了故宫、三海、圆明园、颐和园、静宜园、承德避暑山庄等皇家重要工程，拥有高超的营造技艺，其精准逼真的设计“烫样”独树一帜，格外出名。“烫样”是利用草纸板将建筑各部分如台基、瓦顶、柱枋、门窗及床榻、桌椅、屏风、纱橱等均按1：100或1：200的比例制成，不仅制作精细，而且能直观完整地呈现建筑的结构、造型与整体效果，实际就是今天的建筑设计模型。遗憾的是，这样的设计技艺仅以非物质文化遗产方式由雷氏家族代代相传，既未能形成专门的学术文献，也未能被纳入教育体系。在器物制造领域，中国古代工匠创造了无数精美绝伦、巧夺天工的工艺品，成为那个时代的巅峰之作，许多工艺和制作因失传，令人难以继承和超越。我们今天能从中汲取的，除了工艺之外，更重要的是其中所蕴含的造物思想和理念：天人合一、巧法造化、简约灵动、意趣高雅。当然，随着人类社会的发展、科技的进步，尤其是现代工业革命之后，许多新工艺、新材料、新技术出现，并形成了与之相应的新的功能、审美观和价值观，使得整个造物体系发生了重大转型和突破，这就需要我们以不断探索和创新的精神，去开辟造物文化发展的新空间。

近现代以来，具有悠久历史和独特技艺传承的中国手工业，面临工业化生产的巨大挑战，这种挑战在更大的背景上，是农业文明与工业文明的交替与冲突。中国在从手工业向工业化转型的过程中，一方面出现传统手工业的式微，另一方面工业化进程的缓慢致使现代设计的萌芽与发展一直处于滞后状态。今天，我国制造大国地位的形成，还只是基本完成了工业化，距离先进国家现代化水平还存在很大差距，在高端制造业领域更是存在许多短板。这个差距最突出的表现是，缺乏原创设计、高技术含量产品和世界知名品牌；更内在和基础性的缺失则在于现代设计教育水平不高、普及不够、环境不优。另一个不可忽视的问题在于，从事传统工艺美术的工匠们对现代设计知识体系知之甚少，在实践领域也未形成与现代设计相匹配的完善的工艺流程、生产方式和商业模式。这导致尽管我们已经清醒意识到应当对优秀传统进行创造性转化和创新性发展，但如何转化与创新还有许多更具体、更富实践性的问题要探索。

事实上，古代设计与现代设计不论是设计语言还是设计手段，也不论是生产工具工艺还是生产方式，都存在许多根本性差异。从创意构思到工艺制作，手工艺与机械流水生产毕竟是两种截然不同的造物形式与体系，也必然产生两种不同的造物文明。因此，与工业化同步的应该是源于高等院校的现代设计教育，而与手工业同步的应该是源于传统工艺美术的非遗传承体制。当然，这两个源流并非截然分开、毫无联系，而是存在密切相连、传承延续的关系，二者的对接、贯通与融合，需要不断的探索和实践。正如有学者指出，手工艺要继续生存下去，不仅需要我们对其旧有的装饰形制、图案符号、工艺品种等重新进行审视和改造，借助现代设计方法和商业模式去适应当代人的审美需求和市场规模，同时在延续装饰艺术传统的基础上，凝结成一种独立于西方艺术模式、焕发着勃勃活力与生机的民族艺术文化①。今天，在文化产业涉及造物的门类中，尤其需要一大批既深刻领悟传统造物文化精髓与智慧（这是创意的思想资源），又娴熟掌握现代设计语言与造物技艺的人才。如果我们仅仅拥有传统文化情怀却不能掌握现代设计语言，不但难以很好地继承优秀传统造物文化，也难以满足当代社会的文化需求，实现文化产业高质量发展的目标就将落空，也就无法真正推动中国造物文化走向世界。

二、 设计文化： 新认知与新转化

文化产业供给侧改革的现实需求、文化专家和设计师们的民族文化自觉，使得创意设计领域涌动着蓬勃活力与探索热情。任何理论创新与实践要臻于一个理想的境界，都需要艰辛的探索和努力，甚至需要漫长时间的磨砺。尤其是造物领域，追求精工、精致、精巧的实践是永远没有止境的。近十年来，我国在现代设计和造物领

① 杭海、林存真主编：《从 OLYMPIC 到 APEC：民族传统文化元素在现代艺术设计中的应用研究》，北京：中国建筑工业出版社，2017 年，第 307 页。

域中走过的历程，正是这样一种从迷茫、困惑到清醒、笃定，从模仿、因袭到创新、创造的过程。传统工艺美术与现代设计的结合、传统造物技艺与现代科技的对接、传统设计理念与前沿艺术设计思想的融合等，都在不断开辟出新的路径，创造新的经验。

回溯过往，我们深切感受和认识到传统与现代结合这一主题，具有极其深厚的理性内涵与广阔的实践空间。面对我国五千年丰赡浩瀚、博大深厚的传统文化，如何从中选择、辨析、筛选并运用到今天的文化创造之中；如何既传递出传统文化的精髓与灵魂，又体现当代文化的形式与意趣；如何既符合当代中国人的文化消费习惯，又能获得世界各国人民的喜爱，无疑是一个需要我们不懈探索的系统性、社会性工程。正如有学者指出，如何处理传统设计中的经典文明，是现代设计的价值转换及文化认同中必须经历的一轮社会性操作。不言而喻，对于任何民族而言，这个系统工程的复杂性与过程的艰巨性都不难想象①。

随着传统文化保护意识的不断增强，特别是在现代化进程的快速发展中，人们逐渐意识到传统文化对于中国这样一个历史悠久的文明古国的重要性与特殊意义。在一个时期里，人们对大量现代工业流水线生产出来的产品，从开始时的推崇、追捧到逐步排斥甚至厌弃，使得具有民族特色、散发着手工艺温度的文创产品日渐时兴起来。

曾经有段时间，在一些有影响的文博会上，商家们推介工艺美术商品及其他文创产品时，几乎不约而同地以“手工”来标榜特色与亮点，一时间，“手工”成为文创商品的最大卖点。这种传统回潮的现象固然有其特定历史背景和深刻的生产消费逻辑——人们对工

① 杭海、林存真主编：《从 OLYMPIC 到 APEC：民族传统文化元素在现代艺术设计中的应用研究》，北京：中国建筑工业出版社，2017 年，第 266 页。

业文明兴盛带来的文化美学产生了疑惑，对所置身的现代文化环境心存质疑：人们恍惚觉得孜孜以求获得的现代化及其五彩缤纷的文化场景，并非像期待的那样美好，似乎还不如曾经匆忙之间抛弃的传统工艺及其所依附的古典美学精神。对这一现象的产生，雷蒙·威廉斯所表达的一个见解从某种角度给出了一个解释：“工业主义强加给我们的生活模式绝不是放之四海而皆准或者永恒不变的……在我们自己的文化中切实可行的选择和变化，对我们才有意义；这个原则得到了适当强调后，它会迫使我们回头审视我们自己的综合体，而非从其他地方或其他时代找寻答案。”① 显然，对于有着历史悠久、积淀深厚、内涵丰富的传统文化资源的中国而言，工业文明及在其基础上发展起来的工业文化、现代艺术，必然也应当有其独特的演进轨迹和别种样貌；中国的现代文化必然要从深厚的传统文化土壤中生长起来，只是生长的过程及如何生长，还需要长期的探索和实践。传统手工艺品忽然之间在现代化的浪潮中涌现，一方面意味着这些非遗产品具有超越时空的魅力与价值；另一方面意味着现代工业品不足以满足当代人的需求，人们因此回过头去怀念起农耕时代的工艺品。正是在这样一种特殊的生产境遇、历史环境和消费趋向下，文创产品的手工艺化倾向使得一批非物质文化遗产被短暂激活，受到政府、社会与消费者的重视。但由于传统手工艺生存的社会历史条件、生产方式乃至生活环境发生了巨大变化，身怀绝技的民间匠人的稀缺、传统工艺绝活的失传，使得基于传统手工艺的文创产品从形式、功能、质量到审美、品种、品质，均存在创意缺失、形式陈旧、设计简陋、功能单一、制作粗糙等弊病，既没有超越古人，也不具有当代性，流于低水平的模仿、

① 雷蒙·威廉斯:《文化与社会 1780—1950》，高晓玲译，长春：吉林出版集团有限责任公司，2011 年，第 315 页。

照搬和外在、表面的改造。从另一个角度看，单纯强调传统手工艺的地位和作用，显然无法适应工业文明时代文化消费的需求——现代文化产品不仅类别丰富、品种繁多，而且材料多样、设计新颖、工艺先进，适合在确保精工细作的基础上实现批量生产，同时也形成了一个适应当代人审美观念的现代工业美学体系。因而，从传统到现代的过渡与转换并非一朝一夕，而是一个漫长和艰辛的历程。这个过程，包含着对传统造物文化的理解，如何吸收和继承传统造物中具有规律性的东西，比如“工艺美术双重属性的规律，工艺美术设计与生产技术不可分割的规律，工艺美术设计与物质材料相互制约的规律，工艺美术反映社会生活的特殊形式，工艺美术的形式法则，工艺美术时代风格、民族特色的形成规律，工艺美术设计要借鉴‘古人’‘外国人’的规律等。这些规律性经验才是传统的精华”①。优秀传统文化无疑是历史积淀中最精华的部分，代表着一种文明的深度与巅峰，绝不可丢弃；但我们又不可以简单地重复传统，而要在感知、理解、把握传统精神和精髓的基础上，从当代人的需求出发，超越传统，而这个过程必然需要信念、理性与一种尊重文化的精神②。

传统手工艺的局限，使得以“手工”标榜的文创产品，因简单地模仿、照搬传统元素而昙花一现，难以形成创造性的突破和持久的市场效应。这令文化专家和设计师们转向更深入的思考：传统造物文化的精髓是什么？人们今天究竟应当从传统中汲取怎样的美学和精神养分？习近平总书记指出：“要把优秀传统文化的精神标识提炼出来、展示出来，把优秀传统文化中具有当代价值、世界意义的

---

① 王家树：《发展工艺美术之我见》，《王家树文集》，济南：山东美术出版社，2011 年。

② 杭海、林存真主编：《从 OLYMPIC 到 APEC：民族传统文化元素在现代艺术设计中的应用研究》，北京：中国建筑工业出版社，2017 年，第 24 页。

文化精髓提炼出来、展示出来。”① 这正是我们在继承传统的过程中所要遵循的文化策略与实践指南。从造物设计领域来看，就是要探索如何更有效地运用现代设计语言转化传统造物符号与元素。这种转化成功与否，取决于许多方面的因素，其中重要的是对传统的认知和理解，是对现代造物文化、设计语言的把握和运用，以及对世界设计与时尚潮流的洞察与汲取。对传统的认知深度，决定着对传统的激活程度；对时尚的洞察深度，决定着对传统的再造力度。上述传统手工艺产品的短暂复苏，表明对传统造物文化的认知还停留于外在层面，显得肤浅和流于形式。外在形态的承续，表面看来充满了中华文化美学符号，显示出东方造物特有的审美风范，但实际上未能实现对传统美学的超越，未能在造物设计上形成新的价值和陌生感。它的一时趋热仅仅是人们在久违之后所产生的乍见之欢，远未能适应当代人文化消费的普遍性需求。于是，人们开始从对传统造物的形式研究转向对造物理念、伦理及精神内涵的分析；从注重简单的形式模拟，到挖掘和领悟传统造物的审美价值与意趣。著名工业设计教育家柳冠中先生就曾强调中国设计应当体现精神价值的标准而不是对传统形式的模拟，要从设计创造的根本原理去理解设计价值的特征：“事情研究透了，对物的定位就准了，也就能够解决如何看待传统的问题——事情变了，传统的形肯定不符合，所以继承的不是形的表面的东西，而是继承整个人活动的行为和人的精神，创造是本质。”② 作为一种体现人类智慧的造物文明，中国古代造物文化之所以能够令世界惊艳，在于其所蕴含的独特造物哲学与伦理。注重人与自然和谐的思想，形成了园林设计中人居美学的独

---

① 《习近平出席全国宣传思想工作会议并发表讲话》，新华网 www. news. cn，2018 年 8 月 23 日。

② 柳冠中：《我与工业设计——王丽丹、郭秋惠访谈柳冠中》，《事理学方法论》，上海：上海人民美术出版社，2019 年，第 182 页。

特意趣，建筑与山水融为一体，成为自然的一部分，体现了天人合一的哲学理念；强调造物过程避免“玩物丧志”“淫巧荡心”，尊崇一种适度的欲求和高雅的人格品质，不提倡过度追求物质享受，反映出品高于物的造物伦理。这些思想只是中国深厚造物文化中内涵与精神的冰山一角，更为丰富的造物智慧与精髓等待我们去提炼、发掘和继承、弘扬。中国当代一批设计师已经开始了他们富有意义的尝试。由王澍设计的中国美术学院象山校区专家接待中心“水岸山居”，虽然以本土民间传统夯土为主要建筑材料，但已不再是对传统的简单模仿，而是完全打破了传统民居空间布局和结构方式，以超越传统的现代设计手法，内在地传递出古代村落设计智慧和园林结构布局的精髓。王澍在整体性建筑中设计出复杂的类似传统村落的空间格局，且巧妙地设计了贯穿于整个建筑内部空间的台阶和坡道，将所有客房与公共空间连接在一起。其中，既有湘西地区为适应当地多雨气候所建造出独特村落格局的灵感来源，也有古典园林廊院迴曲的空间营造之智慧借鉴。同时，整个建筑四通八达、开放通透的布局安排，不仅暗合了古人在贴近自然的山林坡地传授学问、切磋交流的行为习惯，也适应了现代社会人际交往的便捷性需求。这种对传统建筑文化的传承完全摆脱了简单的形式模拟，在对传统民居和园林内在理性精神的深度认知中，把握了其深层内涵与灵魂，并以娴熟的现代建筑设计语言表现和展示出来，使得对传统的继承成为一种原创性的再造，而不是模仿性的再现。华人设计师卢志荣在二十多年旅欧创作生涯中，并未被流行的设计思潮及消费社会法则所裹挟，而主张远离商业社会的通俗文化，从宋代生活艺术的诗性缄默中体现东方情境，并以“美即简约实用”的生活器物设计原则倡导“以诗为用，以用为诗”，创作出一系列富有东方韵致的设计作品。

很显然，面对优秀传统造物文化，继承其精神性价值要比模仿形式符号更为重要，继承先人的造物智慧要比沿袭传统工艺技巧更有意义。处在新时代的历史方位上，面对不断成熟的工业文明和快速发展的人工智能，我们需要辨别分析当代社会的现实需要，清醒认识当代生产力水平和造物条件，站在今天的立场来看待传统与现代的关系。在20世纪初建立的开启现代设计学先声的包豪斯设计学院，“现今已然成为世界性的概念和标志。作为艺术设计的开创者，它所倡导的就是现在我们称之为‘包豪斯风格’的纯粹的简约主义”①。包豪斯更重要的意义在于，它以工业文明为基础，重新建立了一整套造物文化理念、设计语言、工艺方法和教育体系，适应了工业化批量与流水生产的新造物方式，形成完全不同于传统手工艺的造物文化与文明范式，成为人类造物文化的一个新的里程碑。历经一百多年，现代设计已经发展出一个完整的体系，人类的造物能力和水平远远超过了古代，而当代西方造物文化则处于领先地位并不断实现新的突破。在这个背景下，对优秀传统造物文化的传承，不应当是简单的物理改造，而应是要进行复杂的化学反应；不是外在形式的模仿，而是内在精神的传递与弘扬；不是个别门类、行业的继承与转化，而是设计语言的整体性更新和造物文化的系统性再造。

三、造物实践：观念更新与品牌优化

对传统造物文化所蕴含的造物智慧与设计美学的认知深化，不仅能使我们从精神性价值上继承传统造物文化，而且能推动当代设

---

① 包豪斯档案馆、玛格达莱娜·德罗斯特：《前言》，《包豪斯 1919—1933》，丁梦月、胡一可译，南京：江苏凤凰科学技术出版社，2017年。

计的发展并形成中国本土造物设计体系。这个独特设计体系的形成，既关乎中国国家形象的建构，也关乎文化产业中造物文化、创意设计的转型升级；既关乎中国特色、中国风格、中国气派的本土现代设计体系的建设，也关乎文化品牌的打造和国家文化软实力的提升。

推动中国现代造物文化的发展，首先要从更新造物文化和设计观念着手，再从当代中国本土的现实需要出发，开展具有世界意义的造物实践探索，从而全面提升文化品牌内涵和知名度，实现文化产业在真正意义上的转型升级。

确立适应当代社会发展和文化消费需求的设计理念，同样离不开对传统造物智慧的汲取与转化，也离不开对西方现代设计理论和造物经验的借鉴。但这一切都要立足于当下人们的文化消费需求，立足于造物技艺与物质材料的最新成果，立足于当今社会人与物的新型关系，立足于人类未来造物发展的可能与趋势，在正确处理好传统、现代与未来的关系中，逐步形成体现传统造物精神、反映当下造物需求、预示未来造物走向的先进造物文化与设计理念。

一个缺乏先进理念和先进文化价值系统支撑的造物文化，显然是无法实现上述造物理想与目标的。先进理念源于对事物客观、科学、理性和富有前瞻性的思考与分析。思考的原点应当基于对人类生存和健康发展的基本诉求上，具体包括人类物质与精神生产及其所形成的社会形态与生活方式。现代设计推动了工业文明不断向更高工艺（技术）水平、更高文化含量发展，同时也激发了人们潜在的物质消费欲望。产品不断更新换代，消费欲望永无止境，导致在追逐欲望满足的过程中，社会矛盾、资源匮乏、环境污染等负面效应随之产生。设计文明的发展显然也必须遵循可持续的先进理念，否则最终也将导致对人类文明的侵害。艺术设计，作为一种促进信息沟通、提升生产价值、拓展市场疆域的手段，一方面创造着 20 世纪令人炫目的视觉文化，另一方面它又成为侵害人类生活原有品质的破坏性因素。正是在这个意义上，对于当代设计中的文化矛盾的关注，成为新世纪文化哲学问题中全球焦点问题之一①。解决这一文化矛盾的关键，在于深入、慎重地思考与选择造物文化发展的理念和科学地确立设计战略，在于严谨、缜密地梳理与构建现代设计的文化价值系统，确立现代设计的文化核心与底色。这事实上也成为中国和世界许多设计大师思考与实践的重要问题。

平面设计是现代设计学的基础，也是设计产业的重要组成部分。在视觉文化时代，平面设计在设计思想和方法上发生了重要变化，同时借助电脑三维技术、人工智能等科技手段，在视觉设计语言、图案运用方式和视觉传达技巧等方面不断演进，在丰富文化品牌内涵、吸引新客户群体和提升品牌知名度方面发挥了十分重要的作用。纽约大都会艺术博物馆作为全球著名的博物馆，收藏了大量来自世界各个文明体系的历史文物，其中相当一部分是造物文化的经典。这个在全世界首屈一指的博物馆虽然不缺观众，也不缺知名度，但由于观众的行为态度在发生改变——注意力在分散，互动形式多样化，视觉认知方式和审美习惯在改变——导致原先的标识不适应新的文化需求。为此，博物馆对旧标识进行了系统的品牌升级，不但重新设计标识，而且延伸出一系列形象系统。在设计师看来，“标识符号是一种传达品牌理念的设计，受贯穿整个博物馆、跨越时空与文化及人们与艺术之间的联系的战略需求所影响”②。新标识确立了新的定位和理念：以红色作为标识系统的基础色，在保持庄重的同时，给人一种热情的感觉；标识系统的版式安排从古板转向亲切；

---

① 杭海、林存真主编：《从 OLYMPIC 到 APEC：民族传统文化元素在现代艺术设计中的应用研究》，北京：中国建筑工业出版社，2017 年，第 16 页。

② 约翰·德比编：《品牌升级》，潘潇潇译，桂林：广西师范大学出版社，2017 年，第 205 页。

形象系统设计中，减少过于正式的静态元素，强调博物馆在人们日常生活中扮演的角色。标识系统品牌升级后，大都会艺术博物馆网站的访客数量有了大幅度提升，达到了历史新高。

致力于地方传统工艺美术技艺传承和现代转化的“南京设计廊”，以运用南京本土传统文化与工艺元素为主旨，依据当代工艺品消费需求进行现代再设计，力图把包括云锦、折扇、木雕等六朝古都南京的各类文化元素，借助有计划的系列设计和平台搭建，构筑南京创意设计集聚高地。其文创产品多以传统工艺及相关文化符号为元素，创造设计出符合当代文化消费与生活习惯的文创产品，涉及品类涵盖商务礼品、生活日用品、创意美食、旅游纪念品等，既有效地推动了南京地方工艺美术的现代性转化，也在传统文化元素应用于现代设计的探索中积累了有益经验。当然，如前文所述，传统的现代转化是个漫长而艰难的过程，南京设计廊中的文创产品基本还停留于传统符号的简单移植、外在形式的单纯模拟，存在传承有余、创新不足等问题，未能在深层的人文精神价值上认知传统，并以娴熟的现代设计语言进行表达和叙事。

同样以中国民族文化元素的当代设计应用为旨归的爱马仕子品牌“上下”，则较好地理解与运用了中国传统工艺与美学符号。这一品牌力图打造以中国传统造物文化为底色的当代雅致生活艺术品牌，致力于传承中国的生活美学和精湛的手工艺（包括木作家具、竹丝扣瓷、羊绒毡、薄胎瓷等），经由当代设计的创造力，转化为富于时代精神的“美”与“用”，以再造的形式使传统重返当代生活。“上下”品牌设计师善于在深刻理解传统工艺美学价值和人文精神的基础上，以元素提取和工艺借用的方式，将中国传统手工的精湛技艺和精美符号置于当下生活语境中重新审视，有机融入现代设计；同时大胆选择和采用当代高科技材料，造就出既体现传统器物精神意境，又充满现代感和时尚气息的造物产品。如采用钛合金材料制作具有明式家具简约风格的座椅，但其结构、材质、尺度和比例上的再设计，使得明式家具的简约风格呈现出一种更加空灵、简洁的气韵；以白金等为材料设计的项链，图案造型提炼自中国传统花片的精美纹饰，但其质感、造型和工艺的处理，无不透露出鲜明的当代首饰设计的时尚感。这种具有国际品味的设计，为传统向现代转化的探索提供了一个精雅的范例。

无印良品作为日本日用百货产品的知名品牌，从2001年开始进军国际，短短20多年，便在全球25个国家及地区设立了301间店铺，现今已发展成为国际知名日用百货产品品牌。这个品牌创立之所以成功，其背后离不开设计大师的作用，从最早参与品牌理念孕育的平面设计师田中光一，到后来的日本国际知名设计师原研哉、深泽直人、小池一子等作为顾问，他们实际参与甚至主导了公司设计战略的确立，而更重要的是其前卫的设计理念得到世界范围的认可：简约、简素，“这样就好”。该理念的孕育与形成，是在适应日本资源短缺的现实，传承日本设计美学抽象、简素传统，符合现代设计极简主义潮流，呼应当代世界的环保理念基础上产生的。其中包含着公司主管与设计师对于当代生活方式的独特观察与思考，甚至包括“以商业贡献社会”的情怀。他们“选取构成生活基本的真正必需的东西，重新评估其真正必要的形状和素材，削减生产过程中的冗余，让包装保持简朴，由此便孕育出了简约美丽的无印良品风格”①。设计师们运用这样一种理念，在设计上将7500种商品无一例外地贯彻了“简约”这一特质，实现了日本人对造物及其功能的理解与世界造物趋势的对接和匹配（无印良品的理念与包豪斯的

① 松井忠三：《无印良品世界观》，吕灵芝译，北京：新星出版社，2017年，第122页。

设计思想在很多方面存在共通之处），成为具有日本式东方美学特点并被国际消费者所接受的“无印风格”。为贯彻这一理念，公司要求所有商品都必须具备“无印风格”，一旦不具备，即便再畅销的商品也会被禁止进入商店。这便是具有文化追求、文化情怀的商业精神，或者说是以具有独特文化价值体系为依托的设计理念。公司提出“不要‘这样才好’，只要‘这样就好’”的精确定位。从“这样才”到“这样就”，这一变化中蕴含着丰富的造物思想：“‘才’当中暗含着微妙的自我中心和不协调感，而‘就’却显示出了内敛和让步的理性。此外，这个字眼说不定还能让人体会到某种近似于达观精神的东西。”① 受此理念引领，无印良品庞大的日用百货产品系列不仅具有统一、鲜明的品牌特征，而且能够在一定范围内倡导并形成一种生活立场和方式，使商品销售成为“生活方式”的推销，从而显示出品牌内在的文化魅力与影响力。无印良品摈弃奢侈品设计而关注有品质的日常生活用品的设计思路，不乏启示意义。

中国传统造物的辉煌成就中，有相当一部分属于宫廷物品，民间工艺美术高手也基本是为宫廷和地方权贵服务，这导致中国传统的造物品类和风格相当一部分脱离了日常生活需求。有学者指出，以传统的工艺美术史来说，其主要内容是帝王将相的物品，确实反映了不同时代工艺方面最高的水平和成就，其中也包括设计智慧，但这些题材，显然无助于我们还原不同时代的一般面貌，缺少大众日常生活内容的支撑，缺少日常用品的工艺认知，实际上就是抽掉了造物领域最庞大而坚实的基础，其局限和片面之处是不言而喻的②。中国一些原创日用品品牌的打造，正显示了对这一缺失的弥

---

① 松井忠三：《无印良品世界观》，吕灵芝译，北京：新星出版社，2017 年，第 124 页。

② 方晓风主编：《寻找新范式的设计学研究》，《设计研究新范式：〈装饰〉优秀投稿论文（2013—2017）》，上海：上海人民美术出版社，2018 年。

补，也表明当代中国造物正在悄然开启属于自身原创的现代日用品设计之路。Joyye 是一个由中国人郑苏华创立的时尚日用陶瓷品牌，依托中国数千年陶瓷文化的丰厚底蕴，融入当代欧陆时尚艺术元素，形成东西合璧、清新时尚的日用高端陶瓷品牌，并在 2013 年以品牌联署的方式，成功进驻法国“老佛爷”高端百货商场。创立者坚持将传统技艺与现代文明、市场需求相融合，力求深刻理解中国陶瓷文化与欧洲文化的内在精神，悉心探寻和筛选异域文化中最有价值的美学元素，其设计团队踏遍欧洲时尚圣地，汲取包括欧洲文学、音乐、器物和宗教等文化元素，并感受这片土地特有的自然风光，捕捉和提炼适合于品牌定位的符号元素，最终确立了品牌核心理念和定位：“快时尚、新奇特、高品质”，同时运用中国陶瓷技艺的表现方式，将欧洲古典与现代流行元素融合在一起，形成富有独特个性的欧陆小清新、小资生活情调的风格。现今，Joyye 已获得百余项欧盟设计专利，品质经过欧盟与美国食品安全检验机构认定。更重要的是，其品牌文化受到欧美消费者广泛认可，进入了包括巴黎“老佛爷”高端百货商场、英国 LIBERTY 的货架、挪威 TILBORDS 高端百货商场等欧美几十家高端家居精品市场，成为中国当代陶瓷高端产品中具有国际竞争力和影响力的品牌。当然，中国造物文化的现代转型毕竟晚于欧美百余年，部分领域、个别品牌的成功不能成为我们忽视现代设计总体滞后、名品缺失的现实，更不能成为我们自足自傲、张扬炫耀的理由和资本。我们既要正视差距，又不要灰心气馁；既要充满底气，又不要盲目自信。认清目标，淡定笃行，执着追求，砥砺奋进，必成大业。

造物实践既需要继承优秀传统技艺，也要利用先进科技手段；既要汲取传统精神文化养料，也要吸收中外设计精髓与造物智慧；既要立足传统文脉的延续，也要超越传统创造新的文明和新的传统。

许多成功的实践告诉我们，传承的本质在于创造，不出新的传承就是抄袭，唯有创新创造才能实现有价值的、真正意义上的继承；而从历史演进的角度看，优秀的创新必将成为未来世界的新传统。建筑师米勒和马兰塔曾言："有句话说'传统并不是崇拜灰烬，而是要让火苗继续燃烧'，这多年来一直是我们的指导方针。"① 很显然，我们唯有在传统的基础上生生不息地创新创造，才能让传统造物文明的火种代代延续、精神文脉的火苗永久燃烧。

造物文化需要从精神文化中汲取营养以形成自身的人文价值体系，使创意设计更有文化底蕴；优秀造物自身也必然承载着深刻的文化哲学和美学意蕴，并以其普遍的、日常的存在而更潜隐、更持久地传递着精神文化内涵。诚如罗兰·巴特所言："物体被人用于作用于世界，改变世界并积极地生存于世界。物体是一种行动和人之间的中介者……这些原则上永远具有功能、用途、目的的物体，我们以为只是将其经验当作纯粹的工具，而在现实中它们还连带着其他东西，它们也是某种其他的东西，它们起着意义载体的作用。换言之，物体有效地被用于某种目的，但它们也用作交流的信息。我们可以总结说，永远存在有一种超出物体用途的意义。"② 我们今天在推动文化产业高质量发展的过程中，应高度关注创意设计为基础的造物文化的发展与提升，使其与精神文化发展相得益彰、协调互补，创造中华造物文化的新辉煌。

---

① 马克·安吉利尔、乔格·希默尔赖希编：《建筑对话》，张贺译，桂林：广西师范大学出版社，2015 年，第 311 页。

② 罗兰·巴特：《符号学历险》，李幼燕译，北京：中国人民大学出版社，2008 年，第 153 页。

一、历史盘点与时代叩问

造物文化是人类利用自然资源，以创意为基础和指向，通过一定的工艺、技术手段，制作和生产物质产品，以满足人们日常生活与生产需要的活动。造物从最初单纯的功能性逐步发展为功能与艺术的融合，并由此发展出古代造物文化与现代造物文化，它是人类聪明才智与美学思想的物质化体现。著名建筑学家贝聿铭曾说："艺术、历史和建筑确实是合为一体、密不可分的"，"艺术和历史才是建筑的精髓"①。中国古代江南门窗所雕饰的山水图案，则深受吴门画派、松江画派等影响，"或远山近水，或一水两山，典型的明清山水画的布局，在门窗浮雕板上均可寻到芳踪"②。造物文化总

① 菲利普·朱迪狄欧、珍妮特·亚当斯·斯特朗：《贝聿铭全集》，李佳洁、郑小东译，北京：电子工业出版社，2015年，第10－11页。

② 马未都：《中国古代门窗》，北京：中国建筑工业出版社，2006年，第26页。

是与精神文化相互融合、互为彰显，同时也构成相对于精神文化而存在的人类文明的重要组成部分。中华传统造物文化是世界文明史的重要篇章，既体现了各个历史时期高度发达的生产力水平，也体现了古代中国文化的精神高度。优秀的造物文化必然是哲学、文化和技术美学等多种精神文化因素综合作用的结果，并通过科技、工艺等手段以物化的方式呈现出来。

今天，我国经济发展已进入从追求速度到讲求质量的阶段，在新时代如何适应人民对美好生活的需求、创造更优质的产品，如何在“一带一路”建设中以先进制造业赢得国际声誉、塑造国家形象，成为现代化强国建设的关键所在。

《国家“十三五”时期文化改革发展规划纲要》提出：推动中华文化走出去，必须创新方式方法，讲述好中国故事，阐释好中国特色，让全世界都能听到、听清、听懂中国声音，以增强中国国际话语权，使当代中国形象在世界上不断树立和闪亮起来①。十九大报告指出，要坚持创造性转化、创新性发展，激发全民族文化创新创造活力，不断铸就中华文化新辉煌②。这里所强调的中国形象是当代的而不是历史上的中国形象，这里所强调的中华文化新辉煌，是中国社会主义文化繁荣兴盛的新辉煌，这就要求我们从当今世界文化发展前沿和趋势出发，全面系统探讨中华优秀传统文化的当代转型发展与全球传播。

我国在文化建设方面一系列战略举措的提出，是基于当下世界经济发展整体趋势与我国经济社会发展阶段性特点的战略安排。在当代世界，文化发展成为国家战略和文化软实力的重要体现，成为

---

① 见中华人民共和国中央人民政府网 www. gov. cn，2017 年 5 月 7 日新华社电《中共中央办公厅　国务院办公厅印发〈国家“十三五”时期文化发展改革规划纲要〉》。

② 《中国共产党第十九次全国代表大会文件汇编》，北京：人民出版社，2017 年，第 33 页。

经济结构调整和转型升级的新引擎、新动力。文化与科技的结合也成为先进制造业的未来方向与重要趋势。德国率先提出工业4.0计划，旨在提升制造业的智能化水平；美国在引领了工业3.0信息技术的基础上，也对工业4.0进行布局；中国则提出“中国制造2025”，力求在人工智能时代的发展中取得主动。人工智能时代将大大拓展人类造物的领域与能力，开辟一个造物文化的崭新空间。

基于现实需要，国家与各级政府都相继出台相关政策，推动文化创意与相关产业融合发展，文化与文化产业得到高度重视，作为中华造物文化重要领域的工艺美术业也备受关注。文化产业不仅上升为国家战略，而且成为学术领域的新兴学科，成为新型智库建设的重要内容，涌现出众多研究成果。从已有成果看，学者的研究主要集中在文化理论与实践，或者说集中在文化管理、文化事业和文化产业的研究上，不论是政府文化体制改革和文化市场管理，还是现代公共文化体系构建，抑或是传统文化产业与新兴文化产业等研究，都被纳入学者们的视野，对繁荣学术研究、完善学科体系建设和推动文化发展发挥了积极作用。但在这些研究中，关于造物文化的探讨为数不多，精神文化和文化产业研究占据主导和主要地位。事实上，造物文化是中华传统文化的重要组成部分，既在中国古代社会中创造了辉煌成就，为世界所瞩目；也在当代社会的传承发展中，取得了令世人惊叹的成就。在推动中国特色社会主义文化繁荣兴盛的历史新征程中，弘扬中华优秀造物文化传统，创造经济全球化时代中华文化新辉煌，是我们推进“一带一路”建设、开启新时代文化强国建设的重要历史使命。

对造物文化的研究，古已有之。中国古代基于丰富造物实践经验和卓越成就，产生了一批造物文化经典著作，如《考工记》《天工开物》《髹饰录》《长物志》《工段营造录》《装潢志》《陶说》

《绣谱》《园冶》，乃至《燕闲清赏笺》和《闲情偶寄》等。这些著作蕴含着深厚丰富的造物哲学理念、美学思想和设计思想（如以物克物、造物为人，物我和谐、天人合一等思想），成为我们今天造物文化可资汲取的丰厚养料；步入近现代之后，因政体更迭、社会转型、外族入侵所带来的激烈变革与动荡，相关研究明显缺失，故而不及西方学者对中华造物文化的研究。出生于1896年的德国人古斯塔夫·艾克对中国古典家具有深入研究，其《中国花梨家具图考》对明式家具的美学内涵、工艺基础和材料处理等做了深入解读，成为系统研究中国古典家具的开山之作；生活于18世纪的英国家具大师托马斯·奇彭代尔撰写的《家具指南》，“其中有各种别具风格的专供喝茶时使用的中国式桌椅”①。王世襄感慨于中国家具研究竟被外国人“捷足先登”，于是立下志向、潜心钻研，写出了《明式家具研究》《明式家具珍赏》，成为中国人研究明式家具的经典著作。中华人民共和国成立后，有关造物文化的研究逐步有了新的起色，一批具有较强学术价值的研究论著陆续出现。尤其在古典家具研究方面的著述最多，如张金华《维扬明式家具（研究篇）》、濮安国《明清苏式家具》《明清家具装饰艺术》、伍嘉恩《明式家具二十年经眼录》、陈仁毅《中国当代家具设计——从文化鉴赏到春在创新》、马未都《中国古代门窗》、乔子龙《匠说构造：中华传统家具作法》。其他还有涉及建筑、园林、民居，以及陶瓷、漆器、雕刻等工艺美术之造物文化的研究著作问世。从设计角度研究造物文化的著作，则主要有大型系列丛书《中国设计全集》（20卷）、王受之《世界现代设计史》、傅克辉和周成《中国古代设计图典》、王琥《设计与百年民生》、孙机《中国古代物质文化》、沈榆《中国现代

① 威廉·弗莱明、玛丽·马里安：《艺术与观念（下）》，宋协立译，北京：北京大学出版社，2008年，第495页。

设计观念史》、许江和杭间等主编《包豪斯藏品精选集》、杭间与许傅一主编《从制造到设计：20 世纪德国设计》、梁梅《设计美学》等。这些从专业门类角度进行的造物文化研究，以现代学者眼光，梳理、揭示和发掘了中国古代造物文化的杰出创造。

从中华古代造物文献到现当代传统造物文化与设计美学研究来看，成就是多方面的。古代造物文化研究以阐述造物材料遴选、工艺流程、制作技艺和构造原则为主，同时揭示内在造物设计的美学原则和哲学理念，往往兼具制作过程的详尽记述与设计美学分析，成为后人研究古代制作工艺与审美遵循的珍贵文献。现当代学者对古代造物文化的研究以考据鉴别、鉴赏分析为主，梳理总结了中国传统造物文化的特征与时代发展轨迹，是运用现代学术方法展开的传统造物美学价值的阐发，成为今天人们认识传统造物历史与当代价值的重要资料。对当下造物文化的研究，主要体现为各类设计史研究和设计美学研究，内容包括古代造物设计和中外现代设计史，专门从事当代设计理论研究的则较为匮乏。尽管相较于西方设计理论和美学研究，这些著述在数量和质量上还有差距，但都是中国和世界造物文化精华的总结，成为我国造物文化和设计学领域重要的，甚至是权威性的论著，也是我们今天创造新的造物文化需要依托的基础知识谱系和可资借鉴的设计美学宝库。

但从中华造物文化现实发展角度考察，我们今天面临许多新的困惑：一面是先人们创造的把我们民族送上东方文明古国宝座的辉煌造物历史和底蕴深厚的造物美学思想，另一面是在当今世界造物领域中国原创产品的匮乏和国际品牌的缺席，与之相关的设计教育水平、现代设计启蒙程度也存在显著差距。这个历史落差究竟是如何形成的？是中国工匠精神的缺失，还是传统造物思想的落伍？是基于农耕社会的造物传统不适应工业和信息社会发展，还是我们尚未找到对接传统与现代的途径和方法？中国数千年传统工艺美术能否在工业设计、数字创意设计及人工智能时代焕发新的生机，并以崭新的姿态再现当年古丝绸之路令世人惊叹的造物辉煌？造物文化与精神文化具有怎样的内在关系？它们在文化传播与国家文化形象塑造中扮演的角色、发挥的作用又有哪些区别和独特之处？我们如何才能在新时代更好地继承中华优秀造物文化传统，让中国造物重回世界舞台中央？

由以上困惑引发的思考来反观现今造物文化研究，我们可以看出其中存在的不足和需要深入探讨的问题：以往造物文化研究的最大不足，就是缺乏一个整体性概念，未能将复杂的造物文化放置在与精神文化（意识形态）、社会生产方式、文化传播方式、国家形象塑造等诸多因素的关系中进行考察，其关注点主要落在具体专业门类或者设计美学、造物思想的研究上。这种单一维度的研究，影响了对造物文化内涵、意义及延伸范畴的深度阐发。具体表现如下：

一是未能从造物文化这一总体性概念出发进行研究，更多的是论及具体专业领域的造物设计，也就缺乏专门论及造物文化的价值意义及其与国家战略之间的密切关系（除了少数学者如刘伟冬、王琥等有所关注，其余相关研究十分稀缺）；二是缺乏对精神文化与造物文化内在联系的分析阐发，未能以精神文化为参照来探讨造物文化的独特性和重要性；三是局限于某一造物领域的专门性研究，如建筑、园林、家具、陶瓷等专项研究，较为匮乏从造物思想、哲学理念、设计美学的宏观理论视野进行整体性考察；四是缺乏全球视野和现代眼光，未能立足当代造物文化发展需求和趋势，考察造物文化在经济发展大格局中的地位和作用；五是未能从文化走出去与国家文化形象塑造等国家战略角度，探讨造物文化传统的现实意义及其当代转化问题。

笔者试图立足于从建设文化强国的国家战略和塑造提升国家文化形象角度出发，探讨中华优秀造物文化的传承与创新；从学术层面，将造物文化作为中华优秀传统文化重要组成部分进行整体性考察，阐发其特征，发掘其深厚文化价值、美学思想，揭示其在当代经济社会发展与文化走出去中的重要意义，探索在新时代重振中华造物文化、铸就新辉煌的战略思路；力图针对现有研究的不足，从几个具体面向提出新的思考。第一，造物文化以物质形态呈现，往往被纳入制造业等经济领域，不被文化专家、美学家所关注，甚至被视为不能登大雅之堂的奇技淫巧，这是人为将精神文化与造物文化加以分野，忽视造物文化设计、美学蕴含的结果。事实上，造物文化是包含精神文化、实践美学、工艺与科技等在内的多领域、多学科结合的产物，是人类智慧最集中的体现，也是展现一个民族聪明才智和文明水平的镜子。第二，造物设计的价值不仅在于提升人们的生活品质和生产效率，而且在今天更成为打通各行各业之间界限，实现产品创新、产业转型升级的不可或缺的要素，对造物设计的强调，符合当下经济与文化、各行业之间融合发展的趋势。第三，以往我们注重精神文化的传播，而忽略造物文化的传播。其实造物文化既是精神力量的物质显现，又是全球化时代讲好中国故事、传播中国声音的重要媒介，优秀造物文化是民族精神的重要载体和集中体现，它通过物质贸易的方式携带和传播精神文化，因而也是树立国家形象最有效的方式。第四，造物文化的现代转型、变革与创新，需要先进科技、先进人文思想的支撑与引领，才有望领先世界潮流，成为世界造物文化的策源地。以开放视野汲取先进文明养料，继承传统优秀基因，是我们成为这种策源地必须具有的姿态与策略。第五，造物文化的核心是思想观念与设计理念，习近平总书记多次强调："创新始终是一个国家、一个民族发展的重要力量"，"如果我们不识变、不应变、不求变，就可能陷入战略被动，错失发展机遇，甚至错过整整一个时代”①。今天，我们必须增强忧患意识，敏锐把握世界科技创新发展趋势，紧紧抓住和用好新一轮科技革命和产业变革的机遇。在这个机遇中，也包含着设计革命的内容和机遇。未来经济社会发展没有先进的造物思想与一流的造物设计，就没有国家的强盛崛起，也无法实现中华民族伟大复兴的中国梦。

二、造物文化：国家形象新维度

中华灿烂辉煌的优秀传统文化，主要产生于农耕文明时代，体现了我们祖先在那个时代顺应自然、融入自然、利用自然、创造美好生活的杰出智慧，谱写了世界文明史的重要篇章。传统并不只属于古代，更不是“古代”的同义词；优秀传统必然以各种方式延续至今，活跃在当代文化创造的各个领域之中。当然，这种活跃是以传统的继承、转换和创新为前提的，唯其如此，传统才更富有生命力。中国文化的当代创新、中国形象的树立，不仅要发展精神文化，而且要发展和提升造物文化。中国传统精神文化中的诗词歌赋、戏剧曲艺、书法国画等，经过五四运动的现代转型，形成了中国现代小说、现代诗歌、电影、话剧、油画、芭蕾舞、管弦乐等，其中源自西方的艺术品种在发展过程中不断实现着中国化、民族化，体现了中国文化的兼容性品质。中华传统造物文化包括丝绸、陶瓷、漆器等传统工艺美术，以及古典家具、民族服饰和包括宫廷、园林、桥梁、民居在内的古代建筑等，其中的丝绸、陶瓷等成为古丝绸之路贸易的主要商品，深受沿线各国人民的喜爱。

① 习近平：《习近平谈治国理政（第二卷）》，北京：外文出版社，2017 年，第 267 页。

作为传统文化的重要组成部分，中华造物文化体系庞大、内涵丰厚、影响深远。习近平总书记指出的“要系统梳理传统文化资源，让收藏在禁宫里的文物、陈列在广阔大地上的遗产、书写在古籍里的文字都活起来”①，其中，“文物”和“遗产”主要就是造物文化，而“文字”则是精神文化。推动中华文化走出去，切不可忽略这部分极为重要的传统文化资源。中华造物文化有着独特内涵与美学特征，凝聚着中国人特有的审美理想与造物智慧，是中国人在长期实践中解决人与工具、人与自然关系中创造的杰出文明。中华传统造物文化具有如下几个基本特点：第一，简约清雅，流畅灵动。简约而不失优雅，简单而充满韵律，体现于古代造物诸多领域：古典建筑中斗拱的使用，将屋檐向外延展并提升，化解了厚重的建筑本体，形成稳固而不笨重的灵动美感；明式家具更以简洁明快的线形结构，形成飘逸韵味与洗练流畅之美；宋代瓷器则巧于造型，凸显器物轮廓的典雅玲珑，辅以色泽的淡雅隽永，成为一个时代的美学经典。第二，形式功能，巧妙融合。既以用为本，又尊重人性；既重视器物的精巧功用，又重视器物的纹饰美感，达到形式与内容、功能与美学的完美结合，与西方完全追求形式的造物思想判然有别。第三，心物相照，巧法造化。秉承天人合一哲学理念，模仿自然、顺乎自然，造物过程往往表现为“法天象地的艺术思想、收天纳地的空间意识、融天入地的造物观念、顺应天地的造物原则”②，中国园林就因崇尚自然界的造化之妙，亦以人工之巧构建自然天成之美，达到“虽由人作，宛自天开”③ 的美学效果。第四，文士情怀，丝竹意趣。中华造物文化善于从精神文化中汲取养分，造物美学时常源自

---

① 习近平：《习近平谈治国理政（第二卷）》，北京：外文出版社，2017 年，第 161 页。
② 张燕：《论中国造物艺术中的天人合一哲学观》，《文艺研究》，2003 年第 6 期。
③ 计成：《园冶》，南京：江苏凤凰文艺出版社，2015 年，第 18 页。

诗书画意，崇尚雅趣；众多文人士大夫也亲自参与造物设计[①]，在造物中寄托和呈现审美理想，如将书法艺术线型美运用于家具造型，“中华传统家具特别是明式家具，就是线条艺术的器物化”[②]。贝聿铭也曾坦言：“我深爱中国优美的诗词、绘画、园林，那是我设计灵感之源泉。”[③] 造物美学与艺术美学于内在气韵、美学意趣上形成了一脉相通的独特传统。这些造物文化理念与思想精髓是我们民族宝贵的造物文化基因，可以为我们今天工业时代和后工业时代的造物提供智慧启迪与思想动力。

两千年前，丝绸之路打开了中国通向世界的窗口，而通过这个窗口让各国人民对中国刮目相看的，是在那个时代处于世界领先地位的精美器物——丝绸、瓷器、漆器、金器、银器和铁器等。这些器物中的精品体现着中国人巧夺天工的造物技艺、文绮雅致的审美趣味，具有神秘诱人的东方韵味，引发了各国对中华造物文化的崇尚和追捧，一度成为丝绸之路沿线国家和地区上流社会趋之若鹜的奢侈品，拥有中国丝绸、瓷器等也因此成为那个时代的社会时尚。西班牙在整个殖民时代从美洲掠夺来的白银达 40 亿比索，约 14 万吨，其中有一半流入了中国，以满足当时西方对丝绸、瓷器和茶叶等的需求，也由此拉开了世界经济体系的序幕。当时在江南一带，丝绸生产极为鼎盛，皇家在苏州、江宁和杭州三地设立了织造署，即“江南三织造”。仅苏州府一地，在乾隆年间就拥有丝绸织机 12000 多台，从事丝绸生产和贸易的共有 10 余万人。苏绣、织染等工艺美术行业也因此鼎盛繁荣、名扬四海。从 15 世纪中叶到 18 世

---

① 计成：《园冶·自序》，南京：江苏凤凰文艺出版社，2015 年，第 17 页。

② 乔子龙：《匠说构造：中华传统家具作法（上）》，南京：江苏凤凰科学技术出版社，2016 年，第 8 页。

③ 菲利普·朱迪狄欧、珍妮特·亚当斯·斯特朗：《贝聿铭全集》，李佳洁、郑小东译，北京：电子工业出版社，2015 年，第 4 页。

纪末，苏州的繁荣持续了近四个世纪，而且这种影响力基本是单向对外的。商贸的鼎盛使人们对生活品质有了更高的追求——遍布姑苏城的园林不仅是那个时代的富庶繁荣在居住上的体现，也是当时人们审美情趣的集中表达①。物质的充盈富足必然带来精神追求的提升，从明代盛行的昆曲到清中后期的评弹，既见证了江南鱼米之乡的滋润生活，也记录了繁华市井的百态人生和文人士大夫的清雅情韵。但不可否认，在两个同样繁荣鼎盛的文化维度中，作为那个时代精神文化重要代表的吴韵清音，其影响力基本阈限于中华之地域空间；而作为那个年代造物文化典型代表的丝绸、陶瓷、家具等，则携带着中华文化符号远涉重洋，影响遍及欧亚大陆众多国家和地区。这些器物展现了中华造物智慧和地方美学情趣，令世人推崇、仰慕和追逐，无声地充当着中华民族文化使者的重要使命。世人对中国的认识，自然也主要通过中国的丝绸、陶瓷、金银铁器和茶叶等造物文化来实现。从1700年到1800年的整个18世纪，中华造物文化的强盛举世公认、备受推崇。正是因为这些精美器物，“中国才被奉为‘文化渊薮’‘文明古国’；对于全世界死掉的、活着的大多数人而言，这些东西要比唐诗宋词元曲明清小说、外加京剧中药书画印章这些‘国粹’（只有炎黄子孙才肯捧场）绑在一起都要伟大得多，有文化得多”②。那时中国人显然还没有国家形象这样的概念和意识，仅仅出于单纯发展商贸的动机而推动了海外商品流通不断走向繁荣，但就是在这个过程中，中国借助卓越的造物技艺和智慧，使国家形象逐步树立了起来。可见，造物文化的影响力对于一个国家形象的树立何等之重要。

---

① 孙欣、王影总编导：《姑苏影像志》第5集，“姑苏繁华”，http：//tv. cctv. com/2017/07/18/VIDEYLRgrKbLoL1AE9gKQwDT170718. shtml，2017年11月27日。

② 刘伟冬：《设计的文化力量》，杨志麟主编《中国设计全集（卷20）》，北京：商务印书馆，2012年，第14页。

中国国际话语权的增强和当代中国形象的树立是一个系统工程，不仅要借助精神文化的传播来建构，而且要依靠造物文化的输出来支撑。精神文化具有直接传递价值观念、审美趣味的作用，但也存在文化折扣、接受障碍等问题；造物文化通过器物所承载的文化内涵产生影响，虽然间接，却具有日常性、持久性和潜移默化的作用。精神文化的国际传播要融入本土、深入人心并非一朝一夕可以实现，各国民族文化观念、风俗习惯的差异将无形中削弱其影响力，同时还会面临各国出于文化安全考虑的政策性限制；造物文化的输出通常以货物贸易方式来实现，满足人们的生产和日常生活需要，通过消费行为潜在地产生影响。从这个意义上说，造物文化是比精神文化更有效、更持久和更深入的文化传播，是以物质的形态进行的一种文化传播方式，也是更优于精神文化传播方式的文化名片。也正因此，造物文化的输出，不仅直接服务于“一带一路”建设，而且能更深入、更持久地树立中国形象，增强国际话语权。

从人类历史发展来看，物质文明发展水平总是深刻影响和决定着精神文明发展程度，特别是生产力水平和生产方式的变革，必然导致精神生产方式和审美趣味的改变与转换。中华造物文化在数千年的发展积淀中，形成了极其丰富的设计美学思想，与之相应的工艺技术水平也达到登峰造极的地步。早在东汉时期，中国的丝绸与陶瓷就出口到波斯湾。1514 年，葡萄牙有一位航海家科尔沙利，在中国先后购买了 10 余万件景德镇的五彩瓷器运回国，没想到竟得到国王的青睐。于是国王下令，从东印度回来的葡萄牙商船，都要搭载三分之一的中国瓷器。那个时代，欧洲许多国家如英国、法国、德国，亚洲的伊朗、古波斯等，以及非洲部分国家，都因对中国丝绸、瓷器的需求而建立起密切的贸易往来。由于丝绸、瓷器的贵重精美和难以获得，销往欧洲的这些产品，也就多半成为国王的收藏品，贵族们也效法国王，使得一时间收藏瓷器、丝绸成为地位、财富的象征。一些欧洲国家甚至掀起中国热，“18世纪中叶，在英国兴起一股中国热，一股模仿中国风格的风潮。自马可·波罗的时代起，中国就被描绘成一个高塔、丝绸和香茶的梦境世界”①。事实上，瓷器、丝绸不仅代表着那个时代造物的最高水平（如苏州唐朝时生产的一种称作“缭绫”的丝绸品种，专业术语叫“提花丝绸”，是当时丝织工艺的最高水平，也是最高级的丝绸产品），也代表着那个时代的美学与精神高度。中国商品不仅工艺先进，而且设计精美、巧妙，以中国的人物、动植物和风景为题材，向西方展示了文明古国的独特东方艺术魅力，并在欧洲兴起中国风设计②。凭借从工艺到设计的领先，中华造物文化才能因此跨越欧亚非大陆，影响极为广泛。精致、美丽的中国瓷器，远非当时欧洲国家常用的粗糙、笨重的陶器所能相比，这也因此导致运销欧洲的中国瓷器数量无法满足普通百姓之需，多半为皇室和贵族所收藏使用。17、18世纪，许多国家的王公贵族及新兴的资产阶级都将收藏中国瓷器作为一种时尚之举，中国也因此成为引领农耕时代人类造物文明前沿的东方大国。

丝绸、瓷器这些以独特工艺呈现和传递中国美学内涵的器物，因其美妙、精致、神秘而获得欧洲人的深深喜爱，以致崇尚与向往东方中国文化的人与日俱增。不仅如此，欧洲人对中国造物的喜爱由瓷器、丝绸延伸到其他日用品、家具装饰和园林等，甚至向往中国的生活方式，如英国人养成了喝下午茶的习惯。欧洲人对中国的艺术风格和生活习俗也进行模仿。中国园林营造的诗意居住环境令

① 威廉·弗莱明、玛丽·马里安：《艺术与观念（下）》，宋协立译，北京：北京大学出版社，2008年，第495页。

② 袁宣萍：《十七至十八世纪欧洲的中国风设计》，《文物》，2006年第10期。

当时西方人赞不绝口，他们将中国园林的许多元素运用到园艺设计之中，把园林“蜿蜒小径”称作“蛇形曲线”，甚至将园林建筑风格整体移植到自己国家，还把中国艺术风格称为“中国（Chinoiserie）时尚”①。18 世纪中叶，英国有位叫威廉·钱伯斯的皇家建筑师在他的经典著作《论东方园艺》一书中曾对中国园林艺术赞赏有加。在他眼里，中国人设计的园林艺术实在是无与伦比的；欧洲人在艺术方面无法与东方的灿烂成就相媲美，只能像植物仰赖太阳能那样尽量吸收东方文化的光辉而已。可以想见，那个时代，中国文化已经引领全球，成为世界时尚文化的风向标，而这一切都是由精美的造物产品塑造起来的拥有巨大影响力的国家形象。

当体现农耕文明时代造物文化辉煌成就的中国丝绸、陶瓷等产品遍布全球时，一种新的文明形态开始在西方孕育。随着工业革命的来临，人类的造物文化掀起了一场全新的变革——从以手工艺为基础的传统技艺向以工业流水线生产为主的现代工业生产的转换。这种文明以批量化的机器生产创造了另一种造物产品和体系，并最终取代了中华造物文化在世界的领先地位。从历史发展角度反思中华传统造物文化，不难看出其在近现代落伍的原因：第一，未能实现从手工形态向工业形态的造物转换，并实现生产方式的变革。这既与中国工业化进程迟缓有关，也与造物本身脱离日常生活不无关系，“使本应为现实生活服务的日用品成为少数权贵手中的‘玩物’”，“从而使中国的设计与西方先进发达工业国家的设计逐步拉开了距离”②。第二，过度依赖自然材料，缺乏对新技术、新材料运用的自觉。进入现代后，因自然资源枯竭而导致造物资源匮乏，工

---

① 朱奎：《中国瓷器在欧洲的收藏与欧洲十七、十八世纪的中国热》，《收藏与投资》，2017 年第 2 期。

② 傅克辉、周成：《中国古代设计图典》，北京：文物出版社，2011 年，第 6 页。

业化的批量造物生产进步迟缓，难以实现可持续发展。第三，造物文化与设计美学停留于农耕时代，未能吸收工业美学、西方造物文化等新的思想与文化资源。就器物中花样纹饰的运用而言，以吉祥祈福为主要内容而自成一个具有鲜明象征特点的庞大符号体系，但又相对单一，没有随社会发展开拓出更丰富的、具有人类性的纹饰符号体系。第四，造物文化学术传统的匮乏。传统社会重精神文化、轻造物文化，认为“形而上者谓之道，形而下者谓之器”（《易经·系辞》），“形而下者不足以言之”（《张子正蒙注卷二》），导致造物文化的学术积累与传承受到人为阻碍。

伴随着现代设计美学的诞生，新造物文明发展迅猛，在很短的时间里便席卷全球，包括早期的工业国家自身的传统造物文化也受到极大冲击。中国作为后发工业国家，在这场世界性的造物文化转型中错失良机，落伍于西方，没有成为新造物文化的引领者，而且在迄今相当长的时期里，都处于落伍与追赶的状态中。清末民初，民族工业迅猛发展，中华造物文化开始吸收西方现代设计文化，产生一批融合传统设计和现代设计元素的转型期造物产品，形成一批被称作“民国风格”的造物产品。但由于社会动乱、外族入侵等，这个转型被中断了半个多世纪。

今天，我国经过改革开放40余年的高速发展，基本实现了工业化转型，成为世界制造大国，并开始逐步从中国制造向中国创造转变。中国在人工智能、生物技术、高铁制造、超级计算机、卫星导航系统、航天科技等领域，拥有了许多领先世界的创造。中国高铁走出国门，成为许多国家交通建设的首选。高铁“中国标准”的确立，意味着中国高铁在世界先进制造业领域确立了重要地位；全球十大人工智能企业中，中国的百度、科大讯飞、阿里巴巴榜上有名。中国民生产品的设计与制造也取得令世人瞩目的成就，中国设计师频频获得世界各大设计奖项，彰显了智造中国的实力。中国在智能手机、电脑软件等领域也逐步形成自身实力，具备与国际一流同类企业竞争的能力，如，华为手机进入全球41个国家和地区，遍及欧美亚非，在欧洲具有很强的竞争力，目前已占据了全球手机市场的9.7%，仅次于三星与苹果，居全球第三。这些无不体现了当代中国造物水平和影响力，也由此构筑起中国人有底气的文化自信。

但由于我国工业化进程起步晚、现代设计教育滞后、职业教育水平低、先进制造业发展慢等，以及中国在工业美学、现代主义美学方面的落伍，世界制造业的高端产品、国际品牌还主要掌握在西方国家手里。中国自主品牌的产品因缺乏高科技、先进工艺和创意设计，缺少精品意识和精神支撑，难以形成国际竞争力和影响力，导致中国人在物质产品并不匮乏的今天，依然热衷于购买欧美和日本的产品，且在国际分工中依然充当世界加工厂的角色。“更糟糕的是它禁锢了我们的思想和精神，限制了我们的创造力”，在今天，“中国人生产了全世界近一半的成衣和面料，却没有一款可以列入世界级的时装品牌；中国人生产了全世界九成以上的玩具，却没有一个中国设计院校开设类似的课程；中国人还生产了全世界80%的鞋子、90%的农机、40%的手术器械、60%的五金和家用工具、70%的雨伞、95%的打火机……但迄今没有一款成为‘国际品牌’”①。这显然与中国作为全球第二大经济体的地位很不相称。

从文化创造角度来看，造物文化与精神文化一样，其发展高度和水平体现着一个民族的文化创造力。造物文化产品不仅需要艺术美学的滋养，还要拥有娴熟的技艺和先进的技术作支撑，更要有丰富的想象力和创新精神。从某种意义上说，造物文化要比精神文化

① 刘伟冬：《设计的文化力量》，杨志麟主编《中国设计全集（卷20）》，北京：商务印书馆，2012年，第7页。

更能体现和展示一个民族的文化创造能力，也更能传播民族文化，塑造国家文化形象。造物文化不仅关乎民生，而且与精神文化一样能诉诸人的心灵与情感，因为“每天，货品都在消费者、拥有者和物品之间打造一种更亲近的情感联系”①。借助造物文化建立起来的文化认同，并不逊色于精神文化，它既是硬实力，又是软实力。

因此，在新时代和“一带一路”建设中，我们应该思考，如何继承中华传统造物文化，实现中华民族文化基因与当代文化相适应、与现代社会相协调，激发文化创造力，重振中华造物文化精神，让中华造物文化重回世界中心，使中国制造业为人类做出新的贡献。

三、中华文化：历史价值新发掘

在人们通常的观念里，一提起文化或文化产品，总是将其与文学作品、戏剧曲艺、音乐舞蹈、书法绘画、电影电视等精神文化产品联系在一起，而不会将建筑、桥梁、园林、家具、服装、工业品等具有功能性的建造物与日用产品视为文化产品。事实上，造物文化不仅是文化的重要组成部分，还与精神文化息息相关、密不可分。英国著名园艺学家佩内洛普·霍布豪斯表达过这样的观点：“对我而言，只有当引入一种特别要素时，这一切才能构成一座‘园林’：源自审美的对布局的某种选择和控制。”② 这一观点阐明了园林建筑与审美意识的高度相融性。一个民族的文化不仅体现在精神文化之中，而且更深刻、更普遍地体现在造物文化之中。造物文化在传播方式上也表现出与精神文化之关系：它往往借助造物产品的贸易交往与

---

① 乔纳森·M. 伍德姆：《20 世纪的设计》，周博、沈莹译，上海：上海人民出版社，2012 年，第 7 页。

② 佩内洛普·霍布豪斯：《造园的故事》，童明译，北京：清华大学出版社，2013 年，第 9 页。

消费行为来传递和体现民族的文化精神。美国文化的传播中，好莱坞电影无疑扮演了重要角色，但自20世纪以来，如果没有大量来自美国的电灯电话、夹克尼龙、墨镜卷烟等日用造物产品，美国形象的树立就要大打折扣。事实上，美国人正是“靠这些看上去鸡零狗碎，却无一不经过精心设计、精心营造的民生类产品征服全世界人民的，一个美国新文化形象就此被树立起来，继而培养了世界人民对美国产品的认可，占有世界市场的最大份额，获取了丰厚的政治、文化和经济利益”①。在笔者看来，造物文化不仅是人类为自身发展而创造的物质财富，满足人们的日常生活与生产需求，而且是人类把握世界、处理人与自然关系的一个多维度空间场域，是人的价值理想最全面实现和展示的手段，更是人类构筑理想社会、美好生活，以及探索未知世界的重要途径。

中国文人士大夫往往更看重精神文化而忽略造物文化，这个传统甚至延续至今。当然也有例外，沈从文既以描写湘西淳朴风情的小说誉满天下，也对传统服饰文化有深入研究，且对物质文化持有独到而深刻的见解。他能从造物之中观察体悟到一个朝代的美学思想与精神追求，认为“唐代物质文化反映于造型艺术各部门，都显得色调鲜明，组织完美，整体健康活泼，充满着青春气息”②。在《中国服饰史》一书中，沈从文全面梳理了中国数千年的服饰文化发展历程，对各个朝代的服饰特点和审美风格都做了深入研究，从服装这样的日常用品中透视出一个民族的精神气质。他同时对中国古代的瓷器、玉器、漆器、铜器乃至玻璃工艺及其装饰艺术有深入的研究③。事实上，每个时代器物的制造在其原初的时候都是出于生

---

① 王琥：《设计与百年民生》，南京：江苏凤凰美术出版社，2016年，第13页。
② 沈从文：《沈从文说文物·器物篇》，重庆：重庆大学出版社，2014年，第19页。
③ 沈从文：《古人的文化》，北京：中华书局，2013年。

活与生产之需，但在工艺不断成熟、物质日益富足之后，美学、精神的诉求就逐渐融入器物，使器物的文化含量增加，甚至成为艺术品，于是形成“一件日用品里所包含的文明往往比文字更为生动和直观”这样的现象①。造物过程对美感的追求，使手工业生产的工艺日趋完善和完美，由此便进一步演变为专门的学科——设计学，即从生产领域独立出来而成为纯粹的设计活动。在一些专家看来，设计所体现出的文化含量不仅丰富，而且是一个民族文化极为重要的传承方式。“之所以我们认为中国设计传统是具有很高文化含量的本民族精神文脉，正因为自新石器时代大农耕形成开始起，中国传统设计就一直是我们民族造物文明最主要的应用实体与承载方式，是中国人最凸显的文化特征。”② 尽管这一学科具有很强的实践性，设计美学也是“基于设计的实物及其造型、色彩和装饰，但包含了哲学的内容和深度，体现了每个民族、每个时代所崇尚的生活方式及其秉承的价值观念”③。同时，设计文化的变迁，也是文化观念、审美趣味变迁的重要风向标，甚至预示着一个新时代、新生活的到来。历史上往往出现这样的情形：每一件新出现的设计事物，都是对中国社会既有物质形态与精神架构的一个巨大的挑战和突破，从衣食住行，到闲用文玩。一个白炽灯泡，能给上至皇族王公、中至商贾衙役、下至工匠农妇，带来恍如隔世的观念巨变。一件免袖、立领、高开衩的民国旗袍，能给一个封闭小镇带来革命性的伦理意识突破，所有既往的道德、审美、人伦皆为之剧变④。很显然，造物文化不仅与精神文化有着千丝万缕的关系，而且在某种意义上更

① 梁梅：《设计美学》，北京：北京大学出版社，2016 年，第 2 页。

② 刘伟冬：《设计的文化力量》，杨志麟主编《中国设计全集（卷 20）》，北京：商务印书馆，2012 年，第 7 页。

③ 同①，第 7 页。

④ 王琥：《设计与百年民生》，南京：江苏凤凰美术出版社，2016 年，第 3 页。

直接、更广泛、更普遍地影响着社会风尚和文化走向。“我们说文化形而上，但实际上的根基一定是形而下的，形而上的东西无形地浸透在所有形而下里，这才更重要也更持久。”① 精神文化与造物文化之间的区别，则在于呈现的载体不同，表达的方式相异。

不难看出，相对于精神文化而言，造物文化由于其日常性而淡化了它的美学与精神光芒，但只要我们换个视角，专注于造物所蕴含的内在美学、艺术等精神内涵，就不难体会优秀造物必然是哲学、文化和设计等多种精神文化因素综合作用的结果。中国哲学重生命体验，注重内心体悟和生命感受，强调对生命的感怀与超越；中国哲学中天人合一的理念，注重融入自然、物我一体，强调人是自然的组成部分而非凌驾于自然之上。这些思想都深刻影响了中国的造物美学，并或多或少地体现在造物之中，形成了格物致知、器进于道的认知。中国的儒释道思想、礼乐文化等体现世界观、价值观、历史观、哲学观和审美观的精神文化，都在造物文化中有深刻的体现。就瓷器而言，文人士大夫们有其特殊追求，讲求色泽温润、朴素清雅，造型浑然天成、气韵贯通，无怪乎有美学家认为瓷器是玉的精神的承受与光大，瓷器的最高美学标准便是“类玉”。就服装而言，汉服的高领阔袖、宽衣博带所形成的飘逸感、朦胧感，正符合其所追求的舒展、从容、含蓄、大气和优雅的精神内涵，同时还与中国画的墨韵写意相融通。就玉器而言，基于中国人独特的玉文化，玉材质的温润朴拙、纯净无瑕暗合了中国文化顺乎自然、合乎天道的思想，同时也总是被赋予温润平和、儒雅含蓄的品质。就家具而言，明式家具不仅重材质的天然纹理、色泽，也重人体功能的舒适性诉求，同时更重礼仪内涵与功能，而礼仪本身就是文化的重要组

① 王澍：《造房子》，长沙：湖南美术出版社，2016年，第217页。

成部分。就园林而言，更是体现了人在自然中、人在诗画中、人在意境中的哲学与美学的博大精神。如何在传承中国园林建筑文化精华的同时，体现出现代建筑对空间的需求并符合现代人的审美观，让中国优秀传统建筑文化焕发新的生命力，是始终困扰当代人却又未能找到理想解决方案的问题。著名华裔美国建筑师贝聿铭用他设计的苏州博物馆为我们提供了答案。贝聿铭深谙中国园林美学精髓，同时又有深厚的现代建筑设计知识，运用现代设计语言传递出传统园林美学的内在精神。苏州博物馆在外观视觉上以粉墙黛瓦接续江南民居经典色彩符号，空间布局则创造性地采取园林组合式结构，演绎出现代版的廊院迴曲、移步换景的意境，设计的亭台楼阁既有古典意趣又不失现代简约风格，室内天花板看似简洁素净的现代结构，却以几何三角的构筑方式暗合着古典木质屋顶框架的结构图形；就是庭院水系中的片石假山，看似与经典园林太湖石形状相去甚远，却是北宋大画家米芾山水画中山脉形状的现实呈现。这是贝聿铭在古今两种建筑语言之间进行创造性转换的结果，他甚至在美国国家美术馆东馆这样纯粹的现代建筑中，以多层空中回廊方式，内在地运用和传递了中国园林构筑灵活多变空间格局的美学精华，让观众在不同空间的穿行中感受艺术的魅力和互动交流。不难看出，中国的造物文化，事实上是与中国的精神文化融为一体、难分彼此的，造物其实就是精神文化的物化与日常化，也是借助物的使用来传递和规范人们的行为礼仪，以形成某种既定的生活方式，而生活方式本身就是一种精神文化在世俗生活中的体现。

西方古典造物文化遵循的却是另一种美学原则，其基本特点是建立在精确数字基础之上的，具有科学理性的美学思想。以理性思维为思想方式而形成的理性美学，成为西方古典造物美学的主导原则，全然不同于中国感悟式、生命化的美学思想。理性美学指引下的造物设计，强调的是比例、均衡、对称、和谐、布置和适度等审美要素和风格，具有鲜明的识别度，而比例是其中最重要的元素，决定着均衡、对称、和谐与否，这就与数学有着极为密切的关联。维特鲁威在《建筑十书》中确定了美的人体的基本比例规则，他认为完美的数字是10和6，二者相加创造出的就是最完美的数字16，由此衍生出建筑栏柱的高度与直径之间的比例关系：爱奥尼柱式的比例因此被确定为1∶8，即柱子的高度应当是柱身底部直径的8倍。这种建立在数学基础上的理性美学思想与原则，成为整个西方古典设计理论所遵循的规则，这当然也是西方古典美学与理性精神的集中体现和物化呈现。

西方现代造物文化同样也是一种精神文化的体现。随着工业革命开启了人类历史新时代，西方古典造物文化理念和美学发生了巨大变革，逐步脱离了古典造物的特定规则，形成了“形式上的自由和美学上的新追求”，同时由于“技术的演变，尤其是新材料和新工艺的出现，意味着我们必须不断改进对人造物的美观的看法，于是，现代设计美学出现了”①。由于工业革命源于欧洲并得到迅速发展，大规模的现代造物实践催生了现代设计思想、理论和美学的诞生与发展，并形成一套完整的理论体系、教育体系和生产体系。正是依赖于这样一种体系的发展和积累，现代西方造物设计一路领先，形成当代西方造物称雄世界的局面。且不说西方在装备制造业领域的领先地位，仅以西方日用奢侈品领域的成就来看，就可见造物文化的现代转型产生的影响有多大，而这些品牌的影响不仅仅是实现了多少销售额、占有多少市场份额的问题，更重要的是，西方世界借助这些造物商品，在全球成功地传递了造物美学和价值观。

① 梁梅：《设计美学》，北京：北京大学出版社，2016年，第161页。

西方众多国际知名品牌本身都体现着各自的美学与精神追求，换句话说，这些品牌的背后都有独特的造物理念和精神内涵的支撑。人们往往只知道拥有和使用路易威登、古驰、爱马仕等国际大牌，只知道它们可以象征财富与地位，却并不真正了解这些品牌各自所奉行的独特美学与价值观念。事实上，具有高度设计含量的奢侈品，“已经不仅仅是一件昂贵的商品，它超越了产品本身，具有了形而上的文化意义。表面看来，它们是一种财富的象征，而细究它们的内涵，则各具气质”，“奢侈并不总像皮草和钻石那样醒目，它们很多时候是含蓄的、低调的、私人化的……人们对品牌的钟爱首先是对品牌气质的迷恋或尊崇，期许着将这种气质附载于自身”①。路易威登女装设计的理念是法国著名设计师盖斯奇埃尔基于对女性独特的理解上而形成的，在他看来，女性的魅力体现在自信、独立、个性与自由表达等；纪梵希的女装则突出优雅、自然、从容的女性特质，也因此特别适合当年国际影星赫本的气质，而赫本也成为最能诠释纪梵希女装的“模特”。可见，唯有理解了这种蕴藏于服装款式、色彩之下的理念，才能穿出品牌服装的品位和文化气质来。许多有文化品位的明星选购大品牌奢侈品都是十分讲究的，或与自身气质相符合，或契合于自身的审美追求，而绝不是什么贵买什么、什么时髦买什么。有深厚文化内涵的奢侈品品牌在某种意义上已经超越了作为单纯的物质产品的存在，而是代表着一种特殊的文化符号和精神象征。

在今天“一带一路”倡议背景下，我们更加需要深入挖掘中国博大精深、蔚为壮观的造物文化，适应当代造物文化新需求。中华传统造物文化蕴含着丰富的造物智慧与美学思想，不仅曾经令世界

---

① 陈星星编著：《奢侈的理由：每个时尚大牌都有很多传奇》，北京：社会科学文献出版社，2014 年，第 5、7 页。

惊艳，而且能与今天的造物文化有着理念的相通与设计的暗合。同时，我们还要很好地吸收、借鉴西方现代造物思想，加快弥补由于历史因素而未能有效实现造物文化现代转换的缺憾，迅速赶上世界造物发展最新潮流，以中华造物智慧去包容、涵纳古今中外的造物精华，融合创造、创新发展，在21世纪的丝绸之路上实现中华造物文化的再度辉煌。

尽管由于中华造物文化现代性转换的迟滞，给我们追赶和引领世界造物文化带来诸多障碍，但随着我们对传统造物精髓和智慧的不断汲取，并不断融合现代造物语言和需求，就能逐步探索和建立具有中国特色和东方风格的造物文化。农耕时代开辟的丝绸之路，将中国盛产的优质精美商品行销欧亚各国。郑和下西洋的船队，“船上就带有我国行销的青花瓷器、印花布、丝、色绢、缎匹、雨伞、米谷、草席、鼓板、牙箱等四十余种货物”①。17世纪的中国丝绸，不仅代表着那个时期高超的纺织印染工艺水平，而且图案精美、纹样繁多、色彩鲜艳，是当时的高档服装、被服面料；瓷器制作工艺高超、造型雅致、绘图精湛，既是日用品，又有艺术观赏价值，是那个时代备受推崇的器物；漆器产品历史悠久、品质上乘、纹饰秀美，是设计精良、具有艺术含量的用品。而明式家具则由明代匠师们在继承前人经验智慧的基础上，经过不断提炼和创新发展，使其既符合人体功能学，又具有浓厚的审美意趣，集科学性、艺术性和实用性于一体。明式家具外形简约光素、线条清爽，与当代极简风格在意趣上相通，符合20世纪极简派艺术理念，被西方收藏家推崇而成为家具界明星。明式家具还成为现代设计师的灵感来源，北欧设计师汉斯·瓦格纳甚至从中国的圈椅中找到灵感，设计出现代简

① 胡德生：《导言》，《故宫明式家具图典》，北京：故宫出版社，2011年，第8页。

约风格的“中国椅”。中国古典园林在世界园林建筑中独树一帜，既体现了中国古人关于人与自然的天人合一的哲学思想，又融入了古代文人、书画家的审美理想，是将自然、人居、艺术和哲学思想有机融合的建筑精品。园林设计所遵循的哲学理念拉近了人与自然的距离，与今天的生态思想一脉相通。设计评论家杭间总结了中国古代设计的六个重要理念与特征：“重己役物”“致用利人”“审曲面势、各随其宜”“巧法造化”“技以载道”“文质彬彬”。这些来自中国的传统设计文化思想①，不仅有助于建立中国本土设计体系，更是当代设计创新发展和走向世界的珍贵资源。

当然，源于农耕时代的文化创造适应农业社会生产生活的需要，符合当时人们的审美趣味与精神诉求，但与现代社会人们的需求存在或多或少的距离和差异。如何实现中华造物文化基因与当代文明相适应，与现代社会相协调，推动中华造物文化的现代化，是开辟当代丝绸之路发展新空间，实现与“一带一路”沿线国深度合作、互利共赢，弘扬丝路精神的关键所在。

中华造物文化生命力的呈现，需要与现代设计相融合，与当代生活相对接，与时尚需求相契合，改造旧有表现形式，赋予其新的时代内涵和现代表达形式，形成在当代造物领域具有独特东方美学风格和中华造物基因的产品，并在时尚产品、工艺品及日用品领域打响中国创造的品牌。在与当代设计文化融合中，要立足中华造物文化的深厚美学基础和设计基因，构建中国本土的现代造物体系。源自中国古代的丝绸、瓷器、漆器、明式家具等，曾经引领那个时代造物文化的先声，但在设计美学方面现代性转化的缺失，未能适应当代文明发展。“一带一路”倡议的实施，为中

① 杭间：《伟大的传统设计智慧》，杨志麟主编《中国设计全集（卷20）》，北京：商务印书馆，2012年，第6－8页。

国传统造物设计语言的现代化提供了新契机。中华造物文化内在美学精华一旦与现代设计融合，一定能创造出再度令世人瞩目的精美造物产品。

丝绸之路精神告诉我们，文明在开放中发展，交流带来观念创新。在各国交往日趋密切的今天，善于互学互鉴的中华民族，一定能扬弃继承、转化创新，实现造物文化的现代转化，创造出新的、不愧于这个时代的业绩。

四、 现代设计： 传统的活化

传统造物文化的继承发展，对于中国这样的后发现代化国家来说，关键的问题是要全面推动现代设计文化启蒙，不仅从事造物的专业人员要系统掌握现代设计知识和设计理念，而且要让大众百姓了解现代设计常识、提高现代设计欣赏水平。中国现代设计从教育到启蒙都远比西方要晚。当中国基于农耕文明的造物文化在 15 至 17 世纪之间达到世纪顶峰的时候，欧洲则在 18 世纪以后，“经由了从传统手工艺教育到现代设计艺术教育的转变，包豪斯是这时探索设计教育的方法的集大成者”①。1873 年，芬兰建立了赫尔辛基设计博物馆。该馆提倡“将设计融入生活”，形成富于人文情感和浪漫的现代设计观。1907 年，德国“新收藏”博物馆设立，以收藏工业设计藏品为主，区别于艺术与手工艺博物馆。它的诞生甚至早于“设计”一词在德国的出现②。1919 年，德国出现世界上第一所专门的设计学院——包豪斯设计学院，成为现代设计和设计教育的起源，引领

① 李超德、束霞平、卢海栗：《设计的文化立场：中国设计话语权研究》，南京：江苏凤凰美术出版社，2015 年，第 114 页。

② 科里娜·罗恩斯：《书写设计的历史与文化：德国“新收藏”博物馆的理念与运作》，金磊主编《中国建筑文化遗产（12）》，天津：天津大学出版社，2013 年。

和影响了整整一个时代的设计风潮①。然而在中国，直到1998年才在高等教育中以“艺术设计”取代沿用了半个多世纪的“工艺美术”；直到2018年，中国第一个真正意义上的现代设计博物馆——中国国际设计博物馆，在杭州的中国美术学院落成。由此可见，现代设计启蒙在今天的中国是多么迫切和需要。

设计与设计美学是将造物思想和理念具体呈现出来的关键环节，是哲学、艺术、技术、工艺、环境和心理等众多元素的综合，也是造物从理念到产品必不可少的过程。设计不是简单的造物，而是能够借助器物表达和传递丰富的精神内涵。“如果设计富有智慧，那么它便可以带来快乐、选择、力量、美好、舒适、体面、敏感、抱负、安全、财富、同情心、正义感、多样性、友情以及很多。”② 现代设计是现代造物文化发展的基石与重要支撑，它与现代绘画、视觉艺术、电脑技术、工艺水平等的发展密不可分，甚至与众多行业领域的发展密不可分。设计在今天不仅是经济转型升级的重要引擎，也是国家软实力的重要体现，甚至是文化繁荣的标志之一。伦敦博物馆馆长迪耶·萨迪奇对设计有着精到、深刻的理解和表述，他认为：现代设计语言具有多重作用——可以通过视觉和触觉上的提示，让物品显示出“珍贵”或“廉价”；能够通过色彩、形状、大小和视觉的关联来表示物体的性别与个性；能够借助国家的标识和企业的商标来创造某个范围如国家或集体的认同感；设计语言的不断变化和巧妙运用，能够塑造物体被理解的方式，设计正是我们今天了解

① 包豪斯档案馆、玛格达莱娜·德罗斯特：《包豪斯1919—1933》，丁梦月、胡一可译，南京：江苏凤凰科学技术出版社，2017年，第6页。

② 爱丽丝·劳斯瑟恩：《设计，为更好的世界》，龚元译，桂林：广西师范大学出版社，2015年，第3页。

人造世界的关键①。因此，无论是政府、企业，还是科研机构、学术界，确立设计引领的思想格外重要，唯有设计引领，才能再度点亮中华造物文化，让21世纪丝绸之路上出现更多高附加值的中国创造产品和中国的国际品牌。

设计引领在现当代造物史上发挥了极其重要的作用，甚至关系到一个国家产业发展、国家形象乃至全球战略的确立和实施。设计产业看似微不足道，却能通过对不同领域的渗透，切实地支撑起众多产业，并构成这些产业高附加值的重要来源。西方当代奢侈品看似只在少数富裕阶层中拥有市场，但其作为高端产品的风向标和引领作用不可小觑，对国家形象的确立也举足轻重，而这些奢侈品领域在相当程度上体现了现代设计的最新趋势，也因此凸显了设计对于奢侈品产业的极端重要性。诸多历史悠久的奢侈品品牌在发展过程中，都曾经遭遇各种危机和困境，而最终摆脱危机走向新生的契机几乎都与引入新的设计理念及国际知名设计师相关。就拿爱马仕来说，其丝巾的设计可谓创意迭出、精美无比，堪称当代丝绸美术设计的高端产品。爱马仕丝巾在工艺方面一丝不苟、精益求精，有独特的手工技艺，其卷边工艺堪称一绝；但更令消费者青睐的是其美轮美奂的图案设计和色彩呈现。爱马仕丝巾本身可以成为一件艺术品，其设计也可视为一场艺术活动。爱马仕经常邀请艺术家将丝巾作为画布进行创作，让丝巾呈现出异常丰富的艺术元素。同时，爱马仕丝巾设计还善于通过讲故事的方式，传达出独特的寓意与内涵：一款以假面舞会场景为设计内容的丝巾，设计师借助独到见解，赋予其更深一层的含义——在这光怪陆离的世界里，梦想与欢笑才是至尊的王者；另一款丝巾上，设计师用创作壁画的方式，描绘了

① 迪耶·萨迪奇：《设计的语言》，庄靖译，桂林：广西师范大学出版社，2015年，第50－51页。

19 世纪初巴黎皇宫、花园、街市和山羊套车等城市景象，画面中央是巴黎的市徽，以表达对一座伟大城市和一个辉煌时代的致敬，充满历史感和地域风情；还有一款丝巾以爱马仕经典的马具为主题，通过骑师服装、色彩的变化和主人符号的呈现，表达一种寄喻——好运只会为天才锦上添花。如果将这些有故事的丝巾连在一起，俨然可以成为一部精美的画在丝绸上的连环画。小小方巾竟然可以承载如此丰富的文化和艺术元素，无怪乎有那么多消费者愿意购买价格不菲的爱马仕丝巾。路易威登的女装设计总监尼古拉·盖斯奇埃尔出色的设计则来自于他独到的艺术见解、开阔的艺术视野，他不仅深刻理解路易威登的设计基因，而且有自身对女装设计的独特理解。他喜欢将过去与现在联系在一起，也就是将传统与现代进行有机融合。他奉行的设计理念是，通过一种不太夸张的方式在城市里唤起民族文化之间的融合，无论你穿亚洲风情的衬衫，还是身着灵感来自巴厘岛的连衣裙，你都会在城市中感觉到自由自在。面对路易威登前任大牌设计师小马哥 Marc Jacobs 华丽奇特的设计风格，盖斯奇埃尔结合自己的理解和追求，经过深思熟虑后做出风格调整。他将路易威登女性服装定位为没有特定的年龄区分；注重的女性品质是魅力、个性、智慧、个人风格和自我表达的方式。这一设计理念将路易威登女装设计向前推进了一步，注入了新的内涵，形成对消费者新的吸引力。

历史上的丝绸之路能在世界范围产生如此深刻的影响，得益于中国古代丰富的设计思想和美学资源，得益于独特的东方视觉美学和视觉艺术，得益于中华高超的造物技艺和造物智慧。这个独立的设计美学体系，集中体现在一批古代经典造物著作之中，成为人类造物文化的宝贵财富。其中所具有的不同思潮流派，如简约主义风尚、科学主义精神、自然主义倾向，以及对形式与功能关系的独特理解，在历史上曾经深刻影响了西方造物文明。如，西方家具史上的两个高峰——法国巴洛克式家具和洛可可式家具都不同程度地受到中国明式家具的影响。那是因为，如果“把中国家具的文化抽丝剥茧开来，就会惊讶地发现，全世界真的没有一个民族的家具文化，像中国这样丰富多彩；也没有一个地方的家具文化，会比中国家具的内涵更充满智慧”①！步入 21 世纪，中华丰富的造物文化资源是构建当代本土设计文化的厚实根基，是实现中华造物文化再度辉煌的珍贵宝藏。

深入挖掘传统造物文化，使之适应当代社会发展，必须“以古人之规矩，开自己之生面”（沈宗骞《芥舟学画编》），汲取现代设计文化精髓，辩证取舍、融合创新，构建和创造具有中国风格和中国气派的东方设计美学体系，“实现中华文化的创造性转化和创新性发展”②。履行这一使命，需要掌握两套语言，即传统造物设计语言和现代设计语言，以真正实现二者的有机融合。在经济新常态和供给侧改革背景下，设计引领将成为众多行业未来发展的战略方向，也是实现经济转型升级、提质增效的重要途径。

中华造物文化的现代化需要现代艺术的涵养。传统造物文化在其深刻的层面，得益于中国哲学、绘画、书法等的博大精深。但在现当代，中国艺术的现代发展和世界性影响还不尽如人意，这导致现代设计资源在当代艺术层面上的匮乏。因此，现代设计的启蒙与发展，很重要的一个方面就是必须大力推动艺术领域的前卫探索与发展，促进现代艺术的繁荣，形成开放的艺术发展环境，让更多新的艺术思想、流派竞相发展；让更多的艺术家参与到现代设计之中，

---

① 陈仁毅：《中国当代家具设计——从文化鉴赏到春在创新》，北京：故宫出版社，2016 年，第 25 页。

② 中共中央宣传部编：《习近平总书记在文艺工作座谈会上的重要讲话学习读本》，北京：学习出版社，2015 年，第 29 页。

更多介入设计产业和工作坊，使艺术领域的最新观念、最新思想融入设计之中，提供源源不断的思想资源。

西方现代艺术理论鼻祖杜尚，其成就和影响不在创作，而在其另类的艺术思想。杜尚作为艺术家，始终反对人们把他归入某一个现代艺术流派，他的行为和创作都试图表明一个观点：艺术没有一个固定不变的概念，也没有一种固定不变的形式。艺术的内涵总是与特定的民族、历史、地域和环境相联系，随着时代的发展而变化。现代艺术最重要的是打破已有的成规，实现思想观念的解放。在他看来，艺术没有边界，一切皆可为艺术；甚至现成品也可以成为艺术品，只要给出适当的环境①。杜尚的现代艺术思想深刻影响了美国乃至世界新一代艺术家，由此掀起了一波又一波的新的艺术尝试和创造，形成当代艺术千姿百态的景观。虽然杜尚的许多实验并未成功，也未能流传，但其艺术具有无限可能性的思想激励和推动了当代艺术的发展和繁荣，产生了达达主义、超现实主义、抽象表现主义、波普艺术、超先锋艺术等众多当代艺术流派。对于高度依赖视觉艺术的奢侈品而言，则拥有了开辟种种设计新思路和新创造的不竭源泉，形成表现的、折中的、模糊的和讽刺的后现代设计方法②。同时，设计文化也在丰厚的后现代艺术土壤滋养下，开启了一个千姿百态、风格多样、流派纷呈的设计文化新时代。

中华美学数千年的积淀将为今天的造物设计提供取之不尽的丰富营养。拥有这两个博大精深的文化传统，让中华造物文化在新时代的丝绸之路上再度闪亮起来将指日可待。事实上，中国造物领域的志士仁人们已经开始了这样的探索和努力。一批有抱负和担当的

---

① 皮埃尔·卡巴纳：《杜尚访谈录（2版）》，王瑞芸译，桂林：广西师范大学出版社，2013年，第211－214页。

② 托马斯·哈福：《设计——艺术的故事》，梁梅译，哈尔滨：黑龙江美术出版社，2001年，第108页。

设计师已经潜心探究传统造物之精妙，悉心汲取现代设计之优长，将中国人的造物智慧发扬光大，创造出令世人瞩目的设计精品。传统唯有在创新中才能延续，泥古不化、故步自封只能导致传统的枯萎衰竭。荣获世界建筑界最高奖普利兹克奖的中国建筑师王澍，在其最近作品——乌镇世界互联网大会永久会址设计中，没有一味照搬西方现代建筑设计，而以自身对中国民间建筑的独特理解和表达，创造性地解决了现代大空间、大体量建筑如何与小桥流水的千年古镇相协调这一难题。他以江南建筑材料小青瓦为建筑外观的主要元素，使庞大的建筑被参差不齐的青瓦雨遮所围裹，让现代大玻璃幕墙隐藏于色彩低调的灰瓦之中，不仅在色调上与古镇和谐相融，而且形成与古镇水路两岸鳞次栉比的民居屋檐意象上的暗合；中央水系的周边建筑则被设计成打破常规的斜伸式临水阳台，点染出水乡人家船泊门岸的景象。王澍还从中国绘画、江南园林设计中领悟精髓、撷取元素。在他看来，园林是“作为文人之间参与的生活世界的建造，以某种哲学标准体现着中国人面对世界的态度”，因而造园“是特别本土，也是特别精神性的一种建筑活动”①。他创造性地将这些元素运用于现代建筑设计，实现在历史与现代、民族与世界之间的穿越和衔接，构建了独特的本土建筑设计文化。马岩松作为第一个赢得国际标志性建筑设计权的中国建筑师，也善于从中国传统绘画中汲取灵感和养分，秉承中国传统的人与自然和谐相处的人居美学，对接现代生态概念，力图解决现今城市建筑存在的远离自然、千篇一律的困境，以独有的山水城市设计理念，在当代建筑中诠释和呈现中国建筑美学独有的山水意境。马岩松引入中国山水画意象和意境，将方方正正的混凝土大厦设计成酷似绵延起伏的山峰，在

① 王澍：《造房子》，长沙：湖南美术出版社，2016 年，第 16、17 页。

建筑物不同高度和坡度上恰到好处地植入林木花草，远看如同一幅山水画的现实立体版；几乎每个建筑单元都设计了绿化空间，楼层许多地方也留有大片绿地，让冰冷的建筑材料为尽可能多的自然植被所覆盖，实现人居与自然、密度功能与山水意境最大限度的融合。他的构想就是把建筑当作自然景观来设计，刻意营造中国山水画之意境，让建筑空间环境拥有自然环境一般的感受和体验。马岩松设计尝试的成功，在于很好地把握了古代中国绘画的视觉特征和精髓，并能结合现代建筑的功能需要，富有创造性地解决了美学与功能之间的矛盾，把中国符号有机地嵌入了人们日常生活空间，成为潜在地影响当代人审美的重要途径①。

在现代家具设计领域，收藏家陈仁毅立足挖掘传承明式家具内在审美文化底蕴，深入剖析和阐发了明式家具八个方面的核心价值，如中国家具文化中特有的“道”“器”合一的哲学观，以结构来展现“和”的智慧，以家具来延续自然生活之道的方式，对“视觉”与“适觉”的多层次顺畅感受，以及虚实相生由静化动的微妙感受之追求等②。在深刻领悟与把握明式家具设计美学精髓的基础上，陈仁毅不是泥古不化，而是着力于创造源于中国古典家具设计基因的“新东方”风格家具品牌“春在”，潜心在现代家具设计中融入中国文化意蕴，以“咏竹”“赞直”为主题，传递竹的气节挺拔和线的稳定劲道等审美理念，力图在新中式家具中营造“静”与“境”的东方美学意象。“春在”家具并非沿袭传统，而完全是在糅合传统手工、榫卯结构、工艺智慧的基础上，创造出一种新的现代表现方式，呈现出时尚感和流行性，寻求传统与现代的完美平衡。

---

① 马岩松：《山水城市》，桂林：广西师范大学出版社，2014 年。

② 陈仁毅：《中国当代家具设计——从文化鉴赏到春在创新》，北京：故宫出版社，2016 年，第 53 – 83 页。

如“春在”品牌的现代新中式圈椅，汲取明式家具圈椅的柔美曲线，同时结合现代简约主义风格，将传统家具做法中复杂的构型去繁就简，保持灵动优美的线条造型，既继承了传统圈椅的审美基因，又创造性地融入现代设计语言，实现传统与现代设计语言的内在融合。

中国桥梁建造拥有一千五百多年的悠久历史，技艺精湛、形态多样、构型优美，留下了许多闻名于世的古桥，其中既有石材建造，也有全木结构，还有石木混合等多种材料的运用。木拱廊桥建造技艺被评为世界非物质文化遗产。在各种造型的古桥中，拱桥拥有很高的知名度，如中国十大著名古桥中，河北的赵州桥、北京颐和园的玉带桥，不仅造型美观，且坚实牢固，屹立千百年，依然发挥功用，显示出中国古代工匠杰出的造物技艺和智慧。今天的炎黄子孙继承先人的智慧，又掌握和超越世界先进造桥技术，在中国大江大河上矗立起一座座让世界惊艳的宏伟桥梁。上海卢浦大桥便是一座现代超级拱桥，其跨度达 550 米，一举超过了原世界最大跨度的美国西弗吉尼亚大桥，成为世界拱桥第一。但这座拱桥远不止是跨度上的第一，在它的主桥建造中，中国设计师独创性地集中了各类桥梁施工工艺，将斜拉桥、拱桥、悬索桥三种不同类型的桥梁有机融合在一起，克服无数技术难关，创造了一座桥包揽 10 个世界第一的奇迹。港珠澳大桥更是当今世界桥梁之最。在其他许多领域，中国造物紧随甚至引领世界科技与造物前沿，全方位展示出蓬勃生机和发展潜力，如天文方面有天眼望远镜，交通工具方面有高铁机车，石油开采方面有独创利器“蓝鲸”钻井平台等。可以预期，不远的将来，中华造物将在更多领域超越世界水平，再度铸就中华造物文化的新辉煌。

当然，中华造物文化的复兴才刚刚开始。新时代的造物从工具、手段、技艺，到途径、条件、环境及消费心理、消费意识和方式等都发生了巨大的、甚至颠覆性的变化，因此，我们在重振中华造物文化的过程中，需要在多维度、跨领域、大视野中去获取元素、汲取思想、撷取智慧；在前沿性、前瞻性、引领性中逐步占据当代造物的制高点和领先地位。

五、 当代造物文化发展新理路

推动当代中华造物文化发展，在指导思想上需要把握的基本原则是：第一，不仅要继承优秀传统造物文化，还要吸收优秀传统精神文化。中华美学思想丰富、厚重、博大、深邃，其中蕴含的精神智慧是提供现代造物设计理念、美学创造的珍贵宝藏。第二，不仅要继承民族优秀造物传统，也要汲取外来造物文化营养。世界各民族古代与现代造物技艺、美学思想，同样充满着丰富的人类造物智慧，是推动和提升造物文化水平的重要资源。第三，不仅要继承全人类的造物文化与智慧，还要密切跟踪当代新技术、新材料、新技艺的发展，突破造物域限，开拓造物空间，将中华造物文化提升到一个新境界，为人类造物文化新发展提供中华智慧。

造物文化的发展是一个实践性很强的系统工程，需要许多领域和学科的协作与协同创新才能完成。相形于精神文化，造物文化包含了精神理念、设计美学、工匠技艺、人机工学、人机科技、材料科学等多方面因素，是美学与工艺、文化与科技、精神与物质相互融合的产物。推动中华造物文化的继承与创新发展，需要国家战略和政策的支撑。

其一，从国家层面确立造物文化宏观发展战略，结合现有各行业专项发展规划，进行必要的统筹与顶层设计，逐步制定造物文化发展相关政策与行动计划，营造全社会关注造物文化、提升造物文化水平的浓厚氛围。

其二，将造物文化发展融入十九大报告提出的各项发展战略，结合创新型国家建设、乡村振兴战略等，突出设计文化在提升创新能力和造物水平方面的作用，使不同区域和领域的发展拥有先进科技与一流设计的支撑，实现整体实力的提升。

其三，国家文化软实力不仅体现在精神文化方面，更体现在造物文化之中。全面推动精神文化与造物文化的融合，实施全民普及造物文化与现代设计教育，将包含工业设计、时尚设计在内的现代设计启蒙纳入文化惠民工程计划，强化全民族设计文化意识。

其四，促进造物文化战略与国家品牌计划的融合，坚持以先进造物为基础，确立中国造物产品与品牌影响力。促进传统造物与人工智能结合，通过设计美学、人机科技的发展，实现传统造物的创造性转化、创新性发展，形成在造物理念、使用功能、设计美学等方面具有中国造物风格的造物产品体系与品牌识别度。

其五，高度重视造物产品国际标准制定，出台优惠政策，建立相关平台，创造各种机会，提供有效渠道，让中国企业家树立更加牢固的标准意识，促进有条件的制造业企业参与国际标准制定，占领造物产品国际制高点，增强中国产品国际话语权和竞争力。

其六，培养现代造物文化人才队伍。全面提升设计教育水平，扶持设计人才创新创业，参与国际竞争。高度重视和发展职业教育，提升职业技术人才培养水平，培育大批既有中华造物技艺，又有现代造物技能的专门人才，树立现代工匠精神，吸纳先进造物理念，造就一批学有专攻、具有综合思维方式和创新精神的当代造物战略人才和高水平创新团队。

当今世界造物文化所涉及的领域和范围、拥有的思想和方式都远比古代丰富、开阔得多。我们切不可固守传统造物技艺与方式，而要紧随世界造物发展步伐，力求领先超越。当年正是由于没能及时实现造物文化的现代转型，发展工业设计、时尚设计，导致西方依靠工业文明的迅速发展，打破了数百年领先世界的中华造物文化优势，甚至凭借新造物力量使中华民族蒙受巨大屈辱。为此，我们需要在更开阔的视野中，充分认识造物文化的重要性，把握新时代造物的新特点、新规律、新趋势，全面解放造物的思想、丰富造物的手段、拓展造物的领域、实现造物的突破。

这就要求我们做到立足本土、博采众长，辩证取舍、转化创新，服务当代、面向未来，使中华传统造物文化呈现出新的形式和样态，为创造新时代的美好生活服务，也让世界人民体验到中华造物的优良精美，实现中国国家文化软实力的全面提升。

创意容器与设计启蒙

时至今日，电视媒体的节目制作已不再单纯依靠专业人士，而是采用种种新的手段和模式。近年来，电视媒体与流行音乐界携手，共同打造了一场又一场音乐视觉盛宴——《中国好声音》《我是歌手》及《中国好歌曲》等。这些节目的热播，不仅成就了许多电视品牌栏目，而且造就了一批流行音乐的民间歌手。如果说这些以选秀为主要方式的电视节目，为人们发掘了民间音乐和歌唱高手的话，那么，创客运动则是以提供平台和空间的方式，集聚了民间创意达人和创新能手，它所形成的创客文化，成为我们今天经济社会文化发展的重要驱动力。

创客运动是借助某种平台与组织形式集聚创意人才和智慧，并通过这种集聚以几何级数放大创意智慧的动态过程。这个过程的结果，不仅仅是一批创客之间的创意交流与碰撞，它还可能是一种创新的大爆发。创客运动打破了以往创意人才和创意人士的交流方式，扩大了创意社群，促进了跨界融合，形成了一种全新的创意集聚方式和创新创造模式，并逐步具有自身的内在规则和运作规律，由此产生了创客文化。当然，在创客运动中，创意智慧的集聚与放大显然是有条件的——需要有智慧、自信、自强、自主的个体条件，以及让个体的能力和潜质获得全面发展的平等、互信、民主、自由的社会文化条件（环境），并以一定的社群组织结构、组织形态、团队协作、生产组织等方式，形成一个社会网络系统，最终实现创意智慧的碰撞、生发，带来层出不穷的创意和创新思想，并且能够进入生产制造领域，而这一切又都有赖于互联网经济，以及先进制造业和以 3D 打印为代表的新型工业技术。

一、 创客文化： 创意土壤的培育

何为创客文化？目前已有不少学者做了探讨和定义，大家认为创客文化是指：致力于个人或团队制造的专业人士和爱好者形成社群并不断壮大的景象；制作的作品包括技术装置、开源硬件或软件、时装、家庭装饰，乃至任何可用于现实生活中的作品。对于什么是创客，克里斯·安德森的定义是指一群使用互联网和最新工业技术来进行个性化生产的人①。归纳国内外学者的分析，创客作为创客文化的主体，对发明具有浓厚兴趣和特殊才能、善于使用互联网和新技术、擅长改进式创新并拓展新用途、乐于和有相同爱好者一起制作并共享。很显然，从创客的特征及其行为的出发点来看，其对经济社会乃至文化发展的独特作用不言而喻：创客不仅延伸和拓展了各种高新技术的新用途，而且激活了处于存量状态的知识库存，

① 克里斯·安德森：《创客：新工业革命》，萧潇译，北京：中信出版社，2015 年。

打开了人类智慧宝藏，推动了技术传播和运用，促进了产品创新与推广，引发了文化再生产，并导致新经济模式的诞生和新工业革命的降临。

创客文化在今天的勃兴不是偶然的，而是有其深刻的背景。

经济新常态背景下，从产业升级、结构优化，到供给侧改革、消费升级，无一例外需要更多的技术创新和文化创新。在前互联网时代，创新、创造主体主要是专业科技人才和文化创意人才，而当互联网普及带来的知识传递便捷、创意共享成为可能的当下，大众消费者就成为参与创新的重要群体。我国“大众创业、万众创新”理念的提出，创意众筹、众包形式的出现，在很大程度上是基于今天网络社会发展的特点和需要。大众消费者加盟创新，极大限度地释放了人们的聪明才智，为经济发展、科技创新、文化创意注入了鲜活的思想和无穷的动力。在此背景下，创客文化的兴起，改变了以往单纯依靠专业科技和文化人士决定产品设计和市场趋势的局面，大众消费者参与新产品、新项目的设计创造，扩大了专业技术和知识的应用范围与领域，不仅促进了技术创新和产品更新，而且极大地推动了产品的多样化、个性化，使定制消费、品质消费、体验消费等成为新兴的消费趋势，并在这一过程中形成新的商业模式。

新技术革命一波接一波席卷而来，带给经济和社会领域深刻的变革，不断影响和改变着人们的生产方式、商业模式和生活方式。以互联网和移动互联网为核心的信息技术突飞猛进，加之3D打印、开源电子原型平台（Arduino）等的诞生，让不同爱好的消费者的产品制作和DIY有了施展的空间，创客文化因此拥有深厚的生长土壤。许多大型科技公司内部就向员工提供各种类似创客空间的平台，使科技和文创人才能够尽情发挥创造力和想象力。

各国政府从振兴经济角度提出重振制造业的战略计划，意识到民间的创造力不可限量，纷纷出台政策鼓励和支持各类群体、各种身份的有创造爱好和志向的人从事创新活动。我国在2015年《政府工作报告》中提出“大众创业、万众创新”，并出台《关于发展众创空间推进大众创新创业的指导意见》《关于支持新产业新业态发展促进大众创业万众创新用地政策的意见》等，对科研人员创业、小微企业创新等给予融资、用地等方面的政策支持；而美国早在2012年就推出《促进创业企业融资法》，通过政策鼓励大众融资平台建设，以促进大众创新创造。英国、德国、法国、日本等国家也出台相应政策措施，支持本国的大众创新创业。可以预见，随着创客运动的兴盛，科技创新与运用所带来的生产和消费领域的深刻变革，将成为引领经济发展的重要驱动力量。

随着科技和社会发展，不仅行业分工越来越细，而且学科划分也更加细化。在这个过程中，存在另一个走向：在实践领域，行业融合往往产生新兴业态；在学科领域，交叉学科时常是创新的源泉。也就是说，跨界别、跨行业的融合发展，跨学科、跨领域的科技文化创新，往往能催生新业态、引领新创造、成就新模式。推动文化创意和设计服务与相关产业融合发展，不仅需要文化创意的介入，还需要科技创意、管理创意、规划创意和营销创意等的融入。这就特别需要树立集成创新的理念，超越学科、行业的视野，以多维度、大综合的思维方式，在交叉领域、跨界融合中实现创新。而创客文化的出现，正适应了这一历史趋势。

在这一历史背景下，以创客为核心的、致力于运用创意想法推动科技文化创新发展，进而为社会经济发展繁荣提供新动力的群体，成为这个时代的弄潮儿和新的阶层，也构成现代高端服务业的重要支撑。这个群体由于不局限于专业科技人员，又有越来越庞大的业余爱好者和广大消费者参与，因而发明创造不再限于发明家和专业人士，而是遍及普罗大众；不再限于实验室等专业场所，而是遍及诸如车库、旧厂房、公共场所等形形色色的平台空间。文化创意领域也将不再仅仅由作家、艺术家、导演、演员、设计师、建筑师、手工艺者等组成的文化创意人才和团队独领风骚，越来越多来自高校、社会、民间及其他行业富有热情和想象力，有专业技能，善于运用互联网等技术手段，将丰富多样的创意想法变成产品的个人与团队亮相登场。这批文化创客的出现，势必成为文化创意智慧集聚的重要来源。当下许多文化产业存在行业发展同质化、创新驱动不足、产品个性缺乏等弊端，格外需要一批文化创客的加盟和介入。但文化产业领域所需要的为数众多的文化创客，仅仅依靠自发的形成和自发的组织集聚远远不够，还应当有意识地创造条件，设立各种形式的文化创客孵化基地，构建相关扶持和服务平台，引导和鼓励文化创客的互动交流，营造创客文化发展的良好环境，让文化创客在适宜的土壤中快速成长。

经济新常态下，结构优化与创新驱动无疑都离不开创客文化的发展。经济结构优化需要的高端综合设计服务、高端文化创意服务、高附加值产品与品牌、优质原创能力等，都有赖于创客文化提供源源不断的创意思想、创新理念、创造动力。创客们的创新驱动，不仅有助于推动传统产业转型升级，还将带来一系列新兴业态和新商业模式，并在促进行业融合、新产品开发方面发挥举足轻重的作用。我国政府提出“大众创业、万众创新”，便是从国家层面鼓励创客文化的发展，积极营造创客时代所需要的外部环境。在此背景下，创客将逐步成为社会新宠，其数量在未来也将与日俱增，形成庞大队伍。这些代表新经济和新生产力的群体，便成为新的社会阶层——创意阶层，而随着创客文化的兴起与蓬勃发展，创意阶层的崛起也势在必然。

二、设计启蒙：激活造物的灵感

创客文化的兴盛与互联网的普及密不可分，并且许多创新思想和行为必须借助互联网才能形成创客的社群文化，其中科技运用型创新、微创新成为重要内容和形式。文化创意产业在新常态下亟待转型升级与提质增效，同样需要借助创客文化的发展来推进。事实上，文化创意领域的许多创造与生产模式，如工作室、咖啡坊、创意团队、创意集市等，本身就具有创客文化的特性。当然，它们与创客文化所特有的内涵与形式还是有区别的——创客文化更强调创新主体基于兴趣爱好的创造创新行为，功利色彩淡薄，强调创客之间广泛密切的交流互动，强调创新成果的共享。这种以人的内在创造冲动为特征的无功利的创意创新活动，将最大限度地激发人们的创意智慧和创新潜力。因此，在文化创意产业领域，也需要大力推动创客文化的发展，吸引和集聚更多文化创意的爱好者和民间达人参与到文化创造活动中来。

创客文化的产生与发展是顺应时代发展的一种必然，但其本身是一个复杂的系统行为，一个需要一定社会文化基础、历史积累的过程，更需要制度环境和政策环境的支撑。创客文化的兴盛与发展，也要遵循文化发展的基本规律，以顺应和涵养的方式去培育。社会需求、政府推动、商业驱动、技术创新等，无疑是创客文化萌发与生长的重要条件，但作为一种文化现象，其发展离不开文化发展的一般规律：教育基础、社会心理、审美水平、文化氛围等，都会成为制约和影响文化发展的重要因素。从这个角度看，创客文化的普及与发展，应当着眼于根本性和长远性——要关注其生成的土壤和发展的可持续性，而当下首要的任务在于如何全面推动设计文化的启蒙。

长期以来，中国人对工艺美术这一概念耳熟能详，甚至可以对本地的工艺美术种类如数家珍。遍布各地的传统工艺曾经是我们日常生活中常见和熟悉的，即便是现代工艺品种日益丰富的今天，随着人们对非物质文化遗产保护意识的增强，传统工艺美术依然是地方文化的重要体现。但对于“现代设计”这一概念，中国普通百姓却颇为陌生。“设计”这个概念被中国人普遍地了解和接受还是近些年的事情。

艺术文化（教育）的普及，是一切文化产品和服务获得发展空间和市场空间的基础。艺术文化发展中形成的产品和服务，如果没有欣赏和接受它的广大受众，就很难有持久性。台湾在倡导和推动文化创意产业之初，不是单纯靠政策和资本的强力介入和拉动，而是扎实地从生活美学、艺术教育普及做起，解决大众审美水平和文化消费需求问题，这就从智力层面上解决文创人才来源、从市场层面上解决文化产品消费需求问题。只有解决了文化创意赖以生存和发展的社会大环境中的问题，才能实现文化创意产业的可持续发展。

而设计文化则是基于艺术文化并更具实践性、更有功能价值和实用目的性的文化，设计文化的普及既是一种艺术普及，也是一种更有内在规范和更具有使用功能的文化普及。艺术文化注重人的内在审美素养、鉴赏水平，是美学观念与创作技能的综合呈现，而设计文化更注重人的视觉美感、舒适愉悦，是始于审美归于功用的一种创造性能力。“艺术作品也可以有功能，但艺术和设计不同，功能不是它的必要条件。”① 安东尼·邓恩把艺术和设计之间的关系比作科学和工程的关系，前者致力于纯粹研究，而后者是研究的应

---

① 爱丽丝·劳斯瑟恩：《设计，为更好的世界》，龚元译，桂林：广西师范大学出版社，2015 年，第 184 页。

用——尽管在设计中研究应用的情形，每天都在日常生活中出现。

概括来说，艺术文化偏重于精神的、审美的，设计文化则偏重于实用的、美观的；艺术文化是个性化的、自由的形态，设计文化是标准化的、模式化的形态；艺术文化关注的是美术的、趣味的，设计文化则强调功能的、日常的、生活方式的。很显然，艺术文化通常不具有目的性，“是一种无现实目的的纯粹游戏，使人超越于现实之上，进入精神自由的境界”①。英国设计师查尔斯·伊姆斯对“何为设计”有一句经典的概括，他在回答别人问他设计是否是“一种艺术性的表达”时说：“我更愿意说设计是一种目的的表达。它可能（如果它足够好的话）在之后会被当成艺术。”

创客文化的发展是基于开源与分享的核心价值观；分享技术成果和知识产权是创客促进社会创新的路径，也是创客文化的重要特征。从这个意义上说，在文化创意产业领域中，创客文化既要依托于深厚的艺术文化的滋养，更要扎根于设计文化的土壤之中。因为就文化创客来说，虽然他们进行的创造活动不具有明确的目的性和功利性，但又显然不是纯粹自由的、指向审美领域的艺术创作，而是潜在地受某种设计思想引导和设计文化界定的创造行为，最终的结果是一种新的物质产品或功用性的精神产品的诞生，而不是一件艺术品。

诸多事例已经表明，设计文化在今天的世界经济尤其是先进制造业中的地位，可谓举足轻重、至关重要。在后工业时代，设计已成为不可或缺的基因，成为一种能够体现和反映我们情感和文化价值的语言。设计已走出人类造物单纯的功能和功用需求，而具有更多元和多重的价值意义。伦敦设计博物馆馆长迪耶·萨迪奇深入分

---

① 南帆、刘小新、练暑生：《文学理论》，北京：北京大学出版社，2008 年，第 19 页。

析了设计语言的多重作用：设计语言可以通过视觉和触觉上的提示，让物品显示出“珍贵”或“廉价”；设计的语言能够通过色彩、形状、大小和视觉的关联来表示物体的性别与个性；设计能够借助国家的标识和企业的商标来创造某个范围如国家或集体的认同感；设计还能用来标识和加强结集体现的等级；设计语言的不断变化和巧妙运用，能够塑造物体被理解的方式。设计正是我们今天了解人造世界的关键①。

然而在我国，设计文化的发展起步晚、基础薄，这既体现在高等教育中，也体现在社会领域人们对设计文化认知淡薄，大众对设计文化如何深刻影响了我们的生活还不甚了然，更谈不上能够有意识地去欣赏、理解和运用。“艺术设计”作为学科专业取代在我国高等教育界延续了近半个世纪“工艺美术”，是直到 1998 年才发生的事，而西方的艺术设计专业的确立则远比我们早得多。如此晚近才确立起来的一种文化，自然无法拥有深厚的基础，也谈不上普及。我们很难设想，以文化创意为核心的文化创客，倘若缺失了设计文化的根基和社会土壤，又如何能获得持续的生命力？他们的创造性的作品（产品）又如何能为大众接受，从而延伸到生活的诸多领域？为此，设计文化的启蒙应当引起我们的高度关注，尤其在创客文化的兴起与发展中，设计文化的启蒙更具有基础性和长远性的意义和作用。

设计文化之于创客文化发展的重要性，在于设计文化所具有的独特内涵和特征。

不论是艺术文化还是设计文化，都需要有美术修养和美学知识作支撑，但今天的设计文化除此之外，还具有更广阔、更丰富的内

① 迪耶·萨迪奇：《设计的语言》，庄靖译，桂林：广西师范大学出版社，2015 年，第 50 页。

涵——设计文化必须以美术手段和审美方式来表现一种新产品和新服务，但在这表象之外，还必须有设计思想和理念的支持。乔布斯深谙设计的内涵与精髓，他曾经在2000年《财富》杂志发表的一篇文章中写道："在大部分人看来，设计就像是一种表面的装饰。它是室内的装潢，是窗帘和沙发所用的布料。但是对我来说，再没有什么比这更偏离设计的内涵了。设计是人类造物最根本的灵魂，通过产品和服务这些表象来实现。"乔布斯把设计的本质视作有灵魂的物品，或者说物品（产品）的表象之下必须有灵魂。事实上，这里所谓的灵魂，就是设计的理念和思想，唯有独特理念和思想的支撑，设计才有灵魂。中国古典园林设计中的人居美学，如整体建筑的飞动之美（飞檐、飞龙、飞鸟、走兽等）、建筑空间的艺术之美（雕梁、画栋、花窗、回廊等）、居住环境的自然之美（园艺、山水、借景、隔景等），这些设计的背后，蕴含着古典园林设计者关于人与自然关系的哲学思想：天人合一①。在这一理念和思想规约下，建筑不再是纯粹人造的居所，而是自然环境的一个组成部分——园林建筑布局通过门、窗、回廊等，以借景、分景、隔景等方式，竭尽一切可能将自然景观引入室内，不仅使居住空间与自然环境融为一体，而且最大限度拉近了人与自然的距离。中国古代的三足鼎，体现了一种"求稳尚简"的精神；明清古典家具设计，则更是以纯粹的功能性造型体现出当时的审美趣味和礼制文化。这些来自传统的设计文化思想，无疑是今天设计实践的珍贵资源。马来西亚著名设计师贾雅对中国古代从宫廷到乡村的建筑、装饰和家具所体现出的美学思想，都有深切领悟，并将其融入现代设计之中，设计出如颐和安缦、安缦法云等汲取大量中国传统建筑文化元素

① 宗白华：《美学与艺术》，上海：华东师范大学出版社，2013年，第245－246页。

的现代度假酒店，成为本土与现代结合的典范。著名华裔设计师贝聿铭、我国建筑设计大师王澍，更是将苏州古典园林与江南民居的美学精髓、精神内涵熔铸到当代建筑之中，建造出苏州博物馆、宁波博物馆这样的当代建筑设计经典之作。这些设计背后，不仅有传统元素，更有传统的设计理念和精神，而这一切，又是在现代设计的框架里实现的。贾雅所言“我做的是现代设计，但处处有传统的影子”，正可以作为这些有机、合理、巧妙地融汇传统与现代元素之设计的注脚。

当然，设计的理念和思想最终要通过实践性的设计产品来体现。乔布斯虽然强调设计是人类造物的根本灵魂，但也表达了设计需要表象来实现。灵魂固然重要，却也需要有所附丽。中国古代拥有极为丰富的设计思想资源，同时还拥有极为丰富的设计美术（美学）资源，它足以提供现代设计在“表象”呈现中所需要的美学元素，关键在于人们是否有意识地去关注、选择、阐释、转化和创造。当西方设计美学和思想伴随现代化的进程大量传入我国，成为众多设计师的基本设计资源和背景时，另一批具有高度民族文化自觉和责任感的设计师，倡导建立中国本土设计学，如获得普利兹克奖的王澍。设计评论家杭间的观点与王澍几乎不谋而合，他认为，在全球化时代，中国当代设计的出发点应该是本土；原创不是新鲜的就好，而是要把中国人用得合适的而外国人没有做到的东西做出来，这才是原创设计。单霁翔入主故宫博物院之后，利用故宫丰厚的文化资源，引入现代设计，开发了大批成系列的文化创意产品，其中的设计资源便是大量源于中国传统器物、服饰等工艺美术的文化元素与符号，经由现代设计的创造性转化，成为具有浓厚本土风格的现代文化产品。我们不仅要借助设计让传统文化进入当代生活，活在大众之中，而且要借助现代设计语言，用器物讲好中国故事，让中国文化走出去。迪耶·萨迪奇就认为："设计已经成了一种语言，用来塑造这些物品，裁制它们所传达的信息。当今经验最丰富的设计师，所扮演的角色就如讲故事的人一样，让他们的设计能够传达出这些信息，一如它们能解决形式与功能的问题。"①

然而，这些典型的案例，虽然表明中国传统工艺美术和建筑艺术在今天的生命力，但并不能掩盖当下中国设计文化缺失的现实。在日常生活和普通百姓之中，人们对于设计的认知依然十分缺乏，对于什么是好的设计更缺乏基本的判断。尽管今天人们对服装、服饰的美感有一定的鉴赏力，但对其他领域，如工业设计、建筑设计、景观设计、公共艺术设计、园艺设计、文化（商业）街区设计等，就缺失必要的认知和要求。许多古村落传统建筑保护之所以难以进行，重要原因之一就是村民对古建筑的美学和历史价值没有概念，同时也是未能找到既保护古建筑又改善居住条件的两全其美的方案所致。这种设计文化的缺失，需要长期的、系统的、深入的、多面向的努力，才能逐渐得到改善。

全社会的、日常性的设计文化启蒙还只是基础，这个基础自然十分重要，但更重要的是要在这个基础之上，有新的价值发现。也就是说，传统工艺美术设计精神的启蒙，现代西方设计文化的传播与接受，并不是最终的目的，而是要能够在此基础上建立新的、符合当下中国人需要，甚至还能适合部分外国人需要的当代中国本土设计文化。启蒙的关键在于如何重新发现，文化现实已经客观存在，而发现是文化复兴的最重要的一步②。而且在这一过程中还要把握具体的内容、方向，根据社会经济、科技文化的发展变化而做出适

---

① 迪耶·萨迪奇：《设计的语言》，庄靖译，桂林：广西师范大学出版社，2015 年，第 9 页。

② 杭间：《设计的善意》，桂林：广西师范大学出版社，2011 年，第 256 页。

时的调整。总之，设计文化的启蒙与启蒙过程中的发现创造，将对我们现今的创客文化发展产生重要影响。

三、 创意平台： 文化与环境构建

文化创新是人们内心创造冲动和创造思想付诸实践的结果，但人们的创造热情和创造行为需要一个好的环境，这个环境要有助于激发、激励人们大胆创新、勇于探索。因而，我们要营造一种自由、宽松、民主的社会环境，吸引和凝聚那些富有想象力、创新力和创造能量的人，形成人才高地、创新高地。只有这样，文化创客才有适宜的生长土壤，文化的创新发展才有望实现。

比起科技创客，文化创客更注重文化创意，虽然也会运用到各种科技手段，如3D打印、机器人等，但更多以文艺创作和手工艺为主；同时，文化创客除了将创意和实践相结合之外，许多时候是以创意策划为结果的，即将某个文化创意以策划文案的方式形成智力服务产品，而不是以实物形式来体现创意成果，这是文化创客与科技创客的不同之处。但在集成创新、融合发展成为时代潮流的今天，文化创客必须与科技创客形成密切的联系，二者之间的互动互补，才能最大限度地激发出创新创造的能量。

如前文所述，文化创客的发展有赖于设计文化的启蒙，而我国设计教育的滞后是我们首先要关注的问题。由于现代设计概念直到晚近才逐步进入普通中国人的生活领域，因此其普及程度和大众对设计的理解程度还远未能适应现代社会发展的需要。“关于现代设计的理念，西方的教育在高中或通过社会的运行常识已经将它完成，大学的专业教育是如何使它更具有创造性。”① 也就是说，在西方，高中生已经具备现代设计的基础知识，到了大学则进入如何运用设计知识进行创造的阶段。仅仅从这个现实来看，我们就不难理解为什么风行全球的当代奢侈品品牌基本都源于西方，那是因为深厚的现代设计教育基础决定了其具有实力雄厚的设计人才和设计能力。那么，设计教育的加强和普及，显然是创造优越的设计文化乃至创客文化发展环境的基础和关键所在。现今各高校的设计类专业得到扩大和加强，但提升教育质量是未来的关键问题。同时，社会和生活领域的设计教育普及，则要借助政府、高等院校、民间组织等多方力量。应当意识到的是，设计文化的启蒙是一个长期过程，是多种因素共同作用的结果。因此，设计文化的“启蒙不是一次完成，而是受理论倡导、思想传播和产业实践、经济结构转型等诸多因素的影响”②。利用大众媒体、新媒体进行设计文化的普及与传播，让设计的知识和意识深入人心，必将为创客文化的发展提供最基础也是最重要的条件。当然，在这个过程中，文化创客空间本身也可以成为设计文化普及的重要载体。

在营造创客文化发展环境中，政府无疑扮演和发挥着重要作用。政策引导、领导人示范都将激发全社会的关注和支持，有力地推动创客文化的发展。我国政府高度重视创意人才培育、创意设计的发展及环境优化，制定了一系列政策举措，如《关于促进文化创意和设计服务与相关产业融合发展的指导意见》《关于优化学术环境的指导意见》《关于全面加强和改进学校美育工作的意见》等，为创客文化的发展构筑了良好的政策环境。一些地方政府也在人才培育和成长环境的营造上，以先进的人才理念创造一

① 杭间：《设计的善意》，桂林：广西师范大学出版社，2011 年，第 54 页。
② 同①，第 49 页。

流人才高地。杭州市领导奉行的人才理念是，包容高端人才和高智商人才的低情商，宽容人才创新的失败，探索建立容错机制，让创新者的失误能够得到充分理解和包容，创新项目的失败能够得到一定的担保和补偿。新锐的创意依靠的是新颖思想和精神品位，而思想和品位绝不是金钱所能买得到的。让人才能够在自然条件优越、居住空间优美和社区环境优良的城市里工作，有利于激发创新热情、形成创新思想、提升创新品位、集聚创新动力。阿里巴巴、网易等互联网大企业之所以能落户杭州并获得快速成长，离不开优越的城市环境和政策环境。

在美国，奥巴马当政以来，从2010年开始每年将白宫作为展示空间举办一次科学展，以提倡和鼓励科技创新。这个在白宫举行了六届的科学展，旨在通过展示美国年轻一代科技创新能力，表明政府对青少年创新的高度重视，以形成示范性效应。奥巴马总统深知科学教育是“让美国成为地球上最伟大的国家的关键”。更为重要的是，奥巴马不仅以总统身份亲自参加科技展，而且其言行举止所透露和传递的信息，颇具深意。他饶有兴致地观看了科学展，称“我当选总统以来一些最美妙的时刻都与我们的科学展有关”，表现出对科学展内容的格外兴趣。他对来自美国各地的中小学生参展的项目赞赏有加，并与学生们一起玩用3D打印机制作的吹泡泡器。面对学生们的各种奇特发明，奥巴马说他从中看到了聪明才智、好奇心和团队精神，并打趣说“这届科学展唯一的问题是它让我觉得自己的信息量不足”。作为总统，在一批未成年的科学发明者面前，能放下架子说这样的话，对青少年们的鼓励无疑是巨大的，体现的不仅是奥巴马的谦逊和气度，而且是对小发明家们的尊重，对科学的尊重，其背后深蕴着一种对如何营造科技创新环境的理解——唯有鼓励、宽松、包容、尊重，才能真正在整个社会层面创造出最适合科技人才成长、壮大的环境。

除了白宫科学展这个体现美国政府对创客文化的支持动作之外，美国全社会对创新行为的理解、支持所形成的氛围，更能表明环境营造的重要性。就在白宫科学展上，一个来自巴尔的摩市的9岁黑人小男孩带来了各种自主创新、深受欢迎的有趣玩具，他的这些创新发明能够实现，得益于美国的社会大环境——当他接触到3D打印机后，便有了一系列的新想法，可就是缺一台3D打印机，于是他向多家公司写信寻求帮助，就像当年乔布斯为了一项发明向多家公司和机构求助购买一个零部件一样。最终这个男孩得到一家公司赠送的3D打印机，因此而圆了他用3D打印机制造各种玩具的美梦。来自社会和企业的支持，创造了创客文化生存的优越环境，如仅次于微软的IT巨头甲骨文股份有限公司（Oracle），为鼓励和帮助12.5万名美国学生获得计算机科学教育，捐赠了2亿美元，为科技创新提供了必要的资金支持。既有创新氛围的软环境，又有资金保障的硬条件，具备了这两方面基础，创客文化何愁不兴盛发达？

社会层面的创客文化的环境营造固然重要，但创客们的发明最终要落实到产品和批量生产能力上来，这就需要企业对创客文化给予高度关注和支持。事实上，在一些有影响力的科技和文化公司，其内部早就具有类似创客空间的员工创新活动和团队组织，这些企业所奉行的吸引人才和鼓励人才创新的理念与制度设计，使之成为高端创造性人才集聚的高地。比如谷歌，其最大的成功在于具有吸引人才的独特能力，以及让人才发挥作用、让新人能够充分展示能力的企业文化。谷歌倡导一种创新、民主和自由的企业文化，始终奉行只吸引最聪明的人才的用人理念，更重要的是，企业管理者深知最聪明的人才需要怎样的环境。为此，公司打造了一个非常开放和宽松的工作环境，其特点是，具有最充分的民主精神，以研发人员为中心，倡导“工程师文化”，最大限度地消弭管理者与研发人员之间的等级关系，实质性地鼓励和支持员工的创新思想；采取扁平化的组织管理机构，极力创造一个百家争鸣的氛围，让任何人都可就产品和公司发展提出意见；给予员工以充分的信赖，让其有发挥能力的机会，不过于关注眼前的利益，而更关注长远的发展；创造一流办公环境，实行弹性工作制，甚至不安排项目给员工（实际上大多数员工会主动自发地找项目做），允许并提供条件让员工有20%的时间可以做自己的项目，如果项目好还可以得到支持，成为公司的产品。这样一种人才制度所形成的企业环境，事实上就是一个典型的创客空间和载体，无疑能最大限度地发挥人的聪明才智，激发想象力，产生更多的创意。同时，这也是谷歌吸引并留住一大批优秀人才的原因，其人才流失率远远低于同行业平均水平①。

苹果公司的企业文化也富有特色，与谷歌有相似之处。苹果倡导的是个人化文化，即产品、项目及服务的选择强调以用户个人化来引导，公司的创新能力以员工个人化来塑造和体现，员工同时以自身个人化获得一种自由和惬意的人生。传统的等级管理思想也被消解，不存在领导、部门和中层、高层等概念，“以下犯上”成为最著名的企业文化。公司员工可以充分展现自身个性，甚至可以我行我素、特立独行。这一系列鼓励人才创造、创新的文化理念和所形成的环境，使苹果成为最具创新力的企业之一。在这里，偏执的突破式创新、彻底的差异化、唯我独尊的产品设计、致力引领行业标准等成为可能，公司也由此跃升为全球市值

① 于林林：《谷歌聚人的“DNA”》，《现代企业文化》，2014年第12期。

最高的企业①。

不难看出，环境营造对于创客文化发展具有重要意义。文化创客在其实践发展过程中，除了需要良好的环境外，还需要艺术教育尤其设计文化的广泛普及。设计文化启蒙绝不是简单的设计知识和技巧的传播，而是设计思想和理念的普及。现代设计之源——包豪斯的杰出之处，不仅在于其作为现代设计教育的起源，而且在于其所奠定的现代设计思想、精神与价值建构；包豪斯设计学院所创立的现代设计思想和教育体系，给后人留下了一个神秘的邮包，一个普世的、思想的工具箱，它是思想库、动力源、世界观。包豪斯作为一个学校并不大，却带来了某种根源性的变革思想②。推动设计文化的启蒙，就是要让更多的人去打开这个邮包，挖掘这个思想库，实现思想碰撞和设计创新。在技术飞速发展的今天，更应该致力于思想启蒙和设计普及，就像包豪斯的开创者回答“是技术重要还是设计重要”时所说的那样：“技术”能改变的东西似乎比“设计”多得多，但每一项技术的发明与革新，都需要具有想象力的设计。因此，设计文化启蒙不仅要从现代设计开始，同时要从领悟设计思想和设计精神着手；不仅要借鉴西方设计文化，而且要传承中国传统设计文化；不仅要加深对设计文化的理解，还要着眼于当下的生活与实践。

在拥有深厚艺术文化积淀的中国，文化创客需要吸纳外来设计文化的思想理念，但更要树立起本土诉求，探索和建构中国本土文创和设计文化体系——利用传统文化、传统工艺与现代设计（理念）进行创造性融合，形成适合中国人需要的创意设计产品；汲取中国

① 钟星、张沈伟：《苹果公司战略解密》，《中国机电工业》，2010 年第 5 期。

② 吴孟婕：《设计，依然需要被“启蒙”》，《光明日报》，2014 年 10 月 7 日，第 5 版：美术评论。

本土文化和智慧精华，借助文化创客的创造性实践使其焕发新的生命力，并形成具有中国本土特色的创客文化。“用中国人的艺术思维、中国人的生活习惯，构建我们自己的东方美学，这一天，一定会到来。”中国美术学院院长许江在“作为启蒙的设计——中国国际设计博物馆包豪斯藏品展”上说的这番充满文化自信的话，正道出了人们的心声。

多维视角与文化创新发展

在人类历史发展进程中，科技与文化总是扮演着举足轻重的角色。如果说政治通常是改变历史进程的重要力量，那么科技与文化则往往是改变生产方式、社会形态、生活方式的关键力量。而某种意义上，政治制度和政治力量的形成也时常在深刻层面上反映了科技与文化变革对于人类发展的新诉求。十九大报告提出了我国社会主要矛盾发生新变化，正是以习近平同志为核心的党中央高屋建瓴、审时度势，深刻洞察、准确把握当前中国特色社会主义发展历史阶段特征而做出的科学判断。由于社会主要矛盾发生变化，文化创新应当有新的维度；而文化产业作为文化产品与服务的生产者和提供者，其所承担的历史任务也将发生变化，即从满足人民的基本文化需求向满足人民过上美好生活对丰富精神食粮的需要转换。文化产业领域的供给侧改革、转型升级、提质增效，都是围绕进一步提高文化产品质量和服务水平，提升文化品牌影响力而实施的战略举措。但由于文化产业自身属性特殊、产业体系庞大、门类繁多、关联产业广泛等，这些战略举措在实施过程中依然有许多具体且复杂的问题需要梳理和明确：如何把握文化创新与文化产业发展不偏离社会主义先进文化发展方向？如何有效弘扬中华优秀传统文化？如何实现传统与现代的有机对接？如何使文化发展适应互联网时代经济发展特点？如何实现外来文化的本土化与中国文化的国际化（真正走进世界文化市场）？如何拓展文化创造的新空间？这些都是新时代摆在我们面前的重要问题。本章从思考为适应新时代人民对丰富精神食粮的新期待，文化创新应当在哪些维度上展开探索与实践出发，试图在宏观层面上提出若干思考，并阐释新维度具体内涵及其理论与实践价值。

一、 跨越传统与现代

当今世界以信息技术、人工智能和生物科学为主导的科技革命突飞猛进，迅速改变着人类的生产方式、行业业态、产品形态和生活方式，作为人类创造重要组成部分的当代文化图景也因此发生重要变化。在此背景下，文化创新面临更加复杂的历史和现实境遇，呈现出种种新的发展样态。在当代中国，文化发展首先要坚持社会主义先进文化方向，同时要依据世界文化发展最新趋势，从满足人民过上美好生活对丰富精神食粮的需要出发，科学把握新时代文化发展历史方位，在更加深刻的层面和广阔的领域，开辟文化发展的新维度、新空间。

拥有五千年历史的华夏文化，是我们宝贵的精神财富，但这份精神财富毕竟主要是农业文明时代的产物，是先人在当时历史条件和生产条件下，为解决生存发展而发挥聪明才智的体现和劳动的结晶。时代发展到今天，我们所面对的经济、社会和文化环境发生了根本性改变。在新的历史条件下如何保护、发掘、弘扬传统文化，始终是一个需要深入思考、积极实践的问题。时至今日，保护文化遗产已然成为普遍共识，但对于传统文化的继承，对于我们正在和将要带进当下社会文化领域及日常生活中的传承实践，是否意味着要将所有传统文化都毫无保留地带入我们今天的生活空间？答案显然是否定的。习近平总书记在文艺工作座谈会上的讲话中指出：传承中华文化，绝不是简单复古，也不是盲目排外，而是古为今用、洋为中用，辩证取舍、推陈出新，摒弃消极因素，继承积极思想，“以古人之规矩，开自己之生面”，实现中华文化的创造性转化、创新性发展①，表达了对待传统的科学理念和态度。事实上，并非一切传统文化都具有生命力，都值得进入当代社会。许多传统文化可以作为文化遗产保留在博物馆或收藏家手中，古建筑、古遗址也应当妥善保护与修缮，却不一定适合当代人的现实发展需要；只有那些能够为当代人的文化发展和文明进步提供有益资源的文化遗产，才具有现实的生命力。

何谓优秀传统文化？这本身就是个十分复杂的问题，需要系统地梳理、甄别和选择，甚至需要经过一定历史阶段和实践的检验。而如何保护与运用好传统文化，也是文化创新发展过程中需要解决的理论问题。我们认为，当前，优秀传统文化应当具备两个基本条件：在当时体现了先进的理念和生产力发展方向，在今天依然能够为文化创造提供有益的文化营养和智慧启迪。具体而言，体现在以下三个方面。

第一，有利于建构当代文化发展先进理念和科学的人文价值体

---

① 中共中央宣传部编：《习近平总书记在文艺工作座谈会上的重要讲话学习读本》，北京：学习出版社，2015 年，第 29 页。

系。文化的核心是价值观和价值理念，一定的价值观又是由一定的认知决定的。先进的理念必然建立在先进、前沿的认知基础之上。认知滞后将导致观念落伍，并直接导致对未来方向的错判与实践的偏离。清朝末期，中国由于未能及时接受现代科技思想，排斥科技革命和产业革命，错失现代转型机遇，从农耕文明顶峰迅速跌落与衰败，使中华民族蒙受百余年的落后的屈辱。认知的前沿性是相对的，在农耕文明时代，我们的先人构建了一套完整的人文价值体系，取得了灿烂辉煌、举世瞩目的成就，其中许多认知与理念在今天仍然有其旺盛的生命力。如，中华民族自强不息、敬业乐群、扶正扬善、扶危济困、孝老爱亲的传统美德，可以成为推动我们当今社会发展的精神动力和文化发展的宝贵资源。但进入现代社会，随着工业文明的崛起，一些先前的认知如果不及时调整和改变，就会成为落后的理念，成为阻碍社会生产力发展的精神桎梏。

第二，有利于构建支撑当代制度文化的精神基石与智慧源泉。制度文化是文化认知与理念的产物，先进的制度文化与制度安排是建立在前沿认知与先进理念基础之上的；而先进制度文化的建立又能有效保障人们获取正确认知，推动经济社会文化顺应历史潮流而健康发展。中华优秀传统文化为人类贡献了许多制度方面的先进设计与杰出智慧，如“天下”观念的提出，崇仁爱、重民本、守诚信、讲辩证、求大同的思想理念等，有助于塑造当代人良好的社会心理、处世态度、生活姿态，为今天构建和谐社会提供伦理文化支撑。这就需要我们不断继承、发扬，使之成为建构和完善当今制度文化的智慧源泉。

第三，有利于构建以传统美学为底色的当代文化样式和文化产品。继承优秀传统文化，一方面要保护和抢救遭受破坏、濒临消失的文化遗产，原汁原味地保留具有民族独特性、地方独特性的文化；

另一方面要善于梳理、挖掘优秀传统文化中可运用于当代文化创造、适合于创造性转化的元素，推动传统文化创新发展。现实领域中，许多传统文化遗产只能由为数不多的专家和业内人士所接受和研究，大多数未经专业训练的民众，往往很难接近这些历史文化——从汉赋、唐诗到宋词、元曲；从京剧、民乐到昆曲、南音，这些经典的中华文化的瑰宝，在美学上追求的是托物言志、寓理于情，言简意赅、凝练节制，形神兼备、意境深远；但这些美学追求需要以适合现代人欣赏习惯的形式来呈现，才能为更广大的群众所接受和欣赏。因此，如何让这些精神文化遗产在当代文化创造中发挥作用，形成适合当代人欣赏和消费的文化样式、文化产品，还需要我们不懈地探索和努力。

文化创新要不忘本来，同时要面对当下，融入现实。文化创新发展必须处理好传统与现代的关系：传承源远流长的中华美学优秀遗产，弘扬博大精深的中华造物文化设计基因，积极探索与现代文化的对接与融合，从当下文化发展的需要出发，将传统带入现代生活，形成符合当今人们文化需要和消费习惯的文化产品与服务，以中国气派、中国方式讲述中国故事。推动传统与现代有机融合，绝非一朝一夕之功，而是要经历艰辛的探索与实践。传统文化从审美特征、艺术形态、表现方式等诸多方面都与当今社会存在明显差异，虽然相当一部分依然富有生命力，但在美学趣味、艺术形式、作品类型等方面，与今天多元的文化形态和审美趣味相去甚远。继承与弘扬传统文化，不仅应重在深切领悟传统精髓与智慧，还要探索传统元素的现代表达，需要创造者熟练掌握传统和现代两套话语体系。唯有如此，才能以现代方式准确传达传统美学精髓，创造具有中华文化底色的现代文化。我国动画艺术曾经汲取传统绘画技法，与现代美术电影相结合，创作出新颖独特的水墨动画片《小蝌蚪找妈妈》

《牧笛》《山水情》等，被誉为动画界的“中国学派”。传统与现代融合，还包括文化与科技深度融合的内涵，这是在现代科技文明高度发展的时代背景下的必然要求。不论是发展传统精神文化，还是传统造物文化，现代科技所提供的手段、材料和方法都是前所未有的。平昌冬奥会的“北京8分钟”，以现代思维和手法，运用智能科技展示传统中国文化符号（熊猫、凤凰展翅、龙凤呈祥、梅花、长城、中国结、中国五彩龙等），融入当代中国造物文化符号（天眼、太空站、鸟巢、国家大剧院、桥梁、高铁等），将中国传统文化元素与当代造物文化囊括其中，极具科技感和现代美感，使中国形象更加鲜明和充满感染力。中华造物文化曾经在古代丝绸之路沿线国家和地区熠熠生辉，成为那个时代世界各国趋之若鹜的高端产品，蕴含着极为丰富的造物文化底蕴与独特的造物智慧。“18世纪中叶，在英国兴起一股中国热，一股模仿中国风格的风潮。自马可·波罗的时代起，中国就被描绘成一个高塔、丝绸和香茶的梦境世界。”①从中国传统造物文化中汲取精髓，广泛运用新材料、新工艺加以拓展，在现代工业设计中创立中国风格，创建中国日用品、奢侈品国际品牌；以造物为媒介，让中国创造携带中国设计、中国文化元素、中国价值观乃至中国生活方式，成为令世人喜爱、全球推崇的东方文化，这也是推动中华文化走出去的十分有效的途径。

二、聚焦时代新需求

尽管今天人们越来越意识到，传统与现代的融合发展是延续传统、激活传统，让传统焕发新的时代魅力的必由之路，但这种融合

---

① 威廉·弗莱明、玛丽·马里安：《艺术与观念（下）》，宋协立译，北京：北京大学出版社，2008年，第495页。

在实践过程中却存在十分复杂的情形。如何选择、转化与创新优秀传统文化，怎样的融合才是符合当代文化消费需要，并能走出国门进入世界文化市场，这无疑是一个难以有终极结论的过程，也是一个始终处在探索与实践中的问题。当然，这不等于说在一定的历史阶段里没有评判的标准。就拿以非物质文化中的工艺和美学元素为灵感，进行现代工艺品和日用品的设计来说，深圳的“非遗生活”品牌、南京的“南京设计廊”所展开的探索实践，迈出了传承与活化传统非遗文化的宝贵一步。设计师们匠心独运的设计与创造，可以视为当代具有传统文化底色的现代高品质文化产品。北京故宫博物院文化创意产品更是以庞大的馆藏文物为母体，开发了8千余件文创产品，年销售额超过10亿元，在推动故宫文化走进大众生活中发挥了积极作用，也为传统文化的现代传承与创新发展积累了极其宝贵的经验。但从文化现代性与走出去的角度看，现有这些文创产品虽然具有浓厚的中华文化色彩和美学基因，也比较符合当代人的消费需求和生活习惯，却在整体上存在现代感不足、国际化缺失的问题。其关键在于未能很好掌握现代设计语言，创意思维更多受传统造物与审美趣味的束缚；无法真正超越传统，从内在精神上转换、传递传统文化精髓；不能在设计语言、设计风格上体现当代设计精神和国际流行趋势。爱马仕的子品牌“上下”在这方面做了很好的尝试，同样以中国传统造物文化为设计依托，汲取美学元素和工艺技巧，但其产品无论是首饰、服装，还是家具、茶具，以及手提包、香器等，无不以简约、明快的设计语言，娴熟洗练地传递出鲜明的现代感和国际名品风范，深受法国等欧洲国家消费者的喜爱。传统与现代的融合要从中低端向高端迈进，还有很长的路要走，其中现代设计文化、设计思维和设计语言的掌握，包括现代设计文化的普及至关重要。

相形于传统社会，现代社会由于科技的发展、生产力的提高、分工的细化和财富的积累，人们面对的世界无疑要比古代社会丰富复杂得多；而在文化领域，不论是精神文化还是造物文化，其种类、形式和形态及生产、创作手段，也远比古代社会纷繁多样。因此，当代社会的文化创造，不能仅仅局限于传统与现代的融合视角，而是要开阔视野，依据当代社会丰富的生产实践和生活方式，构建具有中国风格的现代艺术思潮和理念，创作反映当代中国现实题材的文艺作品，创造属于中国的纯粹现代设计产品与设计体系。概而言之，创造纯粹属于当代社会的文化产品和服务。

历经40多年的改革开放，中国人民创造了丰富的物质与精神财富，为人类文明发展做出了新贡献，这不仅为当代文化创造提供了多彩多姿的鲜活素材，也为文化产业新形式、新样态和新业态的产生提供了肥沃土壤。文化创造必须高度关注和反映当代中国各领域建设成就，以广大人民投身其中的中国特色社会主义新时代伟大实践为表现对象，创造思想精深、艺术精湛、形式新颖的文艺作品，打造工艺精巧、造型精美、制作精良的造物产品。伟大实践源于先进理念，优秀文化源于前沿思维。中国当代文化创造不仅要出精品、出品牌，还要出思潮、出流派，形成具有世界影响力的当代中国艺术思潮和设计流派。我们不能总是拿着先人们创造的文化向世人展示，以此标榜自身的文化成就和特质，而是要不断创造出当代优秀文化产品和服务，显示我们今天的文化创造力和值得骄傲的造物水平。十九大报告不仅深刻阐明了中国特色社会主义文化的来源及其与革命文化、社会主义先进文化的关系，而且阐明了它是植根于中国特色社会主义的伟大实践。这就表明文化创造不仅要继承中华文脉，而且要反映当下的社会实践，并在此基础上形成体现这个时代特征的文化产品和美学风格，形成能够影响世界的中国当代文化思潮、艺术流派和造物文化风尚。这既是我们今天作为华夏子孙应有的历史担当，也是今日中国创造中华文化新辉煌的历史使命。

从欧洲文明发展的基本轨迹中，人们可以看到古代欧洲各国在农业文明时代也创造了辉煌的文化成就，形成自身的美学体系和文化符号，虽然那个时代中国的丝绸、瓷器、漆器和金银铜器等造物文化产品引领全球，成为欧洲各国青睐的造物产品，但欧洲各国文明总体上依然保持了鲜明的西洋文化特征。而当英国工业革命兴起并逐渐扩展至欧洲大陆，伴随着生产方式的改变、生产力水平的提高，文化艺术、工艺美术领域发生了新变革，陆续产生了一批在艺术理念、主题内涵、表现方式、审美风格等方面截然不同于古典文化艺术的现代派文化，同时，传统工艺美术也走向现代设计，并诞生和形成了以包豪斯设计学院及其倡导的设计理念为标志的现代设计与教育体系，影响了整个欧洲和美国的现代设计历史。如同王受之所言："西方国家的工业革命是 1760 年左右从英国开始发展的，一直延续到 1840 年，共有近百年的时间。"工业革命"推动了生产力高速发展。新的材料，如钢铁、合金材料、玻璃建材、混凝土等也不断被发明出来，在制造业和建筑业得到广泛运用。随着生产方式的改变，劳动分工越来越精细，出现了许多以前没有的新技术、新职业"①。新技术、新职业的出现，必然产生新的知识体系，并随着科技进步和生产力水平的提高而不断完善。到了 20 世纪初期，德国包豪斯学院的成立，标志着现代设计学的诞生，其意义在于从此改变了延续几千年的传统手工艺的发展方向。现代设计不同于传统工艺和设计，它"是基于现代社会、现代生活的计划内容，其决定因素包括社会标准、现代经济和市场，现代人的需求——包括生理

---

① 王受之：《世界平面设计史（2 版）》，北京：中国青年出版社，2018 年，第 46 页。

和心理需求两个大方向、现代的技术条件、现代生产条件等几个大的基本因素”，因而发展出一个完整的现代造物设计与生产体系，推动了人类生产与生活方式的转变①。在这里，我们特别要强调那些全然有别于欧洲古典文化的现代文化之发生、发展与繁荣的历史意义，其原因在于：这些文化艺术的创新与创造，呼应了人类社会文明进程的重大变革，呼应了工业文明时代生产和消费的新特征，呼应了整个人类社会所进入的全新的历史时期，并由此而产生了一批与传统艺术和造物文化截然不同的文明创造。

19 世纪后期，伴随着工业革命的发展，西方艺术出现了明显转向，可视为现代艺术的萌芽，进入 20 世纪后逐步发展成为西方艺术的主流。也就是说，古典西方艺术至此终结，现代艺术登上了历史舞台。现代艺术打破了艺术局限于宫廷和画室的高高在上的格局，走向社会与民间，消除了艺术家、作品和观众之间的区别；主题上不再一味表现宗教内容和上层社会生活，主张艺术应当介入人类生活、表现人性情感。这个时期，欧美产生了一批明显有别于古典艺术的现代艺术（或称现代派艺术）国际大师和流派，如毕加索的立体派、凡·高的后现代主义、马蒂斯的野兽派等，形成流派纷呈的现代主义艺术潮流，影响了整个现代艺术发展走向。这些艺术流派所秉承的文化理念、哲学视野、艺术技巧，不仅体现了那个时代人们对艺术本身的新发现、新探索，而且显示出对变革中的现实及变化中的社会心理、情感的敏锐感触与悉心捕捉，表现出艺术家执着的探索精神。作为这种探索精神的体现，到了 1960 年以后，出现了反现代艺术的后现代艺术，其思想与艺术观念的始作俑者当属法国的杜尚，他被誉为后现代艺术之父。杜尚流寓到美国纽约后，在他

① 王受之：《世界现代设计史（2 版）》，北京：中国青年出版社，2014 年，第 12 页。

的影响下，后现代艺术思想得到广泛传播并为大众接受，逐步发展出大地艺术、行为艺术、装置艺术、概念艺术、波普艺术和过程艺术等形形色色的艺术流派，表现出人类在艺术领域中不懈追求、创新发展的精神①。

由于工业革命和现代化进程的迟滞，中国现代艺术的诞生及现代设计的出现相对要晚得多，而且并未形成真正意义上的现代艺术潮流，有影响的现代艺术家也十分有限。即便是画风有所转变的艺术家，在美学风格上基本还是延续中国绘画传统，由此产生了一批有世界影响的艺术大师，如齐白石、张大千、徐悲鸿、吴冠中等，他们在题材、笔法、画风等方面均体现出新的艺术表现力：齐白石专注于生活情趣的表现，笔触灵动、精巧；徐悲鸿有着西方教育和油画艺术训练背景，在中国画中融入西洋绘画技法，形成中西合璧、具有较强现代感的绘画风格；吴冠中凭借扎实的国画与油画技艺，致力于中国画现代化的探索，悉心表现对自然和生活的细腻观察，并形成具有自身绘画语言的现代水墨意境。但总体而言，中国未能形成超越传统的现代和当代艺术流派，也还缺少一批纯粹现代风格并具有国际影响力的艺术大师。在造物文化领域，现代转型直到20世纪90年代才趋于完成。1998年，我国教育部颁布的普通本科专业目录才出现“艺术设计学”专业。而德国早于1919年就创建了世界上第一所完全为发展现代设计教育而设立的包豪斯设计学院，将艺术、手工艺与工业社会需求相结合，正式确立了现代设计学。现代“艺术设计学”教育发展的迟滞也是导致我国至今未能创立纯粹属于中国的现代设计体系和流派的原因之一，当然也就更加无法产生国际设计大师，难以形成国际影响力，因而也就不难理解为何作

① 皮埃尔·卡巴纳：《杜尚访谈录（2版）》，王瑞芸译，桂林：广西师范大学出版社，2013年。

为制造业大国，我国在许多造物领域未能创造出国际品牌了。

当代艺术的圣殿——纽约当代艺术博物馆（MOMA）和旧金山当代艺术馆（SFMOMA）——展览的几乎是清一色的欧美艺术家、设计师的作品，鲜有中国艺术家和设计师的常年展示作品。被誉为“设计鬼才”的美国著名工业设计师凯瑞姆·瑞席具有善于打破传统设计条条框框的诗意设计思想，不断创新和塑造未来世界，他设计的上千种餐具与家具饰品，有不少被包括MOMA与SFMOMA在内的14家国际美术馆列为永久收藏品。凯瑞姆·瑞席的影响与其说来自他的设计作品，不如说来自他的设计思想。他既遵循“设计即艺术”的理念，追求化腐朽为神奇的设计；又善于颠覆传统设计理念与模式，特别强调诗意设计。在他的作品中，我们能看到自由、新鲜和一切可能性。“我梦想能塑造未来世界，未来在我眼中就是人类生活在自由的天堂中，不断地创新与经历新事物。”瑞席善于将诗意与最新技术相联系，立足于当代新技术发展的现实，使充满灵感的设计“更倾向于打造更高效、更智能的技术时代。我们的生活变得更智能，空间更人性化和技术化”，同时又具有“极简的感性”特征。面对消费时代无止境的物质生产，瑞席意识到生态、环保设计在当下的意义，同时又不抱残守缺、固守传统，“我们生活在一个过量消费的一次性物品社会，应当极力改变这一状况，但不意味着后退或怀念过去。我们将通过创新、智慧和美化来解决这些危机”①。这无疑是难能可贵的。

很显然，文化创造不能将思维和视野局限在传统的现代转化上，而要超越传统与现代融合的思维阈限，推动当代艺术和设计创新，创造属于中国自己的当代艺术和当代设计语言。文化创造也不能局

① 凯瑞姆·瑞席：《序言》，《凯瑞姆·瑞席20年设计作品集》，常文心译，沈阳：辽宁科学技术出版社，2015年。

限于精神文化，而要以物为媒介进行文化传播，在造物文化领域，尤其是现代工业设计中创立中国风格，努力创建中国日用品、奢侈品国际品牌；让中国创造携带中国设计、中国当代文化元素、中国价值观乃至中国生活方式，融入人们的日常生活。

三、敞开自由的想象

中国古代四大发明无疑是中华民族对人类文明的重大贡献。但一个值得我们深思的问题是，这些发明为何在后续的发展中没有能够得以不断延伸、拓展和完善？原因固然复杂，但有两点可以明确：既与中国古代注重文人士大夫的精神文化创造，忽视民间工匠的造物文化创造密切相关；也与相对关注技术性发明，忽略对科学原理的探索分不开。中华古代文献典籍浩如烟海、灿烂辉煌，构成蔚为壮观的人类精神文化宝库；中华古代造物文化精美绝伦，造就让世人叹为观止的造物文化宝藏。但迄今为止保留下来的关于造物文化的典籍要远比精神文化的文献稀少与匮乏。中国素有“劳心者治人，劳力者治于人”的思想，不重视工匠技艺，更不重视对其进行理论总结和系统研究，导致许多独门绝技失传，湮灭在历史长河之中，殊为可惜。对于技术发明，仅满足于生产和生活中的使用，不善于以探索未知世界的科学精神去深究其背后的自然特性与内在规律，并据此研发新的产品，推动科学不断发展。比如指南针的发明，只知道其具有指示方向的功能，而不知进一步探究地球磁场及切割磁力线可以产生电流等科学原理，也就无法据此发明更先进的导航仪器和发电机。造纸术发明之后，也未能不断改进造纸和印刷设备，逐渐被他国所超越：芬兰高档印刷纸、日本的手工纸反而居于世界领先地位；德国的海德堡与曼罗兰印刷机占据了全球印刷机高端市场，致使我国的高档印刷纸与最先进的印刷设备必须从国外进口。

中华民族的聪明才智为世人所公认，尤其是17至18世纪经由丝绸之路贸易通道输出的中国丝绸、陶瓷、漆器、铁器等造物文化产品，不仅是那个时代工艺、技术和美学上的引领者，许多技艺和制造成就即便是在今天也难以被超越。清乾隆时期汇集多种瓷器烧制方法于一体的“瓷母”、先秦技艺高超和纹饰精美的青铜器、宋代代表丝线“雕刻”工艺顶尖水平的朱克柔缂丝作品《莲塘乳鸭图》、唐代长安城的三出阙建筑等都堪称奇迹，显示出高超的造物技艺与艺术水平。这些巧夺天工的造物产品也是中华美学的典范。“之所以我们认为中国设计传统是具有很高文化含量的本民族精神文脉，正因为自新石器时代大农耕形成开始起，中国传统设计就一直是我们民族造物文明最主要的应用实体与承载方式，是中国人最凸显的文化特征。”① 遗憾的是，到了近现代以后，这些制造工艺鲜有新的突破与发展，在使用范围上局限于皇家贵胄，“使本应为现实生活服务的日用品成为少数权贵手中的‘玩物’”，“从而使中国的设计与西方先进发达工业国家的设计逐步拉开了距离”②。中国传统工艺对于新技术、新材料的运用也缺乏敏感性，运用不足。“技术的演变，尤其是新材料和新工艺的出现，意味着我们必须不断改进对人造物的美观的看法。”③ 这是现代设计美学产生的基础，这一基础的欠缺导致我国未能与西方同步实现造物文化的现代转型，使现代设计与设计教育滞后了西方近百年，迄今仍然处于追赶的状况。

对历史的审思让我们能更加清醒理性地面对当下，也更加能体悟百余年来中国逐渐从世界经济和文化中心淡出的深层原因。对未

---

① 刘伟冬：《设计的文化力量》，杨志麟主编《中国设计全集（卷20）》，北京：商务印书馆，2012年，第7页。

② 傅克辉、周成：《中国古代设计图典》，北京：文物出版社，2011年，第6页。

③ 梁梅：《设计美学》，北京：北京大学出版社，2016年，第161页。

来世界不懈探索的科学精神，是一个民族可持续发展、保持旺盛生命力的关键所在。这种探索不仅局限于对当下科学问题的解答与研究，甚至还包括对未知世界天马行空的科学幻想和执着追索。中国传统文化中不乏对未知世界和宇宙空间的想象与叙事，也创造出一系列古代神话，如“夸父逐日”“嫦娥奔月”“后羿射日”“女娲补天”等。这些脍炙人口的艺术精品构成东方神话特有的审美体系，与希腊神话遥相呼应、各显风采。然而，当生产力发展到一定水平，人们的日常生活因重视农桑而日益富足之后，推动科技进步的意识便逐渐淡薄，满足于现世的安逸享乐而不思进取。封建统治集团则以天朝自居，自诩泱泱大国无所不能、无所不有，日益自傲自大、封闭保守，沉醉于眼前的浮华盛世。殊不知，远在地球另一端的欧洲大陆已经开启了工业革命进程，迅速在经济和科技领域走在世界的前列。这就不可避免地导致进入现代以来，中国工业文明与科学教育的滞后和缺失，其直接的结果是经济、社会的现代转型姗姗来迟，现代科技和教育的普及无法跟上世界先进国家发展的步伐。这样的历史补课无疑是艰难和漫长的，但更艰难漫长的是科学意识、科学精神的树立、普及和强化。近现代以来百余年的贫穷落后，一方面导致摆脱经济困境成为我国最迫切的诉求，为发展生产引进的技术总是匆匆运用于提高生产力，促进经济增长，增加财富，却未能深究和进一步探索其原理，也未能投入更多财力、人力致力于原创性的科技创新；另一方面，刚刚富足起来的人们以追偿的心态享受眼前的安康富足，那些拥有大量资本的财富新贵往往不知将富余的资金投向何方，更缺乏像马斯克那样抱有运用先进科技改变人类历史进程的伟大情怀并以商业的方式付诸实践。如何确保经济的可持续发展？如何保障不断增长的财富不再受到外来力量的掠夺？如何不断开辟和探索科学技术新领域以保持领先地位？这些问题应当时常回荡在我们的耳旁。

由此不难想见，为何今天在许多高科技领域，我们与发达国家存在巨大差距，为何在高端品牌和设计产品中难见国人身影，为何在科幻文学和科幻电影市场中总是好莱坞一家独大。据2015年一份全球最高电影票房列表显示，位列前50名在全世界热映的电影竟然清一色都是美国出品的，更重要的是，其中有35部是科幻与魔幻题材，其余15部也多半是充满想象力的动画片。这个数据表明，美国拥有深厚的科幻文化土壤，而科幻文化需要超凡的想象力。在美国，许多科技公司的CEO都是科幻迷，就连如今位列全球富豪榜榜首的亚马逊CEO贝佐斯，每个周末还放下繁忙的事务，任由自己在闲暇宁静的心态中畅想未来世界。谷歌公司花费巨资投入无人驾驶汽车的研发，虽然投放市场的时间表遥不可见，可谷歌的眼光在于未来，一旦技术和市场成熟，就将颠覆整个汽车行业并再一次改变人类的出行方式。马斯克的商业梦想是结束人类对石油的依赖，而他的终极梦想则远远超越了作为一个企业家的身份：把100万人送上火星！这种科技狂人式的企业家无疑是罕见的，这显然得益于美国崇拜科技力量、拥有深厚科幻土壤的社会文化环境。马斯克本人并非科学家，却凭借自己的科学梦想和“推销梦想”的能力，吸引了一批顶尖科学家、企业家和投资人，有力推动了科技进步。马斯克的偶像是伟大的物理学家、发明奇才尼古拉·特斯拉，他因而将自己的电动汽车品牌命名为“特斯拉”，既是纪念这位科学家，也是为了颠覆依赖石油的汽车市场。美国正是拥有这样一批科技狂人、梦想家，才成就了世界科技霸主地位，也才有了以马斯克为主人公原型的、风靡全球的好莱坞科幻电影《钢铁侠》。

相较于好莱坞具有大量强势渗透力的科幻影视作品来说，我国科幻文化土壤较为贫瘠，科幻文艺落伍，想象力不足。除了《三体》

这样少数优秀的科幻小说外，鲜有优秀科幻文艺作品能跻身全球文化市场。科幻文艺虽然与现实相去较远，却体现着一个民族的想象力和内在活力，缺乏想象力的民族其创造力往往受到限制。步入新时代，我们既要脚踏实地，也要仰望星空；既要关注现实，也要梦想未来。实现中华民族伟大复兴的中国梦，不能没有科学幻想、科技梦想。那不仅是科技强盛的内在动力，也是科技企业、军事科技和文化科技的动力。信息技术、人工智能、生命科学、天体物理的飞速发展，将给人类带来难以想象的大变革，面对技术迭代频繁的未来世界，文化创造的关注点和把握方式也要做出相应调整，要在精神文化和造物文化产品中确立科技视野、未来视野甚至宇宙视野，讲述现代科技神话和宇宙故事，传播普及科技前沿知识和概念，创造优秀科幻文艺作品、设计生产从材料工艺到技术含量都领先的造物产品。这不仅能营造和培植科学创造氛围和意识，而且有助于创造由中国人讲述的科幻故事、太空体验，创新由中国人设计的工艺和工业产品，形成文化走出去的核心竞争力。

文化创新就其本质内涵而言，不在于拥有多少原创性的作品与产品，而在于是否拥有立足现实又面向未来，甚至未知世界的创新精神与前瞻思维。创新精神是一个民族保持创造力和生命力的前提，但随着新技术革命的不断发展，创新的维度变得比任何时候都更加多元、更加宽广，边缘创新、颠覆性创新比历史上任何时候都来得频繁和重要，这也是今天许多文化与科技乃至商业模式创新多产生于跨界、混搭和产业边缘的原因。也就是说，古代甚至现代社会的创新通常只是在一个行业内部或学科领域产生，而当代社会的创新则主要产生于交叉学科、产业融合、跨界发展。在创新模式变革、创新领域延伸、创新空间拓展的现实面前，创新的思维方式也必然要发生变化：应从原来静态的世界观向动态世界观转变，不仅要以动态思维方式把握现实，而且要以此预测未来、探索未知。这种着眼于跨界融合、边缘突围、未知领域的创新精神，是由当今时代发展的特征所决定的，也是这个时代创新精神所具有的独特内涵与品质。

文化创造的当代与未来维度，是面对当今世界文化发展趋势的理性选择，相较于单纯的传统与现代融合维度，更能体现文化发展的当代特性与走向，有利于全面推动中国文化创新发展，有利于全方位实现中国文化现代转型，有利于中国文化国际话语体系建立，实现中国文化软实力的全面提升。

文化创新的三个维度，是实现文化繁荣兴盛的重要逻辑理路，其实践性意义体现在以下几个方面：

第一，增强文化自信。实现民族伟大复兴必须有文化力量的支撑。硬实力树立的是民族外在的、表面的形象，只是一种近期、浅层次的影响；文化软实力树立的是内在的、精神性的形象，是一种长久、深层次的影响，具有征服人心的力量。

第二，提升中国形象。实现与我国经济地位相匹配的东西方影响力的反转，从对外产品输出、项目输出、技术输出、资本输出，进一步到文化输出、影响力输出。

第三，推动中国制造升级增值。中国制造的升级增值要依靠中国创造。推动中国现代设计的普及与全面提升，创造中国现代设计流派和高品质、高档次造物产品，是构建和提升中国形象的重要保证。

第四，实现国家文化安全。互联网打破了文化传播的边界和壁垒，文化的多元融合成为不可阻挡的趋势。在全球网络化的传播体系中，以富有竞争力的原创文化产品确立中国文化影响力和话语权，才能从根本上保障国家文化安全。

第五，维护世界文化多样性。中国文化是世界文化的重要组成部分，中华独特的审美意识、哲学观念，以及中国当代文化的独特样式与风格，不仅构成世界文化的多样性，而且是当代世界文化现实活力的重要来源。

文化创造：基于宏观要素环节的考察

我国经济在经历了快速发展阶段之后，转型升级、提质增效成为新时代的主题和任务。当下，经济发展需要新动力，文化发展更需要创新精神，如何获得创新动力也就成为未来文化发展的关键性问题。在经济新常态、“一带一路”建设、“互联网 +”、自贸区建设等宏观背景下，在创新、协调、绿色、开放、共享发展理念引领下，文化改革发展的方向和重心都将发生重大变化。本章拟从理论与实践层面，从文化理念、文化消费与文化环境三个视角，探讨当下文化发展中面临的方向性与关键性问题，以期能从长远战略眼光来思考文化的可持续健康发展。

一、创新理念：文化创造之基

“诗文随世运，无日不趋新”，这是习近平总书记在文艺工作座谈会上的讲话中引用的清代赵翼《论诗》中的一句，借此阐明创新是文艺的生命。同样，创新也是文化的生命，是文化发展的动力，更是文化繁荣的关键所在。中华灿烂辉煌的传统文化代表的是前人的智慧和创造力，当代中国文化发展，不能仅仅简单模仿和重复前人。古人云“似我者俗，学我者死”，我们今天在世界文化交流日益频繁、新的文化形式层出不穷、新的文化业态不断涌现的开放环境下，更没有理由停留于以往的文化创造而止步不前，倘若那样，无疑将迅速被这个时代所抛弃。

就我国当下文化建设而言，公共文化服务体系的逐步完善使公民基本的文化权益得到保障。这种保障得以实现的一个重要前提是要有源源不断的新的文化产品和服务供给，这就需要我们持续推动文艺创作和文化产业的发展。众所周知，文化产业对促进经济结构转型升级、提升文化软实力具有重要作用。但这种作用的发挥，前提是文化产业本身具备很强的创新意识和创意设想，形成原创性的、具有审美价值和市场价值的创意作品和设计产品。因此，“十三五”规划建议提出要推动文化产业结构优化升级，扶持优秀文化产品创作生产，发展创意文化产业，即加大文化内容产业和原创文化产品的生产。在这个基础上，文化产品通过与相关产业的深度融合，达到提升文化含量和竞争力，促进转型升级的目标。很显然，如何增强文化创新意识、创新能力，全面提升文化原创水平，并在世界范围获得认可，是文化改革发展需要考虑的关键问题。

中央提出供给侧改革，通过改善和加强供给，特别是高端产品的供给，同时抑制过剩的低端产品，以此促进和确保经济持续发展。在这个背景下，服务业将面临发展的黄金时代，它的发展可维持经济增长，并提供大量就业岗位。据测算，第三产业每增长 1 个百分点，就能提供约 100 万个就业岗位，比第二产业多 50 万个左右。服务业中的文化产业也具有很大的发展空间，并且能渗透到其他产业之中，提升相关产业的品质，这无疑将对抑制低端产品、增加高端产品的供给发挥重要作用。随着中国人出境游的大幅度增长，海外购物也大幅增长，据统计，2015 年已达 1.5 万亿元人民币。这充分表明国内低端产品过剩、高端产品匮乏的现状。创意设计与相关产业融合是提升产品质量、增加高端产品数量和品牌影响力的重要途径。一些有眼光的企业家已经看到服务业的广阔前景。在万达集团掌门人王健林的眼中，文化、体育和旅游等产业将会成为中国经济的新亮点和投资的机会，他预计这三个行业的经济起码在近十年内都会处在大幅度增长的阶段，进入这三大行业就有大钱赚。当然，这并不是说只要进入这三个行业就一定赚钱，还要看具体投资什么项目，以及项目完成的品质如何。文化产业虽说是现代服务业，但也可能存在产能过剩的问题，如低劣的艺术品、粗俗的演艺节目、低端的艺术设计产品等，都将会随着人们文化艺术欣赏水平的提高而被淘汰。因此，文化发展领域也需要通过深化体制改革，创新公共文化服务方式，促进文化产业结构优化、提质增效，打造优质原创内容，以提升文化整体发展水平。

（一）理念创新

文化是一个复杂的系统，其发展是由多方面因素和力量决定的。不同时代，文化发展的动力要素和相互关系不尽相同。在文化发展的诸多因素中，理念和价值观是其核心要素。当代中国文化发展应以社会主义核心价值观为指导，而在这个前提下的理念选择关系到文化发展的内涵、具体方向和目标。因此，文化创新必须从理念创新开始，没有理念的创新，就难以形成新的思想、设计和行动。确立先进的理念格外关键，比如绿色理念、共享理念等，就比以往单纯强调经济指标的发展理念更加科学，也更有新的内涵，决定着未来经济社会发展的方向和结果。再如，就文化领域而言，开放、包容的理念，意味着强调与世界各国在更加广泛的领域进行深度文化交流、文明互鉴。而习近平提出的推动优秀传统文化创造性转化、创新性发展，则是当下如何进行传统文化保护和利用的新理念，这个理念强调的是在传统与现代的有机结合中，实现创新发展。文艺是文化的重要组成部分，文艺创作对推动文化发展具有关键性作用，在某种意义上，文艺创作是文化发展的发动机。"文艺创作是观念和手段相结合、内容和形式相融合的深度创新，是各种艺术要素和技术要素的集成，是胸怀和创意的对接。要把创新精神贯穿文艺创作生产全过程，增强文艺原创能力。"① 今天的文艺创作具有更加多元的文化背景和丰富的表现手段，以及更多样的信息资源和先进的技术支撑。我们既要充分运用民族文化资源，又要汲取各国先进文化；既要弘扬传统技艺，又要吸收现代技术，丰富传统文化的表现力和感染力，使"中华文化既坚守本根又不断与时俱进"，形成强大的文化创造力。

观念更新也是理念创新的一种体现。一种新的观念能够赋予人们长期以来习以为常的现象以新的含义。传统概念中的文化事业是除了文化基础设施外，一系列有关既存的文物古迹、古代文献经典、艺术存在、美学符号体系等的集合，这些遗产在现实文化发展中发挥着思想资源和艺术美学资源的作用，本身并不形成直接的、新的文化创造。因此，要树立一种新的观念，就要充分利用创意将文化事业中的文化资源激活，形成新的、现实的文化发展能力，而不能将文化事业与文化产业孤立起来，要推动二者的互补互动。具体而言，就是"要系统梳理传统文化资源，让收藏在禁宫里的文物、陈列在广阔大地上的遗产、书写在古籍里的文字都活起来"。这一观念

---

① 中共中央宣传部编：《习近平总书记在文艺工作座谈会上的重要讲话学习读本》，北京：学习出版社，2015 年，第 12 页。

的引入，将有利于全面激活处于沉睡状态的文化资源，使之成为鲜活的文化创造源泉和元素。北京故宫博物院基于文物资源进行文化创造实践就是一个很好的案例——今天故宫博物院全面启动的文化创意设计活动和营销，逐步将尘封于禁宫中的文物进行新的价值再造，开发了一系列以故宫文物资源为元素的文化创意产品，使故宫文化以新的方式得到传播、解读和延续，同时为今天的文化生产提供了一批具有鲜明中国审美意趣的文化产品。故宫的实践打通了传统与现代之间的隔膜，寻找到一条传承与创新之路，也表明“传承中华文化，绝不是简单复古，也不是盲目排外，而是古为今用、洋为中用，辩证取舍、推陈出新，摒弃消极因素，继承积极思想，‘以古人之规矩，开自己之生面’”①。很显然，唯有以鲜活的创意，不断地发掘、转换、创新传统文化，形成持续久远、生生不息的创造活动，才能使一个民族的文化始终保持旺盛的生命力。

文化事业中的公共文化设施场馆在不同的观念视野下，也可以从单纯的公共文化艺术活动空间延伸为文化创造空间，乃至商业空间和城市发展空间，并与这些空间构成互补、互动、互进的关系。相反，其他公共和商业设施，只要有恰当合理的创意和组合，也能借助文化来提升附加值，推动经济增长，形成新的活力和发展空间。事实上，当我们以开放性的思维看待文化与经济的联盟时，不仅是公共文化设施，甚至非文化类的城市公共基础设施，只要“当它们为居民提供更加丰富多彩的文化经历时，就能够获得最好的成功”②。也就是说，在一定创意思想引导下，文化可以跟诸多领域融合，形成新的发展空间和发展模式。台湾诚品书店在苏州打造了一

---

① 中共中央宣传部编：《习近平总书记在文艺工作座谈会上的重要讲话学习读本》，北京：学习出版社，2015 年，第 29 页。

② 哈罗德 · R. 斯内德科夫：《文化设施的多用途开发》，梁学勇、杨小军、林璐译，北京：中国建筑工业出版社，2008 年，第 12 页。

个以诚品书店为核心文化的“诚品生活”文化商贸综合体，其中包括书店、苏州本土非遗展示和文化品牌、知名商业品牌，以及以文化商品为主的创意小店等，同时拥有配套的房地产项目。“诚品生活”综合体的最大特色就是营造浓厚的文化氛围，给人们提供了足够的空间场所来开展各种文化活动，如室内公共会议大厅、艺术展览厅及室外活动场所，入驻“诚品生活”的也主要是设计含量高的商家和产品，使整个综合体充满浓厚的文化气息。这种文化气息的核心是依托多年来诚品书店对文化艺术的执着追求而建立起来的诚品文化理念。当这种深植于大众之中、获得广泛认可的诚品文化成为一种精神性象征时，其拥有的品牌号召力就完全可以延伸到众多其他领域，成为基于诚品文化核心理念的商业文化中心。就文化事业而言，我们更要以开放的思维去理解和利用，要超越传统的将“文化事业的范畴限制在一种既定的、继承的、累积的艺术实体、美学形式、符号意义体系、文化活动上”①，以更加开阔的视野去看待。在今天，对待文化事业中除基础设施外的文化遗产部分，我们不能固守于复古式的尊崇，而要立足于创新性的发展。对于任何一种文化来说，保护遗产固然重要，但更重要的是，考察这种文化遗产在今天是否还具有发展和创新的价值和能力。也就是说，对待遗产不能为保护而保护，而要设法延伸其现实乃至未来的生命力。

古都西安把悠久深厚的历史文化与现代城市建设进行对接与融合，将以大唐文化为核心主题的悠久文脉，经由整体的规划和合理的布局，巧妙地利用大雁塔、唐城墙、芙蓉园等历史建筑和遗址，系统组合与编织进城市建设之中，并与现代商业中心、文化休闲街区相融合，成为既接续历史文脉，又展示现代文化，同时契合商贸

① 金元浦：《论创意经济》，《福建论坛》（人文社会科学版），2014 年第 2 期。

需求的城市文化空间的更新与再造，使悠久的历史文化建筑有机地融入都市现代化进程，在很大程度上推动了现代文化和商贸空间的拓展，创造了城市街区建设的新模式——中央文化商务区（CCBD）。大雁塔不仅是西安的标志性建筑，而且是唐代文化的象征符号。曲江区选择以它为中心，构建以唐代文化为主题的中央文化商务区：大雁塔北侧是亚洲最大的现代喷泉广场，南侧是以“大唐不夜城”冠名建设的文化大道——大道中央是以唐代著名历史人物和事件为主题的雕塑长廊，那些或威名显赫，或诗文长存的诗人与帝王，如李白、杜甫、刘禹锡、武则天、唐明皇等辉映史册的人物，成为熔铸城市文化底蕴的厚重基石；沿着大道两侧依次展开的是系列文化设施，包括西安美术馆、音乐厅、电影院等，成为从古代步入现代的一种自然的文化延伸和创造；大道终端是具有浓厚传统建筑文化特色的气势恢宏的八根巨型 LED 灯柱，以及阵容庞大的开元盛世群雕，不远处则是一个规模宏大的商业中心。这就把古都历史文化与现代文化、商贸文化融合在一起，让现代人既感受到唐代历史，又体验了现代文化；适度的商业介入，则促进了文化与商业相互融合、共聚人气。在这里，公共文化设施不仅具有文化艺术展示、交流的功能，而且将丰富的美学内涵、历史信息、视觉审美和新精神理念所构成的文化魅力和文化之魂，渗透于现代街区、商业中心，形成弥漫着浓厚历史文化气氛和唐文化气息的具有多重功能的复合城市新空间。

不难看出，传统文化事业领域中那些既存的文化资源，既可以作为公共文化提供给公民共享，又能够以创意激活其内在生命力，成为当今时代文化创造的资源和动力，成为活在当代的传统文化。今天，随着创客文化的兴起，大众参与文化创新将逐渐成为一个时代的潮流。在这一过程中，至为重要的做法是引导和鼓励文化创客进行理念创新，推动基于传统文化资源的当代文化创造，使中华民族的文化复兴立足于当代，并在向世界的输出中被认可和接受。

（二）思维创新

在互联网时代，人们不仅获取信息比任何时候都更加便捷，而且对各种资源的整合、融合也成为可能。因此，以往人们局限于某一范畴、某一领域的相对狭窄封闭的思维方式，不再适应当今社会。开放性思维、多向性思维是这个时代格外需要的一种思维范式——既要树立开放的和无边界的思维方式，打破行业、专业之间的界限，还要运用多向思维打破思维惯性和定势，敢于颠覆既有的模式和成规。如今，数字技术、传播技术、信息技术、激光技术等高科技发展所产生的作用，不再局限于经济、通信等领域，而是能够与文化结合形成全新的文化创造，这就要求人们在从事文化生产时，应当充分关注文化的外围因素，许多文化之外的领域可以成为文化发展的动力，同时也可以成为借助文化推动其他领域发展的契机。这个过程可以使新兴文化形态（如数码艺术、网络文艺、手机平台等）蓬勃兴起，传统文化形态获得创新发展。今天发达的网络技术，只要有合适的新创意，随时可以创造出一种新的文化产品甚至消费方式，并以一种新的营销方式进行推广。“正是在互联网高度发展的条件下，有了跨界融合思维的飞跃，文化创意产业才能突破原有藩篱，跨越领域与部门边界，成为支撑第二产业甚至农业升级换代的重要推动力量，也是提升文创产业中低端形态向高端形态升级的动力源。”① 以开放的、普遍联系的互联网思维来看待一切，就不存在什么行业壁垒，不存在什么经营模式、经营理念不能被打破，不仅任何既有的产业模式、经营模式可以被颠覆，而且任何新的可能性都

---

① 金元浦：《互联网思维：科技革命时代的范式变革》，《福建论坛》（人文社会科学版），2014 年第 10 期。

会发生——这就是互联网赋予今天这个时代最根本性的变化。

美国一家创业于2008年的连锁酒店Airbnb（中文名“爱彼迎”）就是典型的“互联网+酒店业”的案例，虽然不是文化新业态，但它的发展历程深刻而又经典地诠释了“互联网+”的本质及其所带来的巨大创新能量。Airbnb企业精神的精髓就是不放弃任何一次探索，它从最初帮助用户找到住处的简单运营模式，发展为一个以全新理念和方式运营的连锁酒店集团，并且其经营的项目还在不断延伸。集团的创始人布莱恩·切斯基和乔·格比亚通过互联网技术开发出一种软件，即利用房东闲置的居住空间进行酒店业经营，完全颠覆了传统酒店业的经营模式，彻底改变了临时居住空间的组织形式——传统酒店业首先必须有土地，有足够的资金盖楼房，还要拥有一定数量的员工，投资成本可想而知，即便如此，还有房间数量有限和运营开支大等诸多不足。而Airbnb利用分散的家庭空闲房屋资源进行酒店经营，一下子解决了所有问题，并且它的市场十分灵活和具有弹性，不论是旺季还是淡季，都不需要为客房不足或闲置率高而犯愁。另一个颠覆性的改变在于，传统酒店借助广告、旅行社牵线等主动接触客户的营销方式被彻底打破。Airbnb只需要以信息平台为媒介，就可以联络客户与租户；同时，客户还具有很大的选择空间，能够获得极具个性化的居住体验，且能与本土居民直接交往，深入体验旅游地普通居民的日常生活。更有甚者，它还可以提供传统酒店无法提供的居住空间，如四合院、城堡、树屋乃至一个小岛！就是这样一种基于互联网的思维创新，成就了一个全新模式的酒店业——2016年，Airbnb的市场估值已达255亿美元，仅次于希尔顿，远超酒店连锁巨头万豪，其管理的房间达到100多万个，遍布近200个国家，超过了老牌的酒店集团万豪、希尔顿、喜达屋所拥有的房间数；2018年，世界品牌实验室发布“2018世界品牌

500强”榜单，Airbnb排在第425位，其成长速度之快让传统酒店难以望其项背。这就是“互联网+”所释放出来的颠覆性创新能量——任何现有的资源要素都可以借助互联网的创新产品进行整合，形成完全不同于传统产业的各种经营模式和新兴业态，并由此成为新的经济增长点和时代的新宠。

二、消费：文化发展外部驱动力

理念创新虽然是文化发展的重要动因，但它毕竟属于观念层面，如果一个创新理念仅仅停留于观念，其价值的实现就无从谈起。因此，理念创新必须进入实践领域，将观念形态转化为实物形态和服务形态，才能实现其价值意义，而文化消费则是实践层面的重要环节。在我国，当温饱问题基本解决，特别是在逐步进入全面小康之后，精神文化消费必然成为人们普遍的需求。文化消费表面上看来只是一种市场行为，受到商业规律的制约，但作为精神产品的消费，其特殊性是显而易见的：文化产品所传递的审美趣味、价值理念，时刻都在潜移默化地影响着消费者，形塑着人们的精神乃至灵魂。在这个意义上，我们对文化消费的考察就不能仅仅局限于一般的商品消费行为。事实上，精神文化消费不仅是人们在物质富足之后的需要，而且关系着一个国家的文化和文明水平，关系着一个民族的发展前景，因为高品位的精神文化消费显示的不仅是一个国家的经济实力，更是一个民族审美品位、精神风貌的体现，是比硬实力更有意义的精神价值与力量，这种力量甚至决定着一个国家和民族的未来。德国宗教改革家马丁·路德甚至把公民的文明素养视作国家实力的核心所在：一个国家的前途，不取决于它的国库之殷实，不取决于它的城堡之坚固，也不取决于它的公共设施之华丽，而在于它的公民的文明素养，即人们所受的教育，人们的学识、开明程度和品德高下。这才是利害攸关的力量所在①。

今天，文化需求尽管处于不断增长之中，但由于我国刚刚摆脱贫困状态，地区发展还不平衡，人们长期以来因贫困造成的对物质消费的渴求依然处于旺盛的释放期。因而在文化消费方面，人们实际的投入远不如预想的那样多，其中自然有教育、社保、医保等制度不完善，加之住房、交通等方面的开支较大，从而限制了文化消费支出的原因，但也与人们未能树立和形成正常的文化消费意识与习惯密切相关。王亚南以大量数据分析得出结论：中国居民人均收入的提升并未带来文化消费的相应提升②。

我们今天可以为电影票房的节节攀升而欣慰，也可以为新媒体产业的快速发展而兴奋，但细加琢磨就不难看出，这些领域的文化消费开支实际上很有限，与旅游、餐饮消费相比，只占很小的比例，而高端艺术品销售、文艺演出等，因为价格相对高昂，实际消费情况就更不乐观了。从消费层级来说，前者的文化消费相对低级，后者相对高端，而文化消费层级的高低，在一定程度上标志着一个国家的文化软实力水平。我们建设文化强国不仅要不断提供文化创造能力，还要持续提升文化消费的层级。只有当世界一流的艺术家、理论家和创意人才不断涌现，并拥有大量欣赏和消费高雅文化艺术的受众群体，使高水平、高质量的文化产品占据主导位置的时候，文化强国的目标才有望实现。

消费层级的提升，不光需要高水平的文化产品和服务，更要有高水平的消费者和欣赏者。文化市场不同于一般物质产品市场那样

---

① 马丁·路德：《马丁·路德文选》，马丁·路德著作翻译小组译，北京：中国社会科学出版社，2003 年，第 392 页。

② 王亚南主编：《中国文化消费需求景气评价报告（2015）》，北京：社会科学文献出版社，2015 年。

可以通过营销刺激大众消费，它更多依赖于消费者的文化趣味与精神需求。对此，有学者分析："文化市场是以消费需求为导向，消费需求决定产品供给。而文化消费具有大众化、个性化、多元化、分众化等特点。""在市场经济条件下，文化市场的核心是消费，消费者的意愿决定着文化市场的产品生产和服务方式。"① 消费层级的提升与消费者的意愿密切相关，倘若消费者的意愿更多地倾向于高雅和高品质的文化产品，无疑将极大提升整个消费层级。实体经济领域中，消费对于增长具有基础性的作用，消费一旦疲软，必然导致对生产的严重制约。文化产业同样遵循这一基本法则。高雅文化消费需求和水平的提高对推动文化消费层级提升至关重要，但这种提高往往非一日之功，因而使得许多企业决策者、投资者或不予重视，或心怀顾虑，难以在人财物上给予支持与投入。人们似乎更关注那些能短期见效的通俗文化消费市场的打造，而忽略需要长期投入和支持的高雅艺术市场的培育，如果听任这种状况持续下去，必然会严重制约消费层级的提升，而全社会文化审美水平的提高也就无从谈起。

因此，培育大众文化消费市场，拓展文化消费需求和空间，持续提高文化消费层次，是未来文化可持续发展的关键。文化消费的另一个重要特征是，它不同于物质产品那样具有刚性需求，更多的是基于趣味喜好、审美认同等文化心理因素，带有很强的主观性和个人偏好，这决定了文化消费的需求空间往往具有很大的不确定性和弹性。人们喜欢一种物质产品，大到如电视、山地车、汽车，小到如电脑、餐具、皮包、首饰等，在经济许可情况下拥有一定数量也就满足了。但我们时常看到那些对某一类文化艺术品情有独钟的

① 祁述裕、孙博、孙凤毅：《论文化市场》，《福建论坛》（人文社会科学版），2015年第2期。

人，不仅会无限度地购买，甚至成为某一类艺术品的收藏者；而歌迷们对自己偶像所心甘情愿付出的不单单是金钱，还有在其他人看来不可思议的精力、情感投入——粉丝喜欢一个歌星，会购买有关这个歌星所有的音乐产品和衍生品，会搜集歌星所有的个人信息和故事，甚至满世界追随歌星的足迹，这是文化消费中所独有的现象。当然，随着今天工业设计的进步，特别是高端综合设计服务成为工业设计新趋势，一些工业品也因具有独特的设计美学和内涵，在实用功能基础上扩展了审美及体验功能，被视为一种具有象征性、趣味性和审美价值的物品。比如苹果手机系列产品，如今已拥有数量可观的果粉——他们追逐苹果手机每一款新产品的研发信息，并尽可能拥有它！这已经完全超出了普通人对一般通信工具的需求，而是将苹果手机作为一种满足自身趣味与审美的产品——苹果手机独特的界面和操作方式的设计，契合了果粉的心理感受，使他们获得舒适的体验，并形成对这种体验的依赖心理，这就使手机操作的功能体验上升为审美体验，苹果手机由此从一般的通信产品演变为具有一定文化审美内涵的工业设计品。

文化消费这一独特性启示我们，高雅艺术的市场需求，有赖于持久的艺术教育。高雅文化的欣赏和消费往往需要一定的审美素养和鉴赏训练，但系统的专业知识和较高的美学修养，又并非社会大众所能具备，这势必极大影响高雅艺术的欣赏群体和市场空间，直接构成对文化消费层级跃升的抑制。因此，高雅艺术的消费需求需要多样化的举措和长远的培育时间，这就要在艺术教育方面立足长远、下足力气、用足功夫。首先，要确保在校园内能真正实施艺术教育，大、中、小学都有义务对学生进行必要时间和必要强度的艺术教育。我国教育部已强调中小学不得随意缩减艺术课程，就是看到了艺术教育的重要性。其次，要在社会层面对普通群众实施形式多样、深入持久的艺术普及工作，培养人们对高雅艺术的认知能力和审美素养。艺术教育实施程度与普及程度的提高将极大提升全民艺术素养、审美水平，从而提高大众对高雅艺术的接受与欣赏能力，自觉自发抵制低劣粗俗、粗制滥造的文化产品。

中央芭蕾舞团开展高雅艺术进校园活动，打破以往单纯的表演展示形式，尝试增添芭蕾舞知识普及、芭蕾舞基本舞蹈语汇示范等方式，并请学生上台互动，与演员一起练习，近距离接触充满神秘和圣洁感的芭蕾舞；同时，演员详细分解芭蕾舞基本动作、表演程式，生动展示芭蕾艺术的独特魅力。中央电视台也开设芭蕾舞欣赏的相关节目，运用电视手段更加详细解读芭蕾舞蹈语汇的表现特征；为普及古典音乐，央视还邀请钢琴家李云迪加盟，由他边演奏边讲解经典曲目，使深奥的古典音乐能够为更多的普通百姓所了解和欣赏。

法国高度重视艺术教育，不仅高等艺术教育发达，以严格的录用制度和完善的教育体系在全球处于领先水平，培养了大批一流艺术人才，而且高度重视面向全体国民的艺术教育普及工作，在制度和政策上给予充分保障。法国前总统奥朗德竭力推动一系列有关文化艺术的立法，如《表演艺术指导法》《文化例外 2 号法》《资助表演艺术法》《试听管理改革法》等，其中《国家普及艺术教育法》体现了对普及艺术教育的高度重视，目的是让法国全体国民从幼儿园到大学期间都免费享受艺术教育，这样做将极大提升全体国民的艺术素养，提高国民对文化产品和服务的消费品位与水平，同时又有可能产生艺术大师和高端创意人才，形成良性循环①。

---

① 管宁：《时尚创意铸就的朝阳产业——法国文化产业的经验与启示》，《东岳论丛》，2012 年第 12 期。

三、人才：原创之核

文化环境不仅是文化创新的土壤，也是文化消费层级提升的重要基础。先进的文化理念往往产生于优越的文化环境和社会氛围，这种环境与氛围同时对文化消费趋势具有积极的引导和引领作用，有利于文化消费朝着健康、高雅的方向发展。文化环境本身不是孤立的存在，而是制度文化、政策设计、社会环境乃至民族传统等多种因素相互作用的结果。“十三五”规划建议精神将创新放在突出的地位，提出构建发展新体制，加快形成有利于创新发展的市场环境、产权制度、投融资体制、分配制度、人才培养引进使用机制，体现了对创新环境的高度重视。习近平在文艺工作座谈会讲话中，特别就创新环境的营造指出：要坚持“百花齐放、百家争鸣”的方针，发扬学术民主、艺术民主，营造积极健康、宽松和谐的氛围，提倡不同观点和学派充分讨论，提倡体裁、题材、形式、手段充分发展，推动观念、内容、风格、流派切磋互鉴①。这就对创新所需要的环境提出了具体要求。

文化创新是人们内心创造冲动和创造思想付诸实践的结果，但人们的创造热情和创造行为需要一个好的环境，这个环境要有助于激发、激励人们大胆创新、勇于探索。只有营造自由、宽松、民主的社会环境，吸引和凝聚富有想象力、创新力和创造能量的人才，形成人才高地、创新高地，文化的创新发展才有望实现。“十三五”规划建议提出：要推动人才结构战略性调整，突出“高精尖缺”导向，实施重大人才工程，着力发现、培养、集聚战略科学家、科技

① 中共中央宣传部编：《习近平总书记在文艺工作座谈会上的重要讲话学习读本》，北京：学习出版社，2015年，第23页。

领军人才、企业家人才、高技能人才队伍；实施更开放的创新人才引进政策，更大力度引进急需紧缺人才，聚天下英才而用之。发挥政府投入引导作用，鼓励企业、高校、科研院所、社会组织、个人等有序参与人才资源开发和人才引进；优化人力资本配置，清除人才流动障碍，提高社会横向和纵向流动性。完善人才评价激励机制和服务保障体系，营造人人皆可成才和有利于青年人才脱颖而出的社会环境。在这里，重点强调人才结构的战略性调整，即要将人才工作的重心放在一流人才、领军人才、紧缺人才、青年人才的培养、引进和集聚上，改变目前一般人才多、杰出人才少的人才结构。要培养、造就一流人才、杰出人才，就必须大力营造与之相适应的社会文化环境，尤其要营造一种创新环境，让高精尖人才有充分发挥聪明才智的良好平台和空间。

文化创新之根本在于如何对待人才，对人才的尊重程度、关怀程度、包容程度，决定着创新的力度。就一个国家、地区而言，人才所处的政策环境、社会环境、文化环境如何，决定着人才集聚、成长和发展的状态。其中，政府制定的人才政策在很大程度上影响着社会环境和文化环境，好的政策设计，能够形成对人才尤其是高端优秀人才的吸引和集聚。杭州市高度重视人才问题，并以实际行动体现对人才的尊重，先后制定了一系列政策：选拔 300 名局级干部赴境外攻读 MPA，构建人才住房保障体系，创新实施女装设计师培养计划，实施青年艺术家培养计划以培养浙派艺术家，与名校合作实施企业高级管理人才培训“356 工程”等，这些举措无疑起到很好的吸引人才的作用①。但在进入创新、创意时代的今天，对创造性人才的吸引仅仅靠物质待遇、社会环境还不够，还要有好的自

① 杭州国际城市学研究中心、浙江省城市治理研究中心编：《杭州城市人才问题案例》，《杭州城市化案例集》，北京：中国社会科学出版社，2015 年。

然环境、生活环境和文化环境。除了优惠的政策，还要有相应的人才观念，真正做到尊重人才、尊重知识。杭州市领导干部奉行的人才理念是：包容高端人才和高智商人才的低情商，宽容人才创新的失败，探索建立容错机制，让创新者的失误能够得到充分理解和包容，创新项目的失败能够得到一定的担保和补偿。新锐的创意依靠的是新颖思想和精神品位，而思想和品位绝不是金钱所能买到的。让人才能够在自然条件优越、居住空间优美和社区环境优良的城市里工作，有利于激发创新热情、形成创新思想、提升创新品位、集聚创新动力。阿里巴巴、网易等互联网大企业之所以能落户杭州市并获得快速成长，离不开优越的城市环境和政策环境。

当然，政府能够提供给企业的是政策环境和设施条件，这种环境和条件再好，也无法代替企业自身的创新和发展。因此，企业内部机制和文化氛围是企业发展至关重要的因素。大凡创新性强、创造力旺盛的企业，都具有独特的企业文化，但这些文化的核心又都体现着对一流人才、一流团队的高度尊重和信赖，体现着以适应高端人才充分发挥其才能为导向的企业文化和工作环境。互联网经济时代，网络科技企业的文化创新对环境具有更高的要求。世界著名互联网企业，其内部的企业文化都具有鲜明的鼓励创新的浓厚氛围，并形成自己独特的工作环境。例如，谷歌的企业文化是办公环境人性化（宽松、便利、富有设计感和个人趣味）、组织方式灵活化、思维方式差异化、管理理念另类化。谷歌最大的成功在于，它具有吸引人才的独特能力，以及让人才发挥作用、让新人充分展示能力的企业文化设计①。再如，苹果公司的企业文化也富有特色，与谷歌有相似之处。苹果倡导的是个人化文化，即产品、项目及服务的选

---

① 于林林：《谷歌聚人的“DNA”》，《现代企业文化》，2014 年第 12 期。

择强调以用户个人化来引导，公司的创新能力以员工个人化来塑造和体现，同时，员工经由自身个人化获得一种自由和惬意的人生。在苹果公司，偏执的突破式创新、彻底的差异化、唯我独尊的产品设计、致力引领行业的标准等成为可能，公司也由此跃升为全球市值最高的企业①。

在我国，“大众创业、万众创新”已成为国家战略，因而更需要在全社会营造创新的环境，激发全体民众的创造热情。文化领域中的“大众创业、万众创新”则要更加关注民间文化人才的培养和成长。从历史上看，“古今中外很多文艺名家都是从社会和人民中产生的”；我们要“用全新的眼光看待他们，用全新的政策和方法团结、吸引他们，引导他们成为繁荣社会主义文艺的有生力量”②。习近平总书记高度关注近年来出现的各类新的民间文艺组织，如民营文化工作室、民营文化经纪机构、网络文艺社群等新的文艺组织，以及新的文艺群体，如网络作家、签约作家、自由撰稿人、独立制片人、独立歌手、自由美术工作者等。这些组织机构和文化人才中所蕴藏的文艺创新潜力和活力，得到充分肯定，其中很有可能产生文艺名家③。政府以政策鼓励、调动体制内文化工作者的积极性和创造性的同时，也要充分考虑通过政策和管理机制的创新，调动社会和人民群体中文化创造者与生产者的积极性。眼下迅速崛起、风头正健的创客运动，就是一种源于民间创造力的文化创意和智慧的大释放，它不仅将极大促进创客文化的兴盛，而且会在实质层面带来一个文化领域“大众创业、万众创新”的全新局面。

高等院校和科研机构是人才培养的重要阵地。“十三五”规划建

---

① 钟星、张沈伟：《苹果公司战略解密》，《中国机电工业》，2010 年第 5 期。

② 中共中央宣传部编：《习近平总书记在文艺工作座谈会上的重要讲话学习读本》，北京：学习出版社，2015 年，第 14 页。

③ 同②。

议立足于未来人才战略的高度，对我国高校和研究机构的改革提出了建设性的意见：扩大高校和科研院所自主权，赋予创新领军人才更大人财物支配权、技术路线决策权；实行以增加知识价值为导向的分配政策，提高科研人员成果转化收益分享比例，鼓励人才弘扬奉献精神。这体现了通过制度创新和发展环境优化，全面提升人才培养水平的战略思路。2015 年，国务院出台了《统筹推进世界一流大学和一流学科建设总体方案》，从高等教育入手，提出立足培养各类创新型、应用型、复合型优秀人才，大力推进个性化培养，提升人才的综合素质、国际视野和创造能力，着力优化中青年教师和创新团队成长发展、脱颖而出的制度环境。国务院《关于优化学术环境的指导意见》的发布则进一步强调要突破传统人才观念的束缚，营造一个宽松、宽容的环境，指出要“坚决破除论资排辈、求全责备等传统人才观念，以更广阔的视野选拔人才、不拘一格使用人才，创造人尽其才、才尽其用、优秀人才脱颖而出的人才成长环境”。这些规划建议、方案与指导意见，从政策层面创造了人才成长的良好环境，但仅有政策还不能解决所有问题，还需要在社会、企业、家庭等大环境中，确立正确的人才观，营造健康、宽松、包容的人才培育和发展的氛围。唯有如此，才能从根本上改变我国的文化创新环境，真正出现一流人才、杰出人才辈出的新局面。

创意思维：从资源驱动到创新驱动

世间任何伟大或者影响深远的事业，都是由宏伟的构想、远大的抱负及实现抱负的具体的、基本的事物共同构成的，并且还要有持之以恒、竭尽心力、耐心等待的过程。我们今天提出的实现中华民族伟大复兴的中国梦，早在一百年前就蕴藏于国人的心中，迄今依然需要我们通过不懈奋斗去实现。重铸中华民族文化新辉煌的过程离不开对优秀传统文化的继承创新，离不开当代文化的繁荣兴盛，离不开文化产业的高质量发展。推动文化产业转型升级、提质增效，创作一大批文艺精品力作，创造一系列文化知名品牌，提供高质量文化供给，以增强和提升中华文化影响力，无疑是当下中国文化领域的重大战略任务。千里之行，始于足下。宏伟目标不仅要从具体的事情做起，还要有做好小事情的精神。国家层面制定了一系列促进文化创新发展的政策，创造了良好的文化创新创业的外在环境，那么如何发挥文化人才与文化企业创新能力，发掘文化与文化产业发展内在动力，则需要我们更深入地探究文化产业的核心动力或者原动力，以把握大势、精准施策，更好推进文化创新和高质量发展。

一、概念构成与设计战略

文化产业供给侧改革的核心，就是要全面提升文化产品和服务的质量、水平与品质，提升文化品牌知名度与影响力。高品质需要依靠工匠精神的打造，但如果仅有高品质而缺乏原创性，便只能步人后尘而难以形成自主文化品牌。在利益与资本驱动下，模仿、抄袭的文化产品或许能形成一时的市场热点，却无法成就长久的文化繁荣，更不会构成打动人心的价值影响。今天我们更需要的是具有原创性的高品质文化产品，并且这种原创性还需要有先进观念的支撑。因此，在文化产业转型升级的大背景下，提倡和推崇原创应当成为新时代文化发展的重要任务，也是实现新旧动能转换的关键所在。深入阐发创意思维的构成，有助于我们更好地理解创意的内涵及其规律，为创意实践提供理论参照。

一个好创意就是一个好点子。设计师有了好点子才可以设计出好作品，公司企业有了好点子才可能有发展，管理者有了好点子才可以规划出好项目。但在实践中，一个好创意仅仅是良好的开始，紧接着还有许多复杂的过程需要梳理和设计；而创意本身也并非一个点子这么简单，往往是一个连续性的思维过程，我们称之为创意思维。完整的创意思维需要引入实践性内涵，在此前提下应当包括创意—创想—创境这三个要素。创意是起点，创想是基于起点的延伸与展开，创境是创意展开后形成的一种形态和境界。文创家、设计师将一个从古代名画上截取的图案移植到鼠标垫、手机套、丝巾等产品上，就是一个最简单的创意实现过程；文创家、设计师将一种传统设计语言与现代设计语言相结合，创造出具有自身风格或定位的产品系列，就是一个创想的实现过程；文创家、设计师不仅形成了独特的创意设想和设计语言，还将自身的设计思想和理念赋予其中，并能影响一批人的生活方式，就是一个创境实现的过程。从构建知名文化品牌的高度来看，只有具备创意思维的这三个要素，才有望实现真正意义上的原创。

现今，创意设计的重要性已是众人皆知，全社会也因此涌动着浓厚的创意热情。但如何获取更多优秀的创意设计，人们却往往受认知和视野的局限而不知所措、无从下手。首先，我们应当搞清楚什么是好创意，什么是好设计，进而思考如何才能获得好的创意设计。简单说来，在精神文化领域，好创意是指能够深刻反映人性情感，准确把握时代脉搏，贴合人们精神需求的创作理念；在造物文化领域，好创意是指能够协调、平衡传统与现代、功用与审美之间的关系，适合当今时代人们对文化与生活的消费需求的设计。二者都必须在具备创意思维三个要素的前提下，才能最终完成文化产品，并完整地实现产品的文化价值。来自杭州的中国新锐设计师张雷和他的团队，秉承“让设计回归乡土，不刻意做中国设计，而将余杭的特色展示出来”的“还乡”创意理念，体现出他对“中国设计”的独特理解。在他看来，“中国设计”是一个伪概念，因为“中国实在太大了，民族众多，幅员辽阔，不同地区的文化、习俗、审美可能带来截然不同的设计”①。张雷以在地文化即余杭传统手工艺为设计创意的基点，在此基点上，他主张既要尊重传统，也要颠覆传统。他与团队不惜耗费四年多的时间，遍访余杭的乡村民间，与10多位传统手工艺师傅交流合作，在深度了解传统手工技艺的基础上，

---

① 沈婷、郭大泽编著：《文创品牌的秘密：从创意、设计到营销》，南宁：广西美术出版社，2017年，第136页。

“重新解构余杭的传统手工艺，将其与当代设计相融合，制作独特的产品”，即致力于传统的现代转化与再设计①。为实现这一创意设想，张雷和他的团队一方面悉心研究传统手工艺制作方法，另一方面力求在设计语言、功能、视觉上具有鲜明的当代感，从传统材料制作和手工技艺的深入研究入手，让传统手工如同糖溶于水一样融入当下的设计，使传统焕发新生，使设计丰富多样。这样的设计创想无疑是传递传统精髓的原创思维，也必然产生真正的原创作品。张雷团队的设计实践是非常具有文化情怀的创意设计，“品物流形”品牌设计所启动的“融·手作在杭州”实验项目，以“竹”“丝”“土”等为主题，设计出了既源于传统材质与工艺，又颠覆传统的独特产品。他们还将设计、制作过程做了完整的记录，放置在他们创立的中国首个传统工艺图书馆，供世界各国的设计师参考使用。尽管这些设计因源于本土传统材料和制作工艺而限制了产品批量生产的可能，也在一定程度上束缚了设计师的想象空间，但张雷们的实践可以被看作设计材料学和工艺学的一种基础性研究，眼前固然看不到明显的经济效益和前景，不过必须看到，这种精神正是实现文化高品质发展所需要的，也是中国设计显示其独特性和原创性所必须经历的。这个过程可能非常漫长，但正如张雷所说，只有沉淀下来，静心地做研究和设计，才会有出路。

出于对创意设计战略地位的高度重视，国家层面出台了一系列促进创意设计发展的政策意见，中国文创企业也致力于不断提升设计水平，参与国际竞争；各级地方政府积极组织和举办各类创意设计大赛，力图推动区域创意设计水平提升和民众设计欣赏能力的提高。

---

① 沈婷、郭大泽编著：《文创品牌的秘密：从创意、设计到营销》，南宁：广西美术出版社，2017年，第137页。

“东道”作为起步较早的中国平面设计公司，如今已发展成为国内具有较大规模和影响力的综合性品牌战略咨询和设计公司。东道公司的核心竞争力就在于其集聚了国内一大批一流的设计人才，公司在平面设计和VI设计方面取得了令人瞩目的业绩，在中国设计企业中居于领头羊的重要地位，为推动我国品牌经济的发展发挥了突出作用。东道公司的视觉设计具有国际领先水平，先后获得2013年、2014年红点视觉传达大奖，还揽获6项iF大奖，2017年荣膺“德意志联邦共和国国家设计大奖”品牌设计金奖，这是我国设计企业首次问鼎“德国官方位阶最高的设计奖”金奖。作为发展较为滞后的我国设计企业而言，取得如此骄人的成就实属难能可贵。东道公司因此成为中国诸多国家级会议、论坛的视觉设计及品牌设计的主要中标人，如2014年APEC峰会、2016年杭州G20峰会、2017年“一带一路”国际合作高峰论坛、2019年北京世界园艺博览会等；公司还是中国对外援建、丝路基金、中国奥委会、中国商务部、司法部、中国国际航空公司、中国人民保险公司等众多政府项目与国企的标志、VI设计承担者。东道公司也因此获得“中国创意设计国家队”称号，成为“走出国门最远的设计公司”。

中国各级地方政府积极组织各类创意设计大赛，江苏省已成功举办四届“紫金奖”文化创意设计大赛，头奖奖金达30万元；福建省迄今举办了四届“文创奖”大赛，第五届大赛收到参评件1624件；广东省举办了“广东（珠海）文化创意设计大赛”。深圳、上海、北京作为国内创意设计高地，集聚了大批高水平的创意设计人才与设计公司，先后被联合国教科文组织授予“设计之都”的称号。深圳作为最早获此殊荣的城市，拥有雄厚的创意设计实力和发展潜质，开展“创意十二月”系列活动，提升设计水平，普及设计教育，形成了浓厚的创意设计的文化氛围，近年所获国际设计红点奖、iF奖数量约占全国获奖总量的三分之一。但我们也必须看到，这些跻身国际一流水平的中国设计，主要集中在平面和视觉设计领域，产品设计相对而言则少得多，这表明工业设计领域与国际水平还有很大差距（令人高兴的是国家统计局发布的“2018 文化及相关产业统计目录”中，已将“工业设计”列入其中，表明了国家层面的重视，这有助于推动工业设计与文化创意的深度融合）。各省市的创意设计大赛也存在平面设计强，产品设计弱；模仿、浅层次设计多，原创性、颠覆性设计少；题材和主题重复性大，多样性不足等短板。从理论上分析，这些不足源于设计者们未能认识创意思维的结构层次，仅仅停留于单纯的创意点子的运用，没有系统性的创新思考，不善于依据原创产品生成的过程特征将创意延伸为更加具体的设想和思路，并以丰富的文化情怀为指引，形成富有美学意境的产品系列和品牌形象。再回到什么是好创意、好设计这个基本问题，我们可以从日本文具设计师伊藤胜太郎创立的“伊东屋”品牌内涵中获得启示。在伊藤胜太郎看来，“文具首先是工具，必须易于使用，其次要兼备漂亮的设计，最好是不会随着时代变迁过时的简约设计。再次如果那个商品到手后，能更好地刺激灵感和想象力，提醒使用者充实地过好每一天，则是最‘上乘’的”。要使产品设计兼具这三种特质，无疑是十分困难的，但也只有具备了这些特质，才能算得上真正的原创产品，也才可能确立具有广泛影响力的文化品牌。这也提示我们，今天人们对创意的理解不能再停留于单纯的创意点子，而要善于形成富有人文情怀和文化内涵，体现先进文化理念的创意思想，并借助技艺、科技等各种手段，形成富有文化意趣、审美境界的产品系列和品牌形象，使之具有诉诸情感、美感体验和影响人们生活方式的作用。这是新时代创意设计水平提升和高质量发展，必须迈入的新阶段和致力发展的大趋势。

二、创意思维与三重关系

创意思维无疑是诞生原创性的重要基础和前提，但创意思维又是一个包含三个基本内在构成的复杂的精神与实践过程，也就是说，创意思维的价值实现不仅需要一个完整的精神活动过程，还需要一个系统的实践过程，其中包括创意设想与创造实践之间复杂的互动过程。换一个角度说，创意思维的价值及其实现包含着人的内在精神创造与外在社会实践两个部分，前者具有理论意义，后者具有实践意义。二者结合与运用，才能构成文化产业的原动力。我们先从理论层面来探讨创意思维养成的逻辑理路。

创意思维对于社会经济和文化艺术发展而言，虽然是具有基础性、根本性的一种精神存在，但却呼应和联系着种种社会现实问题与时代性诉求。因此，探讨创意思维的养成，我们不能局限于在纯粹理论和精神领域中进行演绎，而要在精神与物质、理论与实践的关系中展开思考。文化创意和设计的发展总是与时代发展紧密相连、互为促进的，创意思维的养成也就必然要在人文情怀与现实情怀的关系中寻求达成的方式。创意思维在"创意—创想—创境"三个层面的构筑过程中，应当基于一种科学的思维方式和人文姿态，使创意思维真正显示出原创性理论价值与优质化实践效用。为此，我们提出三个方面的思考。

（一）处理好传承与创新的关系

传承与创新的关系是个旧话题，又是每个时代都要面对的新问题——不同时代对这个问题都有不同的理解角度、处理方式和解决方法。要处理好传承与创新的关系，主要需解决的是哪些东西不能变，哪些东西必须变的问题。继承优秀传统，对于拥有悠久灿烂文明史的中华民族而言显得格外重要。继承传统，就是要提炼优秀传统文化的精华，保持传统文化流脉，延续传统文化基因，无论时代如何发展、社会如何进步，传统文脉不能断，基因不能改，底色不能变。这体现出中国创意设计的独特性。但这种独特的创意设计不应当脱离现实、脱离当代社会需要和世界发展潮流，而应当在新的历史条件下有所创造、有所发展，属于当代的创意设计；是运用新的思维、新的理念来观察和分析现实需求，能够解决当代中国在文化发展中面临的新问题，能够成为实际产生原创产品与品牌并具有世界影响力，体现出悠久传统的现实生命力和再造传统的创新活力的创意设计。处理好传承与创新的关系，不但能消融二者之间的矛盾，而且能使二者互动互补、良性发展。创意设计要对自身优秀传统文化有足够的自觉，但又不能抱残守缺、故步自封，要不断提炼传统的精华，并进行必要的新调整与新创造，使传统适应当代社会需要，在创新中延续，成为活的、富有生命力的传统。

单纯模仿式的传统继承，不仅不能实现继承传统的初衷，而且无法实现当代文化的创新发展。传统文化的产生与发展有其特定的社会历史条件和背景，当这些条件与背景消失之后，一部分传统文化结晶只能存在于博物馆之中，或在特殊保护的前提下留存下来；一部分传统文化则需要结合当代社会精神需求进行重新阐释、融合现实生活需要进行再设计，成为活着的传统和新传统创造的元素。这才是传统继承的基本内容和完整过程，才是激活传统内在生命力和助力当代文化创造的科学姿态。当继承优秀传统文化成为国家的主流倡导和社会风气时，面对内容浩如烟海的传统文化宝库，我们无疑需要确立正确对待传统的态度，更要协调好传统与创新的关系。在严格的意义上，不出新的传承就是模仿和抄袭，唯有基于传统的创新创造才是真正的继承。中国服装设计拥有深厚的底蕴与悠久的传统，沈从文的《中国服饰史》便是对这一传统宝库进行挖掘研究的学术名著。但这份传统的继承却并非简单的元素运用便能够轻易成就，也不是片面理解“民族的就是世界的”就能够奏效，而是需要深度理解、挖掘传统服装精华，深刻把握国际服装流行趋势，巧妙融入现代时尚元素和设计风格，对传统和时尚进行基因重组式的结合与再造。我国设计师曾经参加某次巴黎国际青年时装设计大赛，那些照搬传统形式与图案的服装，如清代服装款式和越剧中梁山伯穿的大袍，虽然是很经典的中国元素，却因没有任何现代气息和设计感而被淘汰；获奖的作品则在传统朱红色、半截郁金香式袖子等清朝风格基础上，依据时尚趋势做了适当的抽象和简化处理，一定程度上符合了国际流行趋势，最终获得大奖并被卢浮宫收藏。这正印证了资深服装研究专家袁杰英先生所言：“民族和现代的结合不是那么简单易行的，而是要融入很多内涵才行。”①

（二）处理好原点与支点的关系

创意设计过程中，能够成为我们思想资源的不外乎古今中外的文化艺术及源于自然界的灵感启发，但还有一个重要的参照系统——人类的心性本源或者本质性需求，我们称之为“原点”。一个优秀的创意设计的产生，时常要以回到原点的方式去思考问题。日本国际知名设计师原研哉认为，将我们已然熟知、习以为常的事物，以一种“初视之眼”去重新感受，也就是以一种率直的心态去重新捕捉事物的本质，乃是设计的第一步②。他所说的“初视之眼”，与我们这里所说的“回到原点”意思十分相近。从古至今，人类面临的基本问题并没有什么变化，无非是生存与发展、衣食住行游等基本需要，

① 杭海、林存真主编：《从 OLYMPIC 到 APEC：民族传统文化元素在现代艺术设计中的应用研究》，北京：中国建筑工业出版社，2017 年，第 9 页。

② IDEA 编辑部：《序言》，原研哉《原研哉的设计》，台湾：雄狮图书股份有限公司，2009 年。

以及为满足衣食住行游而创造的各种物质与精神财富。不同的是，每个时代满足这些需求的条件和方式不同，人们的现实诉求和感受不同，进而导致生产方式和生活方式的不同。创意设计要解决的就是从文化创造角度思考所处时代怎样以科学的、人性的方式实现并满足这些需求。让问题回到原点，回到本质性需求，探讨当今时代我们需要建构一个怎样的文化生产体系、精神体系和生活方式；如何调整、改革、淘汰那些不符合人类切身利益和人性健康发展的文化体制与文化产品。回到原点是为了提供一个更切合人性需要的基本视角，同时还需要一个基于现实状况和条件的支点，即从当代经济、社会与文化等整体发展状况出发，思考分析以往创意设计的缺陷与不合理性，探索并提出符合新时代发展要求的创意概念和设计范式，以保障人类可持续发展这一根本性出发点。原点是指人类的基本和本质性需求，支点是指当代现实性立场与时代性。处理好这一对关系，能不断提升我们对老问题（即本质性需求）的新认知。一个新认知的诞生就是一个新理念的出现，而理念的创新往往意味着对既往世界的修正和塑造。仅有原点的视角容易陷入理论的空谈，仅有支点的观照容易误入功利的泥淖，唯有实现二者融合，才有助于创新理念的孵化与创意实践的达成，使创意设计不仅有助于推动文化创新发展，而且有助于人类社会伦理结构的优化和文明层次的提升。

随着科技进步和生产力水平的不断提升，人类创造优越生活的能力与日俱增，满足各种消费需求的创意设计也构建出一个越来越便捷、富有美感与品质的世界。这一过程也导致诸多有悖于人性和影响人类生存空间的负面结果，引发人们重新思考现状与审视问题所在，由此产生创意设计领域生态环保设计思潮的产生，并延伸出绿色生态环保设计的国际设计潮流。这一设计潮流并非回到原始状态，而是基于当代社会生产力水平所能提供的材料、技术和加工等设计条件，以绿色设计思维来展开设计实践活动，由此派生出极简主义、减少主义等设计理念。具体而言，就是将节能环保、绿色可持续作为设计的指导思想，运用现代环保材料、低能耗技术、无污染能源等手段，设计出具有节约能源和材料、采光通风、可重复利用、符合简素生活需要等特征的各类产品，包括建筑、家具、服装及文具、工艺品、日用品等工业设计产品。秉承这样一种理念，哥斯达黎加设计师设计出造型现代且能自主解决一切能源供给的海滩别墅；日本著名工业设计师深泽直人主张用最少的元素来展示产品的全部功能，因此也最大限度地节约了能源与材料；凯瑞姆·瑞席则反对奢华的设计风格，强调更高效、更智能和更人性化的设计，主张更多运用环保材料；康斯坦丁·葛切奇认为，“简约”才是对其作品风格的最好定义，他完美地实现了将人文主义理念融入实用性的设计理念；被设计界誉为“21 世纪的达·芬奇”的卢吉·科拉尼秉承的设计理念是，设计必须遵从自然规律原则。这些引领世界设计风尚与潮流的设计大师几乎都对人性和本质性需求有深入和独到的见解，并以此作为设计的起点，充分运用当代科技所提供的各种可能，创造出或出类拔萃，或颠覆陈规的创意设计产品，成为当代设计文化的杰出代表。

（三）处理好眼前与长远的关系

创意设计对于文化产业而言，在提升产品和服务质量中具有关键性作用，是提高产品附加值所必不可少的元素，也通常是文化产业核心竞争力的重要来源。但创意设计能力和水平的提升，需要一大批高端创意人才，更需要培养高端人才的教育理念、培养方式和成长环境；同时还需要消费层级的提升，拥有一个能欣赏奇特创意和精美设计的消费群体。这一切都需要一定的时间与过程。市场对高端创意设计产品的迫切需求，很容易导致设计师与相关企业追逐短期利益，仓促上马项目和产品。这类设计师缺乏深厚的文化内涵和对产品精细打磨的理念，更不愿做基础性的研究和积累，形成功利主义盛行的浮躁之风。优秀的创意设计必定需要深厚的文化内涵作支撑，也需要长期的时间积累，包括经受市场的检验和不断的调整提升，这是文化品牌构建必须经历的艰难过程，也是文化创意产业发展的基本规律。没有捷径可以走，只有在一个确定的文化理念和产品定位上持之以恒地坚守，才有可能铸就真正有内涵的知名文化品牌。迪斯尼乐园作为大型游乐园项目，其成功绝非单纯依靠高投入所获得的，其核心价值在于迪士尼经过数十年积累和精心塑造的米老鼠、唐老鸭等动画形象。这些深入人心的动画角色已经成为几代人的记忆，以此为核心内涵所构建的乐园，通过实体形象强化动画中所呈现的梦幻效果，由此进一步延伸和扩展了迪士尼文化内涵，让童真和梦幻走进儿童内心，甚至让成年人重温儿时的梦幻。要达到这样的体验效果，没有成功地传遍全球、进入千家万户的动画系列形象是全然不可能的。

庄子说：无用之用，方为大用。创意设计追求眼前利益而忽视长远利益，不仅会导致产品缺乏创意、粗制滥造，而且会助长相互抄袭和同质化趋向。在推进文化产业高质量发展的今天，我们尤其要尊重文化发展的自身逻辑和规律，着力文化创造主体自身素养提升和基础性软硬件环境构建，潜心创作精品，精细制作产品，耐心挖掘内涵，悉心培育品牌，淡化功利、着眼未来、恒久执着，终将孕育出原创性优秀作品。

三、创新驱动与高质量发展

创意设计是构成国家文化软实力的关键性因素，不同历史发展阶段、不同时期对创意设计的要求不同，对创意思维养成的环境要求也不同。新时代主要社会矛盾发生变化，影响国际形势的不确定因素增加，这些只是一个宏观性的背景，由此延伸出产业转型升级、供给侧结构改革、文化科技融合、城乡协调发展、社会保障体系建构、生态文明建设、人才培养机制创新等一系列新问题、新挑战，需要我们以新思想、新战略去应对和解决。黄庭坚说："随人作计终后人，自成一家始逼真。"从文化领域来说，夯实基础、立足原创、展望未来，是推动文化创新，提升发展水平，引领发展趋势的关键所在。面对新挑战，不仅文化内容与形式要随着时代发展做出调整，催生更多文化新兴产业，而且文化产品及服务也要得到高质量发展。创意设计作为文化产业的原动力，必须以创意思维的培育为根基，从原创的智慧之源和智力之核入手，营造创意人才成长的良好环境，厚植创意思维的肥沃土壤，探索创意思维养成规律，为文化产业的发展提供充沛持久的原动力。

创意思维作为创造性活动的基础，具有自身特殊的思维规律与特性，主要包含发散思维、形象思维（想象力的来源），同时也需要逻辑思维和抽象思维的辅助，可以说是人的多种思维的综合。创意思维是个复杂的思维过程，有学者将其总结为准备期、酝酿期、豁朗期和验证期四个阶段，我们在上文将创意思维分成三个层次：创意—创想—创境。还有不少研究者对如何培育创意思维进行了技术层面和微观层面的分析，在此我们着重从创意思维养成的一般规律角度做进一步探讨。

一个人创意思维能力的养成需要具有多方面条件，但主要无外乎天生禀赋与后天养成。生理学意义上的天赋才能可遇不可求，对此我们无能为力；但后天的养成却可以在把握创意思维规律前提下，以相应的方法、适宜的环境去挖掘、培育。拥有创意思维能力者，往往具有开阔的视野、丰富的想象力、童真之心和敏锐的感觉，如果我们能据此主要特征而选择适当的教育理念、创造相应的外部条件，或许能够挖掘、培植、强化文化创意人才的内在潜质。在教育理念方面，应以探索性兴趣的发现和培育为导向，发现和挖掘文化人才具有偏向性的独特才能，使人才在自身兴趣动力的驱使下，以极大的热情去探索创新。视野的拓展往往能丰富人们的思想资源，激发更充沛丰裕的灵感，尤其在产业融合、跨界发展、文化科技结合、边缘创新成为趋势的今天，更需要文化人才拥有人文与科学兼备的广阔视野。想象力是创造之源、创新之母，思想禁锢、观念保守、心智封闭必然导致想象力的萎靡与枯竭，创新创造的时代更需要解放思想、开放包容。童真之心能使人才对外部事物始终具有强烈的好奇心和敏锐感受，并从细腻独特的感受中形成自身的认知体系，成为创造性活动的触发器，因而，保护创意人才的童心与好奇心应当成为企业文化建设的重要内容。

一大批高水平的创意设计人才是推动文化产业高质量、高品质发展的关键和动力所在。培养人才的过程或许要牺牲发展的速度，但这是文化产业获得核心竞争力和永续发展所必须付出的代价。新常态下文化产业的新动能应当是创新创造的动能，而不是速度效益的动力；文化产业的原动力，应当是源于原创、突破创新的设计能力，而不是因循守旧、模仿抄袭的投机行为。只要对一些国际创意设计大师或知名企业品牌所奉行的理念、秉持的立场稍加分析，我们就能看出原创如何生成，又怎样构建一流的品牌。

德国著名设计师康士坦丁·葛切奇秉承以人为本的理念，将实用性完美融入人文主义理念之中而自成风格，构筑了属于他自己的独特工业设计世界。如何协调和处理好实用性与美学的结合，如何在工业化大规模生产中实现理性与感性的统一，是考验设计师能力和水平的关键。康士坦丁·葛切奇的创造力和杰出成就，主要来自于他“慢工出细活”的工匠精神和宽广博大的研究视野。在技术迭代加剧、产品更新加速的时代，他可以花费三年时间设计一把人性化的座椅，耗费四年的光阴设计一支圆珠笔（其他设计师用同样的时间可以设计一座高楼）。对于工艺和材料，他也是执着于精工细作、尽善尽美。康士坦丁·葛切奇不仅精于设计专业技能，而且在建筑学、历史、美学等众多领域均有广泛的研究，这是他的创造力和想象力的重要来源。他最可贵的精神在于不追随潮流，专注于独立的观察、思考，不愿被纳入任何设计思潮和流派。在他看来，孤独的工作状态更有利于独立自由的思维，这对于创作来说是非常宝贵的。他的作品因其独创性受到设计界的广泛认可，先后获得包括红点、iF、Compasso d'Oro 等在内的重要国际设计奖项。

素有“设计怪杰”之称的卢吉·科拉尼是位崇尚自然界法则的设计师，“设计必须遵从自然规律原则”是其设计理念的核心思想。他将来自于自然界的灵感提炼抽象，逐渐形成以曲线为主的独特的生态形状设计语言，在时装、汽车、建筑甚至圆珠笔及工艺品中都运用了这种语言。一方面，其设计作品多半呈圆弧形，表现出超前性和另类风格，因此备受争议；另一方面，他的作品融入了超越日常的感官和感觉元素，同时又兼顾了实用性与功能性，赢得了业界和消费者的青睐。然而，对于卢吉·科拉尼本人来说，他认为自己所做的无非是模仿自然界向我们揭示的种种真实。他那以曲线为主的设计语言，就来自于对圆形的独特认知与理解，在他看来，不仅地球是圆的，所有星际物体都是圆的，它们还在圆形或椭圆形轨道上运动，甚至人类也是从圆形的物种细胞中繁衍而来。他将这种来源于自然界的启示凝练成自己的核心设计理念，并在注重艺术和技术的结合中构建出独有的设计语言与风格。同样善于从自然界中汲取灵感的日本工业设计大师深泽直人，从河边遍布的鹅卵石的形态获取创意灵感，设计了相当另类而独特的鹅卵石形状的手机，这种设计选择也是基于他自身的理解和感受：形状舒适、触感顺滑、易于把玩，还具有一定的交互性。深泽直人打破惯常的有意识设计的窠臼，提出“无意识设计”理念，探索一种去物质化的设计，即让设计消解在行为之中。在众多设计师争相设计炫目抢眼、浮华瑰丽、具有刺激性的作品时，深泽直人却另辟蹊径，以环保的立场，从生活细微处寻找最适合人性内在需求的东西，进行恰如其分的设计实践，形成截然不同于欧美的设计思想和实践。在他看来，“人与物之间无意识的、和谐的关系，才是‘无意识设计’的最好表达”①。而在文化视野方面，他同样涉猎广泛，在感性与理性完美交织的设计中，融入了生态心理学、实用主义哲学、社会文化等学科内涵与方法，并善于洞察人、物与环境之间的关系，“这种关系是普世的，他将这种普世的关系用简洁而富有变化的设计表达了出来，从而激发了大多数人内心的触动而喜爱”②。

设计师独特的设计理念与原创精神决定了企业品牌的文化内涵与价值取向，并最终构成企业或商品品牌的核心竞争力。但设计天才中最值得推崇的，是那些具有大情怀和使命意识的创意达人，他们能够让创意设计在伦理的高度展开想象力和创造力，使设计不再仅仅出于单纯的功利性目的，而是充满理想色彩，彰显人的本质力量。情怀与使命能够使产品设计充满人性光辉，让企业品牌拥有内在的灵魂。苹果前任资深副总裁、设计总监乔纳森·伊夫不仅具有传奇的设计经历，而且有着执着的设计精神，他和乔布斯一样，将产品及用户体验作为出发点，以“完善再完善”的执着，追求设计

① 深泽直人：《深泽直人》，路意译，杭州：浙江人民出版社，2016年，第7页。
② 同①，第241页。

的极致完美，即便因此导致成本提升到同行业的数倍也在所不惜。乔纳森·伊夫与乔布斯可谓志同道合，为实现乔布斯让用户凭着自觉就知道下一步怎么做的理想，伊夫可谓殚精竭虑、不遗余力。他甚至可以为了设计出世界上最轻薄的笔记本电脑，不辞辛劳地搭乘14个小时的飞机，专程拜访日本的一位铸剑大师，以寻求灵感，这也印证了他的主张：苹果设计的东西，要证明一种存在的价值，而不只是为了赚钱。这种既有情怀又充满工匠精神的设计，已经不是简单的商业行为与功利性目的所能解释的了。日本日用百货品牌无印良品的设计理念——简约、简素，这样“就”好，之所以能在世界范围获得认可，同样因其包含了深厚的人文情怀。该理念的孕育与形成，是在适应日本资源短缺的现实，传承日本设计美学抽象、简素传统，符合现代设计极简主义潮流，呼应当代世界的环保理念基础上产生的。其中包含着公司主管与设计师对于当代生活方式的独特观察与思考，甚至包括“以商业贡献社会”的情怀。他们“选取构成生活基本的真正必需的东西，重新评估其真正必要的形状和素材，削减生产过程中的冗余，让包装保持简朴，由此便孕育出了简约美丽的无印良品风格”。这便是具有文化追求、文化情怀的商业精神，或者说是具有以独特文化价值体系为依托的设计理念。受此理念引领，无印良品庞大的日用百货产品系列不仅具有统一、鲜明的品牌特征，而且能够在一定范围内倡导并形成一种生活立场和方式，使商品销售成为“生活方式”的推销，从而显示出品牌内在的文化魅力与影响力。

中国不缺乏文化资源，但既往传统文化的生命之火必须由今人去点燃。有句话说得好：传统并不是崇拜灰烬，而是要让火苗继续燃烧。在我们看来，优秀传统是一份埋藏在历史深处的宝藏，需要以智慧之光去照亮；也是一份尚未发掘利用的燃料，需要以创意之火去点燃。唯有如此，宝藏才能重现辉煌，燃料才能释放新的能量。继承传统、再造传统体现的是人文情怀；感悟人生、关怀苍生体现的是人间情怀；拥抱万物、大爱无疆体现的是宇宙情怀。真正能够呈现文化底色、生命底蕴和自然奥妙的创意思维，必是源于探悉文化、生活和宇宙本源与内质的才思与构想。中国原创性思维在新时代的环境下正处于蓬勃生长的前奏，打破长期崇尚西方文化的思维模式，摆脱模仿山寨西方设计的实践束缚，构建独立的创意思维体系与设计语言，探索优秀传统再生之道，才能形成中国人自己的文化理念、生存方式和宇宙意识，构筑具有中国特色、东方风格的创意设计理论体系与文化品牌。

下篇

创意设计

理念创新与实践探索

一、创意设计：融合与引擎

2014年，国家出台了一系列推动文化创意和相关产业发展的政策意见，内容涵盖了文化创意、设计服务、对外文化贸易、电影产业、新媒体产业、旅游产业，以及相关的制造业、数字内容产业、建筑和装饰设计、创意农业、体育产业，同时还包括博物馆、美术馆、公共艺术、城市规划、文化资源活化等诸多方面和领域。这些政策意见的出台，其核心就是围绕如何推动文化产业实力提升，增强国家文化软实力；如何通过创意设计与相关产业融合发展，转变发展方式，促进经济结构调整和创新型经济发展，在经济和城乡建设领域实现全面的转型升级。

随着文化创意和设计服务与相关产业融合发展上升为国家意志，以及国家对新媒体、电影业、旅游业的发展提出新的要求和新的政策，未来若干年，这些领域将成为政府、业界和学界关注的重点和发展方向，尤其是如何不断提升创意设计水平，如何实现创意设计与相关产业的对接融合，还需要我们进行不懈的探索和努力。

创意存在于任何时代，也存在于任何领域。但今天的创意不同于农业时代和工业时代。农业和工业时代的创意，除了文化艺术领域之外，主要体现在促进生产工具性能的提高和科学技术的发展，虽然一些生产工具和生活用品也具有文化艺术元素，但并没有将赋予器物更多文化内涵作为一种自觉的行为去实践；信息时代或后工业时代的创意，更多要借助文化艺术资源，将人文元素注入各领域、各行业，注入当代社会丰富复杂的公共空间，注入人们的日常生活。可以说，创意在这个时代不论与哪一个领域发生关系，都更多地要与文化艺术相联系，或者说离不开文化艺术资源的支撑。更重要的是，这种联系不再只是自发的行为，而且是自觉的行动，并延伸到几乎所有的领域，同时因其对经济社会发展重要性的日益凸显，而被许多国家上升到国家战略层面。

因此，今天便有了“文化创意”这样的专有概念——借助创意将文化艺术元素以不同的方式、形态和途径，渗透、拼接、融合到诸多领域与行业之中，使得这些领域和行业富有文化内涵与元素。“文化创意产业”即是依托文化资源，借助创意、科技和技艺等手段，创作和生产文化产品和服务，并通过商业运作的方式获得经济利益的产业。文化创意与相关产业的融合，就是赋予那些具有产业性质的行业领域以更多文化内涵及功能体验，使其具有更大的市场价值。事实上，古代社会也有“文化创意”的实践行为，只是不像今天这样自觉地、广泛地、深入地成为人们社会实践的重要部分，也不像今天这样将“文化创意”作为一个独立的产业门类进行倡导和推进。这一方面表明后工业时代的发展已进入特别需要文化艺术支撑的阶段；另一方面也表明现代化进程带来的日渐疏离传统文化的状况，需要借助文化创意去找回那些久违的文化气息和人性温情。

文化创意是以文化资源为依托的创意活动，设计服务则包含更广泛的内容：不仅包括文化领域的设计，还包括其他许多领域的设计；不仅要依托文化资源，还要依靠包括信息技术、材料科学、生物技术、体育科学等在内的科技支撑及其他领域门类的技艺支撑；不仅需要文化创意的介入，还需要科技创意、管理创意、规划创意和营销创意等的融入。文化创意和设计服务是具有高知识性、高增值性的新型、高端服务业。也就是说，文化创意和设计服务与相关产业的融合，是一个以产业链高端向产业链下游延伸扩展的产业，同时也是一个综合性强、融合度广、附加值高的产业。因此，它需要以宽视野、多维度、大综合的思维方式，探索创意设计与相关产业的结合点，由此达到全面提升经济、社会和文化发展水平的目的。在这个过程中，特别需要树立集成创新的理念，即要超越在单一领域中寻求创新的模式，要善于在跨领域、跨行业、多元化、多交叉的融合中实现创新。人类文明发展史曾不止一次显现这样的规律：科技和经济发展导致行业分工越来越细，但许多创新又往往来自那些交叉的领域。今天，学科分类和行业分类比任何时代都更加细致和多样，但这同时也意味着学科之间、行业之间的交叉融合比任何时代都更加密切、更加频繁。事实上，文化创意和设计服务已经贯穿于经济社会各领域、各行业，并由此催生出许多新产品、新业态。我们今天和未来要做的，就是将这种融合引向深入，开拓更加广阔的空间，促进经济发展全面转型升级。

二、设计引领与集成创新

（一）工业设计转型：高端综合设计服务

文化创意和设计服务与相关产业融合，将给诸多领域和行业带来新的生机与面貌。新一代的创意设计是一种智能化、人性化的集成创新，它可以促进信息技术的溢出效应的产生，推动消费升级、服务模式升级。就工业设计领域而言，将实现从传统设计向高端综合设计服务转变，推动消费品工业向创新、创造转变。以往的工业设计只要解决好功能与美感，即产品的外观美化问题就能获得消费者青睐，如今则需要在考虑除了功能、外观之外，进一步研究产品结构、用户体验和心理（文化）感受等更加多元、多向度的问题。这就要求工业设计从以往单纯的功能、外观因素，向功能、外观、结构、用户体验等方面拓展，将多种因素综合纳入视野进行考虑，使产品不仅能提供良好的功能、新颖的外观，还能提供便捷又新鲜的体验，甚至能引领一种以新的体验方式和美学感受为内涵的消费时尚。这无疑对创意设计提出了新的、更高的要求。苹果公司系列产品及其现今的辉煌，就完全得益于其出类拔萃、别具一格的工业设计。苹果公司曾经历了一个发展危机期，而化危机为生机的关键，除了乔布斯重返苹果之外，就是聘请了极富创新力的设计师乔纳森·伊夫。现今风靡全球的苹果系列产品就是出自这位天才设计师和他的团队之手。

乔纳森·伊夫的专业背景是艺术与设计学，其设计的核心理念是："在很多时候，设计是最直接把产品特点传递到人们脑子里去的方法。"他在工业设计领域最大的贡献就是开创了电脑的时尚时代——不仅因将色彩引入呆板的电脑设计而开创了炫目的 IT 产品新纪元，而且因其在界面功能、屏显方式及包括手感、触摸屏等用户体验方面独一无二的设计，带给用户颠覆性的全新体验和感受，由此引发了电子消费市场的一场划时代的革命。正是由于乔纳森·伊夫出色的创意设计，苹果公司实现了从工业设计向高端综合设计服务的转型，由此开启了一个全新的设计时代。乔纳森·伊夫也因此获得英国设计博物馆年度设计师奖，并被英国女王伊丽莎白二世授予“不列颠帝国勋章”。苹果手提电脑的设计，特别突出了用户体验的新颖性和便捷性，得到了用户的青睐。苹果自创的操作系统充分考虑到使用者的便利，更重要的是在便利的同时还提供了全新的感受，如纯手指触摸控制、可同时开启多个窗口等操作方式，给用户独特的、人性化的体验。特别需要指出的是，构成苹果核心价值的是包括操作系统、用户体验在内的系统设计，而苹果产品的大多数部件都由其他生产商制造，苹果甚至没有一家自己的生产性工厂，真正实现了从生产型向服务型的转向。

在这个用户需求驱动设计创新的时代，产品更新换代的节奏越来越快，用户要求也更加多变、苛刻。因此，重视创意设计、占领设计前沿就显得格外重要。尤其是在时尚界，产品更新换代的速度更是你方唱罢我登场，令人目不暇接、眼花缭乱，唯有紧跟潮流、占领先机，方能引领时尚、取得主动。西班牙世界著名时装品牌ZARA是西班牙 Inditex 集团旗下的一个子公司，它既是服装品牌，也是专营 ZARA 品牌服装的连锁零售品牌。它之所以能成为全球排名第三、西班牙排名第一的服装商，就在于其优异的设计和快时尚的经营理念。ZARA 的成功无疑要归功于其独辟蹊径的“快时尚”经营模式。它在传统的顶级服饰品牌和大众服饰之间开辟了一条新路，即以快速更替的时尚设计和中等价位的消费模式，迎合了一大批时尚青年的消费需要，由此开创了服饰行业的一大主流业态——

快时尚，成为服饰产业领域快速崛起、备受推崇的著名品牌。ZARA的经营理念真正做到了品牌精神与时代精神及消费需求的高度契合。但是，我们不要忽略一个重要事实，那就是支撑这一经营理念的高端、新潮、快捷而又符合市场需求的设计！没有相应强大的设计做后盾，ZARA 就不可能获得如此巨大的成功。ZARA 的成功因素简单说来就是设计快、生产快、送货快，这“三快”实现了其快时尚的经营模式。其中，“设计快”就必须要拥有一支庞大的、对时尚反应灵敏而有实力的设计师团队。ZARA 的服装设计师团队达到近 400人，平均年龄 25 岁。他们每周像空中飞人一般穿梭于巴黎、米兰、伦敦和东京等世界一流时装大都市，参加各种时装发布会，出入各种时尚场所，捕捉全球最前沿、最时尚、最新潮的时装设计趋势，而后迅速形成自己的产品设计，使得 ZARA 的服装款式永远紧跟时尚潮流。同时在生产、送货和营销方面，创造了快速更新、及时上市和款多量少的独特模式，由此赢得一大批追逐时尚潮流的消费者的推崇。

苹果和 ZARA 的成功表明，在新时代激烈竞争的市场领域，商家之间比拼的不仅是产品质量和价格，还包括一流的设计和被广泛认同的品牌形象，后者在很大程度上决定着产品的竞争力。很显然，设计力决定竞争力在今天已不再是艺术理论家们空洞的说辞，而是日益激烈的市场竞争中的真实现象。

（二）数字内容产业：技术与艺术双向互动

文化创意与信息技术的融合催生了动漫游戏、数字出版印刷、新媒体等新兴产业。随着信息技术高速发展和移动互联网迅速普及，信息产业对文化创意和设计的需求、文化传播对数字化和网络化的依赖，比任何时候都更加迫切和强烈；二者双向深度融合所催生的新型业态也比任何时候都更加多样多元。比如，腾讯依靠科技创新和产品创新，在短短十几年里快速成长为互联网领域的世界知名企业，旗下相关产品不仅数量众多，而且影响广泛，涉及通信软件、金融理财、微信微视、腾讯影音、浏览器、腾讯视频、腾讯音乐、手机腾讯网、腾讯娱乐、拍拍网、财付通、腾讯房产、电子期刊、腾讯文学、腾讯在线教育及众多游戏产品等。其中，2019 年 QQ 活跃用户超过 8 亿，微信活跃账户超过 11 亿，是目前使用人数最多的两款即时通信软件产品，腾讯成为中国最大的互联网通信应用软件服务商。2014 年，腾讯强势引入文化娱乐内容，试图打造互联网的娱乐帝国。经过两年“泛娱乐”试水之后，腾讯全面发力，将“互动娱乐”代替“游戏”成为主打产品，从而把战略核心从打造精品游戏转变为精品 IP，在思维方式上也从原来简单的业务叠加转变为主动策划。也就是说，腾讯的战略布局开始全面向内容创意进军——从网络通信和游戏向包括游戏、动漫、文学、影视、电竞等在内的泛娱乐转变，打造更多具有丰富和精致内容的产品，并拓展相关版权和授权等业务，同时提出“粉丝经济”策略，试图通过内容精品的打造，形成腾讯产品粉丝群，进一步扩大腾讯品牌影响力。由此足见文化与信息业的深度融合将带来巨大的发展空间，而在这一过程中，传统文化、传统媒体也将获得新的生机和活力。

新兴媒体日新月异的发展给传统媒体带来前所未有的压力和挑战。新兴媒体的快捷便利、灵活机动，以及即时性、立体化、互动性、参与性、随机性等特点，不仅带来了信息传播的革命性变革，而且改变了人们的交往方式、社群结构乃至生活方式，代表着未来媒体发展的新方向。传统媒体走出困境的路径之一，就是与新兴媒体进行深度融合。国家从战略层面已充分意识到这种融合的重要性和紧迫性，新近审议通过了《关于推动传统媒体和新兴媒体融合发展的指导意见》，强调要在遵循新闻传播规律和新兴媒体发展规律的基础上，用互联网思维，以先进技术为支撑、健康内容建设为根本，推动传统媒体和新兴媒体在内容、渠道、平台、经营、管理等方面的深度融合，实现优势互补、一体发展，打造一批适应当今时代媒体发展特点和趋势的形态多样、手段先进、具有竞争力的新型主流媒体。要实现这一重要战略构想，推动传统媒体与新兴媒体深度融合，首要的是充分了解和把握新兴媒体的优势和特点，寻求二者的结合点和生长点。刘奇葆对新兴媒体的特点进行了概括和表述，并对如何实现传统媒体与新兴媒体融合提出了方向性意见："要适应新兴媒体平等交流、互动传播的特点，树立用户观念，改变过去媒体单向传播、受众被动接受的方式，注重用户体验，满足多样化、个性化的信息需求。要适应新兴媒体即时传播、海量传播的特点，树立抢占先机的意识，高度重视首创首发首播，充分挖掘和整合信息资源，在信息传播中占据主动、赢得优势。要适应新兴媒体充分开放、充分竞争的特点，树立全球视野，强化市场观念，提高市场营销和产品推介能力，做大做强自身品牌。"①

要做到刘奇葆提出的三个"适应"，除了在宏观认识层面要跳出旧的思维框架、迅速改变观念外，在微观实践层面还要充分借助创意设计来实现融合发展。事实上，无论是传统媒体还是新兴媒体，抑或二者的深度融合发展，都离不开创意设计水平的提升——从内容创意到形式创新，从传播方式到表述方式，从话题设置到活动策划，从产品制作到媒介营销，几乎每一个层面、每一个环节都需要创意，需要精心策划和设计。特别需要指出的是，新兴媒体之所以能以前所未有的速度成长，除了信息技术日新月异的发展外，更重要的是新兴媒体行业集聚了一大批富有创造热情和探索勇气的年轻

---

① 刘奇葆：《加快推动传统媒体和新兴媒体融合发展》，《人民日报》，2014 年 4 月 23 日，第 6 版。

人；一些优秀民营企业较为完善健全的现代企业制度和宽松自由的文化氛围，给予了这些年轻人以充分施展才能和发挥创造力的机会。否则，我们很难设想阿里巴巴、腾讯等IT民营企业能够在短短十多年里创立那么多媒介产品，占据那么广阔的市场，吸引那么庞大的用户群体。因此，在促进传统媒体与新兴媒体融合发展的过程中，凝聚和培养一大批适应新时代媒介发展特点、富有创造活力的创新型人才是当务之急。

很显然，面对信息产业的高速发展，如何强化创意设计，促进文化内容与互联网、移动互联网的深度融合，推动传统媒体与新兴媒体的互动融合，催生新型业态，将成为文化产业未来提升经济和媒体竞争力的关键所在。但文化与信息产业的融合，不是内容与载体的简单结合，而是要构建一个复杂的产业链系统，这需要多方协调、互动合作、创新发展。如电信网、计算机网和有线电视网三网融合之后，将形成强大的信息传播能力，如何保证有足够的内容支撑，就是一个复杂的系统工程，也是一个全产业链体系建构过程。这其中包括软硬件的建设，涉及电视终端、交互式网络电视在内的通信设备制造、网络运营、集成控播、内容服务商等之间的互动合作，还需要有相应的服务平台作支撑，如建立智能终端产业服务体系，实现从产品设计制造、内容服务、应用商店模式的整合发展，由此形成全产业链体系，提升整体竞争力。

（三）大旅游：转变带来新生

旅游业是一个综合性强、涉及面广、绿色环保的产业，有相当广阔的发展前景。传统旅游产业的发展面临新的瓶颈，需要借助高水平的创意设计促进其转型升级。国务院新近出台的《关于促进旅游业改革发展的若干意见》中，明确提出旅游业要加快转变发展方式，实现如下三个“转变”：一是旅游产品向观光、休闲、度假并重转变，满足多样化、多层次的旅游消费需求；二是旅游开发向集约型转变，更加注重资源能源节约和生态环境保护，更加注重文化传承创新，实现可持续发展；三是旅游服务向优质服务转变，实现标准化和个性化服务的有机统一。这些转变的核心目的，就是要赋予旅游更丰富的文化内涵，使之更具个性化与多样化——旅游不仅仅是观光游览，而且融合了康体、养生、运动、娱乐、体验及文化消费等综合旅游服务。这就需要借助创意设计来提升旅游文化内涵、提高旅游产品质量、丰富旅游项目内容。譬如，要实现旅游产品观光、休闲、度假并重，适应游客多样化、多层次和个性化需求，就必然要依靠优秀的创意设计来实现产品的人性化和个性化。现今乡村旅游和个性民宿的逐渐升温和走俏，就得益于特色鲜明的休闲项目的设计开发，得益于个性化民宿及其特色餐饮服务的精心设计。旅游消费市场细分加剧、客户诉求提升，势必倒逼旅游产品和服务在个性化设计上不断提升与完善。在旅游产品类型开发方面，也有许多新的发展空间有待拓展，如体育旅游、健身旅游、医疗旅游、乡村旅游、工业旅游、低空飞行旅游、铁路旅游、会展旅游、研学旅游、老年旅游等。这些旅游项目及其相关旅游纪念品的开发，都离不开系统的、高水平的创意设计。同时，旅游业与互联网的融合创新也能催生新的增长点，如可通过创新地理信息系统，构建数字文化和数字景观景点信息平台，实现旅游文化资源的数字化运用，改变传统旅游信息服务方式，提升现代旅游服务水平。

旅游业发展新空间的开拓，一个很重要的方面就是创意农业。作为第一产业的传统农业，其收益仅限于农产品，从粮食、蔬菜到水果、花卉，乃至地方农副土特产，都属于低附加值的产品，其经济效益的提升空间十分有限。创意农业则能实现传统农业向现代服务业转变——农耕体验、田园观光、乡土文化、农事景观、楼宇农业、阳台农业、特色农产品，以及地理标志产品、绿色环保产品和原产地标记产品等——这种转化同样需要依靠创意设计去点化、去提升、去运营。同时，创意农业也可以成为旅游业的重要内容之一，推动二者融合发展，既能提升农业附加值，又能丰富旅游内涵，实现互动互补、互利互赢。

文化创意是文化产业的高端部分。文化产业在经历了规模的快速发展阶段后，将进入内涵式发展阶段，当下特别需要推进发展方式的转换，依靠政策红利释放的文化发展活力毕竟是短暂和有限的。以人力和自然资源为主要依托的文化产品，不仅附加值低，而且缺乏竞争力和可持续性。文化产业发展方式的转变，就是要强化创意和设计含量，提升文化产品和服务的品质内涵，增强原创性和市场营销能力。特别要关注文化消费市场趋势，关注网络时代消费特点，关注年轻消费群体的消费习惯，关注当代文化的创造与传播。对以新媒体为代表的新兴文化产业，要紧跟和引领时代潮流，开拓新领域，扩展新空间。对传统文化资源，要保护与利用并重，以创意活化资源，推动传统文化以新的面貌走进当代社会，走进日常生活。如特色传统工艺美术、地方戏曲等，要借助文化创意与设计，使之与现代文化、现代消费方式相融合，创造出适合当代社会文化消费习惯和审美需求的文化产品和服务，全面提升文化产业的发展水平。

创意设计对于推动各行业创新发展、融合发展，促进经济转型升级无疑具有举足轻重的作用，同时创意设计还对人居环境质量的提升和特色文化城市的打造具有至关重要的推动作用。作为高端服务业，创意设计水平直接关系到建筑、园林、景观、装饰、家居、公共艺术等日常生活环境的质量与品质的提升，也关系到城市规划的科学性和城市文化特色的形成。同时，创意设计还对包括博物馆、艺术馆、美术馆、历史街区、古建筑、工业遗产、农业遗产等公共文化设施和遗存，在展陈水平的提高、功能的完善和发挥方面，起到不可忽视的作用。如，苏州博物馆作为市一级的地方博物馆，馆藏内容不见得很丰富，但由于新馆的建筑独具匠心地将苏州古典园林元素和现代元素进行完美的融合，园林布局的展馆所带来的活泼灵动的展示方式，以及展示内容结合本土与现代，使得这个规模不大的博物馆集聚了不少的人气，成为苏州市一张亮丽的城市名片。

虽然人居环境的提升本身不具有直接的经济和产业意义与价值，但却是一个城市或地区文化行销的重要基础，是能够让人们在日常生活中随时感受到优雅美丽环境的保证，也是一个城市和国家文化软实力的重要体现，而这种软实力将间接地对推动相关产业的发展发挥重要作用。

三、深度融合与创造性设计

从以上分析，我们不难看出，创意设计已经广泛渗透和融入经济、社会、文化及日常生活的各个层面。这表明当今社会发展呈现出一个新趋势，即任何一个领域和行业都不可能单打独斗、孤军奋战，而需要更多地与其他领域进行融合。于是，跨界融合、混业经营成为普遍现象，集成创新成为时代新潮流。古代社会，农业与手工业没有明确的分野，进入现代社会之后，随着工业革命和科技进步，行业分工越来越细，社会管理体制和结构也随之发生重大变化。进入信息社会以来，细致的行业分工开始彼此交叉，走向融合发展——其动力来自于各行业自身转型升级的需要，以及后工业时代经济发展的特点。就创意设计本身而言，其重要性在这个以互联网、新媒体为主导的后工业时代日益凸显，它不仅已成为诸多领域和行业核心竞争力的重要体现，而且在新的行业融合趋势中，发挥着极为重要的媒介和黏合剂的作用——创意设计除了本身融入各行业之外，还在行业之间的融合中起着穿针引线、嫁接融通的重要作用。

英国早在20世纪70年代就开始重视创意设计，前首相撒切尔夫人甚至提出“英国可以没有政府，但绝不能没有工业设计”的口号，并规定英国的孩童从4岁到14岁要接受义务艺术设计教育。经过数十年的努力，英国的创意产业有了突飞猛进的发展，不仅助推当时已失去优势的传统工业走出了困境，而且成为世界创意产业的领跑者。在某种意义上，今天的创意设计是在更宏大的背景、更宽广的领域展开人类文明的创造。这一创造的最大特点，就是让进入现代社会以来越分越细的行业，通过彼此之间的交叉、融合，不断催生出新的业态、新的生长点、新的生活方式，甚至新的理念。

在跨界融合、混业经营成为大趋势的今天，我们应当避免为融合而融合的“拉郎配”式的行为——缺乏市场基础和内在动力的融合，往往导致人力、物力和财力等资源的浪费。为此，我们需要在一个更具宏观性、根本性的层面探究与思考这样一些问题：什么是创意设计的灵魂与真髓？如何保证创意设计与相关产业实现有机融合、创造性融合与有效融合？

创意设计不是简单的一个点子、一个方案、一张设计图，那只是外在的表现形式。创意设计所呈现的每一个点子、每一个方案、每一张设计图的背后，都凝聚着对既往历史、文化和思想资源的汲取和提炼，凝聚着对已有科技成果的创造性利用，是人类文明创造的一种延续，体现着创意主体独特的思考角度、理性观察和审美洞识；而蕴含于创意设计深层的，则是对事物的独特理解和把握，是对世界的理性立场、情感姿态与价值观念的表达——这才是创意设计的核心与灵魂。一种创意设计的产生与实践，事实上是某种价值观念和情感姿态的表达和直观呈现。因此，创意设计必须有先进的文化理念作为其灵魂与核心，否则就不可能成为优秀的创意。在这个前提下，创意设计与相关产业的融合还需要把握如下几点：

1. 有机融合

有机融合是指要找准创意设计与相关产业的结合点。在这个结合点上展开的创意设计及其融合实践，一方面能够有助于相关产业按其自身规律发展，另一方面有利于该产业文化内涵和附加值的提升。在创意设计被前所未有地强调的时候，往往容易导致生搬硬套、牵强附会的行为出现，将所谓的创意人为地、机械地、贴标签式地与某些产业和产品相联系，产生一些不伦不类，甚至令人啼笑皆非的结果。比如，一些城市不考虑当地历史文化传统，也不考虑本土建筑的风格特点，更不考虑本地居民的审美习惯，生硬地照搬国外某些历史文化符号作为大型公共艺术景观，导致其与周边人文环境极不协调，完全破坏了原有的城市特色景观。就更大范围而言，大规模的城镇化建设中，许多历史文化名城的固有风貌遭到前所未有的破坏，原因之一就是城镇建筑设计没有很好地考虑本土建筑的风格与元素，也没有顺应已有风格进行有机改造。我国著名建筑学家吴良镛先生对北京菊儿胡同的改造方案，就充分考虑传统四合院的建筑风格，在尽量不破坏传统建筑风格和城市肌理的前提下，设计了基于“有机改造”理念的菊儿胡同新四合院建筑，被联合国授予最佳人居设计奖。不难看出，只有这样的有机融合才具有创意设计的价值和意义。

2. 创造性融合

创造性融合就是要在有机融合基础上，进行富有设计感的创新性实践，形成独有的风格和独立的知识产权。如果只是简单地模仿古人或照搬国外现成的东西，这样的设计尽管可能做到有机融合，但却不具有创造性，不能以自身的知识产权获得核心价值与竞争力。

就服装设计而言，我们显然不能让今天的人们穿上古人的服装，但却可以将古代服装（如唐装、汉服等）的图案、花饰、色彩等元素有机地运用到现代时装的设计中去。21 世纪最初十年曾流行的许多“民族风”服装流派，就大量运用民族传统元素设计制作时装，形成独具一格的时装风格。现今日趋流行的古典家具则在引入现代家具设计理念和风格的基础上，摆脱了中规中矩、庄重古朴的传统家具风格，逐渐形成轻盈简洁、灵动活泼的新中式、新古典风格的家具。新中式家具在保留传统中式风格的基础上，融入大量现代元素，创造性地实现了传统与现代的融合。

3. 有效融合

有效融合不仅指符合行业特点和需要的融合，而且还要适应相关产业市场拓展的需求与可能，是着眼于市场角度而言的。既然是为推进相关产业发展进行的融合，就不能满足于简单地赋予产品文化内涵，而要充分考虑这种融合是否有助于提升相关产品创意设计水平，促进品质提高，是否能适应和满足消费者心理需求，使产品拥有更大的市场空间。创意设计与相关产业的融合，如果提供的仅仅是一种纯粹的、理想化的创意产品和设计产品，缺乏市场空间和前景（概念设计除外），就可能成为一种脱离现实的空想。许多时候，设计师可能会因为一味追求创新而提出一些脱离实际、无法实现（市场效应）的设想与方案，这不仅会导致资源、资本的浪费，而且无助于产业的良性发展。当然，这不等于说要排斥前卫的探索和大胆超前的创新，而是要区分那些不切实际的设计与前瞻性设计之间的差异——前卫、先锋的创意设计，不是无源之水、无本之木，而是与一定的文化传统、时代精神有着内在深层的联系，预示着历史发展的某种趋势和方向，是对于未来世界的一种先行的探索和尝试。

毫无疑问，创意设计与相关产业的融合效果如何，不仅取决于创意设计本身水平的高低，而且取决于对其他相关产业自身特点的把握是否到位。这涉及对诸多产业和行业特性的了解，以及文化创意和设计在什么面向和角度与之结合，其中还涉及如何在新的概念和范畴里进行新的融合与尝试。毕竟，这是一个新的领域，需要长期不懈努力和探索；同时，这又是一个已经取得许多成就的领域，需要不断总结和汲取经验，在更广阔、更深入的层面进行创造性的拓展。

传统的优化与当代选择

当代中国，有两个规模空前的实践活动正在发生：一个是日新月异、突飞猛进的城镇化建设，一个是风头正劲、方兴未艾的文化产业发展。这两项实践活动无疑在很大程度上推动了我国经济建设、社会建设和文化建设，也由此成为中华民族正在崛起的表征之一。

但也正因为这两项实践活动，尤其是城镇化建设，具有前所未有的规模速度、覆盖广泛的领域与复杂庞大的体系（城镇化建设涉及社会、文化、经济、建筑、城乡规划、能源、交通、环境保护等诸多方面，而不只是单纯地以人口在城乡中的比例来衡量），因而不可避免地导致许多偏差和失误的出现——许多问题未经深思熟虑便匆忙行动，许多想法未经科学论证就付诸实施，许多事情未做充分准备就急切动手，许多创意不分优劣就草率采纳……

其中最令人担忧的，便是大量历史街区、传统村落及古建筑遭到破坏与毁损。大规模、高速度的城镇化建设，使得文化遗产的保护面临艰难、危险的困境。

一、认知错位与传统流失

国家现代化建设的一个重要构成就是农村的城镇化，在迈向工业化、农业现代化的过程中，拥有广阔乡村的中国正处于城镇化建设高速发展时期。城镇化在一定程度上推动了农村经济发展和农业现代化建设，提高了农民生活水平，稳定了农村经济基础，缩小了城乡差别。但由于这个过程来得十分迅猛，如何使中国传统乡村文化，尤其是具有历史文化价值的古村落，在不破坏、不损害的情况下，平稳地进入现代社会，目前尚未找到一条科学、合理的路径，以致大批的传统村落在推土机的轰鸣声中，一个接一个地永久性消失了！

中国的传统文化，除了历史文献和文化经典之外，相当一部分体现和保留在城市历史街区和乡村传统村落之中，同时也以活态形式保留在这些历史街区和传统村落的生活习俗、民间文化之中，正是它们构成了中华文化的重要根基和源泉。但是，在大规模的城市改造、乡村城镇化浪潮中，号称东方文明古国的中华大地，“文化水土”正在大面积地流失，中华文化的根基正被动摇着。我们来看看下面这些令人触目惊心的事实：

——我国现有国家命名的历史文化名城 114 个，历史文化名镇名村 350 个，其中名镇 181 个，名村 169 个。但这些顶着国家级文化遗产名头的城市和村镇，真正完整保留并在整体上具有古城、古镇、古村落风貌的已经所剩无几。就名城而言，几乎只有山西的平遥古城才是一个真正意义上的完整的古代城市（有保存完好的古城墙、古民居建筑格局，整座城市没有任何现代建筑）。其他所谓的名城，都已经成为现代都市，只是在规模空前的现代建筑群中拥有众多古建筑群落而已，难以被视作严格意义上的“古城”。

——湖南大学中国村落文化研究中心课题组曾对我国（长）江（黄）河流域，以及西北、西南17个省113个县（市）中的902个乡镇的传统村落进行实地考察，结果显示：2004年，这些地区颇具历史、民族、地域文化和建筑艺术研究价值的传统村落总数为9707个，至2010年仅存5709个，平均每年递减7.3%，每天消亡1.6个传统村落。在一些经济发达地区，传统村落消亡的速度更快。

——自2007年以来，我国在大规模城市化和城镇化建设中，因为决策和人为的因素，导致3万多个文化遗产永久性消失。而在这个过程中被破坏的，还不包括那些在许多人眼里算不上文化遗产的近现代工业文化遗产、农业文化遗产和20世纪文化遗产等。

——我国号称文化资源大国，实际的文化遗产数量并不让人乐观。国土面积只有中国七十四分之一的英格兰，文化遗产数量竟然比我国还要多：就建筑文化遗产而言，拥有登录保护建筑50万处，而登录的保护区则有8000多处；相比之下，我国登录的不可移动文物只有40万处，保护区也只有数百处。在欧洲许多发达国家，现代化程度远比我国高，但文化遗产并未因此受到大规模的破坏和其他明显的负面影响。

——改革开放以来，我国对文化遗产保护越来越重视，先后公布了若干批历史文化名城、名镇、名村，以及数量众多的全国重点文物保护单位，为文化遗产保护奠定了良好基础。但这些上了国家保护名单的文化遗产，虽然避免了被损毁的厄运，但许多遗产因经费、管理等原因，保护情况并不令人乐观，尤其是一些大体量、综合性的名城、名镇、名村，其整体景观、建筑格局等未能得到有效保护，依然遭到各种形式的破坏和损毁。

——某些国家级乃至世界级的文化遗产，虽然被较为完好地保留下来，但由于过度的旅游开发、超负荷的游客流量等而导致的破坏现象也屡见不鲜。最典型的如作为世界文化遗产的丽江古城，大量酒吧、餐饮、小商铺和人流给古城带来的破坏，已引起世界遗产委员会的关注，并在新西兰召开的第31届会议上做出决定，启动反应性监测机制，对丽江古城的保护状况进行评估，其理由是“注意到遗产地未加控制的旅游业和正在进行的其他开发项目所带来的问题，可能会给遗产价值带来负面影响”①。

文化遗产保护所面临的严峻形势警示我们：在中华民族迈向现代化的过程中，在大规模的城市扩张、改造及城镇化建设中，必须看到文化遗产所遭受的“建设性破坏”和“保护性破坏”的严重性，其后果，是许多我们先人用智慧和汗水构筑起来的不可再生、不可复制的珍贵遗产的永久性消失，最终将导致民族文化水土的大量流失和文化根基的动摇。

对这一状况产生的原因，我国许多知名学者和文化专家早有深刻的分析。单霁翔就指出：“人们常说中华文明是绵延不绝、没有断裂的，是具有强大生命力的，但是在现实中却对传统文化缺乏应有的认知，视而不见，未能使传统文化在城市发展中得到应有的传承和弘扬。”② 还有一种情况是“一些人将传统文化与封建文化相提并论”，“在对待传统文化的问题上，批判多于继承，否定多于肯定，导致一些人对自己民族传统文化的无知，缺少自尊与自信”③。著名人居环境科学家、两院院士吴良镛也指出，城镇化建设中古建筑遭到破坏的原因，“尽管情况错综复杂，其共同点则可以归结为对

---

① 第31届世界遗产委员会会议7B.69号文件。

② 单霁翔：《文化遗产保护与城市文化建设》，北京：中国建筑工业出版社，2009年，第126－127页。

③ 同②，第127页。

传统建筑文化价值的几乎无知与糟蹋，以及对西方建筑文化的盲目崇拜”①。

认知决定行为，对什么是文化遗产，对文化遗产的价值和意义的认识不到位，就不可能有相应的保护行动，更不会有科学理性的规划；而认识的深浅及是否到位，则决定着保护意识的强弱、保护决心的大小。如今，尽管经济建设依然是我们工作的中心，人们对物质生活水平的要求日益高涨也无可厚非，但由于对什么是文化遗产、保护文化遗产的意义缺乏认识，往往导致以经济建设的需要替代、覆盖了文化遗产保护和文化建设的需要，或者采取不正确的方式进行所谓的文化遗产保护。

事实上，文化遗产作为中华文化的重要组成部分，积淀着中华民族最深刻的精神追求，包含着中华民族最根本的精神基因，代表着中华民族独特的精神标识，是中华民族生生不息、发展壮大的丰厚滋养，也是中华民族自强不息、团结奋进的重要精神支撑。割裂和损毁几千年积淀、构筑起来的各种形态的文化遗产，就阻断了中华文化源远流长的文脉，失去我们民族独特的文化标志、文化精神。中华传统文化不仅是创造当代文化新辉煌的起点和出发点，也是持续推动经济社会发展的源泉和动力。

在今天现代化进程越来越快的情况下，我们要比任何时候都更加充分认识到，现代化不是西方化，城镇化既不能将传统文化“化为乌有”，也不能照搬国外的模式，而要着眼于长远，慎重对待传统文化，同时结合中国本土的特点和需要进行改造和建设，走适合中国自身特点的发展道路。中国独特的文化传统正是形成中国独特发展道路的精神依据和精神指南。从这个意义上说，城镇化过程中对

① 吴良镛：《论中国建筑文化研究与创造的历史任务》，《城市规划》，2003年第1期。

传统文化遗产的破坏要引起高度重视，并尽快采取切实有效的措施加以阻止——有效的保护措施每延迟一天实施，中华民族的文化水土就会多流失一分！

二、现代化进程中传统如何安放

如果说大规模城市建设主要构成对传统物质文化遗产的威胁，那么，来自西方文化大规模的入侵，来自当代大众文化的挤压，则从另一个方面对非物质文化遗产构成吞噬和侵害。

在电视、网络尚未普及的年代，报纸、图书所传播的主要还是中国本土文化，西方著作文章的译介虽然也曾一度兴盛，但总体数量仍占少数。如今，电视广为普及，互联网也进入千家万户，欧风美雨以更加便捷的渠道大规模进入，导致西方文化、西方价值观深刻影响着当代中国人，尤其是年轻一代。

从城市建筑文化角度看，国人一度形成对西方建筑文化的盲目崇拜，在每年大量历史街区、传统村落消失的同时，却有大量复制、效仿、照搬各国文化符号的建筑样式雨后春笋般涌现，如此发展下去，不久的将来，中国的许多城市将从建筑、街道、园艺，到指示系统、公共艺术等，都完全失去本民族文化符号，与中华民族文化传统彻底断裂。我们的城市和乡村，将失去自己的民族记忆，这是非常值得担忧，也是非常可怕的。前国家文物局局长单霁翔从更为专业化的角度，一连用了五个“不分”一针见血地指出城市建筑规划和设计存在的问题：“越来越多的建筑设计不分气候特点与自然条件、不分地理位置与环境关系、不分历史渊源与文化背景、不分原有风貌与特色景观，不分城市性质、规模布局的种种差异，而是采取简单的模仿、盲目的复制，以及立足于推平头式拆迁后再重新建设的方式。"① 甚至连外国专家都意识到这种危机的严重性。吴良镛院士曾引用前英国皇家建筑学会会长帕金森的话："中国历史文化传统是太可珍贵了，不能允许它们被西方传来的这种虚伪的、肤浅的、标准的、概念的洪水所淹没。我确信你们遭到了这种危险，你们需要用你们的全部智慧、决心和洞察力去抵抗它。"②

一个西方学者尚能向我们提出如此重要的警示，作为中国人更应该幡然警醒，刻不容缓地拯救和保护我们的文化遗产！习近平总书记就曾深刻地指出：一个没有历史记忆的民族是没有前途的。我们要牢记这一教诲，切不可为了西方式的现代化和粗放的城镇化建设，而去冒失却民族记忆的危险！

从大众文化消费角度看，由于相当一部分媒体缺乏必要的社会责任意识，同时受到商业利益的驱使，舆论导向出现偏差，形成对西方流行文化的追捧——从电影到流行音乐，从动漫到网络游戏，甚至西方的各种时尚文化，占据了相当大的市场。当然，在这个方面，本土的流行文化也有不少宣扬民族风的通俗文化产品，体现出对传统文化的崇尚和扩大其在当代社会传播的努力，甚至可以看作是传统文化在当代的发展。但是，大部分以非物质文化遗产形态存在的传统文化，在流行文化的挤压下，难以进入当代文化消费领域。因为商业社会强大的资本力量的推动，流行文化无孔不入、无处不在地渗透到我们生活的各个层面，它不仅拥有数量众多的消费者，还培养了一大批忠实的追随者，甚至大众本身也参与到流行文化的创造之中。流行文化抢夺了广大的文化市场，也吸引了广大的消费者。相形于流行文化的强大生命力，传统非物质文化不仅处于受冷

---

① 单霁翔：《文化遗产保护与城市文化建设》，北京：中国建筑工业出版社，2009年，第134页。

② 吴良镛：《吴良镛学术文化随笔》，北京：中国青年出版社，2001年，第205页。

落的地位，而且面临严重萎缩、衰退和消亡的命运。

尽管今天的人们也在利用包括历史文献、古典名著、民间文艺和非物质文化遗产资源在内的传统文化资源来创作、生产文化产品，但在商业逻辑的制约下，并没能很好地遵循基本的尺度和标准，或将传统文化庸俗化地演绎成低俗作品，或将历史文化中不适合现代社会甚至是腐朽没落的东西作为取悦今人的元素大加宣扬，这就本末倒置地将文化的正能量丢弃一边，而利用现代传媒的便捷去扩散传统文化的负面效应。倘若以这类文化产品为主流充斥我们今天的娱乐市场，其后果可想而知。

事实上，在流行文化盛行的欧美，传统文化依然得到很好的保护，人们并未因为流行文化的商业价值而放弃对传统文化的传承。例如，法国拥有世界最前卫的现代艺术，蓬皮杜艺术中心汇聚全球现代艺术的精华，引领着世界现代艺术的发展潮流。但法国对本土文化却始终给予最大限度的保护，无论是法律的制定，还是资金的投入，抑或国际贸易中文化例外原则的提出，都体现了政府乃至民间对传统文化多维度的保护。就是历史短暂的美国，也十分重视历史遗迹和文化遗产的保护。欧美国家形成了传统文化与现代文化并行发展、互相促进的格局——传统文化作为根基和源流，为现代文化艺术的发展提供了丰厚的土壤与营养，现代文化的创新理念也为传统文化的延续和当代发展提供了活力和途径，使得西方文化多样性成为可能。

三、先进理念与传统拯救

今天，随着我国义务教育的普及和高等教育的发展，国民的整体文化素养有了很大的提高。但现实生活中，仍然有相当一部分人缺乏文化遗产的保护意识，甚至对什么是文化遗产没有完整、正确的认识。

要正确、科学地认识什么是文化遗产，并非人们想象中那么简单，这是因为，文化遗产概念的内涵与外延是随着时代的发展而变化的。“文化遗产不是在时间和空间上凝固不变的对象，对于文化遗产的认识也将永远处于发展变化之中。”①

当下，文化遗产包含的范围远比我们所意识到的范围宽广得多。一方面，文化遗产的类别不断扩大：由文物、古建筑、古遗址，扩大到历史街区、古村落、非物质文化遗产和文化生态区，再扩大到文化环境、文化景观、文化线路、系列遗产、工业遗产、农业遗产、20世纪遗产等等，从更广泛的意义上说，城市、乡村本身就是一个巨型的文化遗产。另一方面，文化遗产保护的思想观念也在不断变化：从保护建筑艺术精品，如宫殿、教堂、寺庙，到保护与普通人生活密切相关的一般建筑，如乡土民居、工业建筑等；从保护文物到保护文物的环境；从保护单体的文物古迹到保护历史地段、历史城市；从重视古代文化遗产到重视近现代的文化遗产；从保护与当今生活已无关联的古建筑遗址，到保护现在还有人继续生活、继续使用的建筑遗产、历史街区等；从保护单一要素的文化遗产到保护多种要素的综合性文化遗产，如保护包含若干国家、若干城市的“文化线路”；从保护物质文化遗产到保护非物质文化遗产，并研究二者的关系，保护二者的综合体；从专家保护、政府保护到民众保护、社会保护。

因此可以说，全面了解文化遗产的内涵、外延，树立新的保护观念，是有效保护文化遗产的前提。

---

① 单霁翔：《文化遗产保护与城市文化建设》，北京：中国建筑工业出版社，2009年，第329页。

文化遗产的价值不仅在于其不可再生性，还在于其独有的文化特质所形成的文化个性，更在于其所蕴含与彰显的文化基因与文化理念。同时，丰富多样的文化遗产还是维系文化多样性的前提，没有了文化多样性，就如同没有了生物多样性那样，人类的精神家园将因此黯然失色。但文化遗产的价值还远未被公众所认识，这造成我们身边的文化遗产随时随地在流失。

曾经有位文化专家，他对周边的文化存在有非常敏锐的感触，许多在常人眼里与文化遗产毫不沾边的事物，在他眼里都被视为文化遗产。正如加拿大学者保罗·谢弗所言："当从整体的角度去认识人类文化遗产时，最清楚地突出在我们眼前的是数量之巨大和无所不包的丰富，并且它无处不在。"① 然而我们现实中太缺乏这种认知和意识了。事实上，这种认知对非物质文化遗产而言尤为重要。由于非遗是以传承而非物质的形态存在，在现代化过程中，许多传统手艺、技艺和工艺逐渐失去了实用的、现实的价值，因而很容易被人忽略甚至遗忘。同时，非遗多分布和散落于民间（更多的是散落于乡村），且与民众日常生活融为一体，民众的认知程度决定着保护的程度。处于行政管理末端的乡镇，相对薄弱的行政执行力使得民众自发的保护显得尤为重要。然而，乡村文化程度普遍较低的现实，又很难期望民众有必要的认知。在乡村考察中，笔者曾目睹一位企业家的大宅院里堆满了大量民间淘来的石刻、木雕及各种工艺品，甚至在自家的山庄里建起一个小型的博物馆，以及由整体拆卸搬迁再重建起来的"古民居"，足见乡村在改造过程中，其文化遗产遭破坏的程度。

那么，我们该怎样去提高民众对文化遗产的认知？又怎样去加

① D. 保罗·谢弗：《革命还是复兴：从经济时代向文化时代转变》，高广卿、陈炜译，北京：社会科学文献出版社，2006 年，第 494 页。

强民众非物质文化遗产的保护意识呢？

法国前总统奥朗德酝酿和制定了一系列旨在进一步保护和促进法国文化、推动文化发展的法律，其中包括《表演艺术指导法》《资助表演艺术法》《文化例外法案》《视听管理改革法》等。值得注意的是，这一系列法律条文中有一个旨在进一步提高法国艺术教育水平的《国家普及艺术教育法》，其主要内容是让法国的孩子能够在从幼儿园到大学的读书期间免费接受艺术教育。这一法律的深远意义在于，它不仅有助于提升法国全民艺术教育水平，更是可以通过艺术审美水平的提高以达到提升整个国家文化软实力的战略目标。我国的全民艺术教育显然还处于起步阶段，应当尽快采取相关措施，从现在做起，补上这一课。

与新的文化遗产概念相呼应的，是要树立新的保护意识和整体性保护原则。新的保护意识要体现对文化遗产的高度尊重，我们宁可将发展的速度放慢一点，也要审慎对待遗产的处置。整体性保护原则，即要将相互关联的文化遗产，以及与文化遗产有内在联系的其他因素如自然环境、人居环境等，作为一个整体或一个体系来看待，“要求将文化遗产及其周边环境作为一个整体，保护不仅限于其本身，还要保护其背景环境，特别是对于历史性城市更要保护好历史街区的整体环境”。不仅如此，还要进一步做到真实性保护，避免搞假古董式的保护，即不能随意改变文化遗产的原来面貌，包括其拥有的全部历史信息，“真正的保护不应该使原有居民成分发生急剧变化，不应让传统的生活方式骤然消失，而应该在整体上保持一种渐进演化，让历史街区和其中的居民共同讲述真实的故事，把历史遗存、传统记忆与地域文化同时留下”①。

① 单霁翔：《文化遗产保护与城市文化建设》，北京：中国建筑工业出版社，2009年，第329－331页。

对文化生态保护区，还要探索系统性的、活态保护方式，即对保护对象中的物质文化遗产、非物质文化遗产，以及与之相关联的自然环境、生活方式等相关元素，进行整体、系统、活态的保护。

四、传统：前世与今生

传统文化保护的一个重要意义，在于维护文化的多样性。文化多样性使得我们身处的世界多彩多姿、生机蓬勃。文化多样性的维护关键在于持续不懈地保护各个国家和民族的传统文化，同时推动当代文化及流行文化的发展。任何偏废都将导致文化同质化，并最终走向千篇一律、单调无味的大一统文化。但是，文化多样性的维护在当代遇到重重阻力，可谓步履维艰；探索传统文化与当代社会的接轨，更是一个宏大的课题。在此，我们仅以若干当代建筑领域的成功案例，来简要考察传统文化如何与现代社会接轨。

建筑是人类文明的一个重要组成部分，独特而精美的建筑往往承载着丰富多样的文化符号，通常也是一个民族文化的重要体现和形象表达。人类历史发展到今天，建筑已不仅仅是满足人们居住、生活和生产的需要，而是凝聚着极为丰富的文化内涵，“是城市历史、文化和精神的建筑语言表达，需要精雕细琢。而目前城市建设速度不断加快，建筑师们静心思考设计的时间越来越短”①。

中国传统建筑文化博大精深，其独特的建筑风格与深厚的美学内涵，成为人类建筑史上自成一体的建筑文化，其中不乏巧夺天工、精美无比的经典之作，不愧为人类建筑文化的瑰宝。但传统建筑文化如何适应当代社会经济、文化发展需要，如何与自成体系的当代

① 单霁翔：《文化遗产保护与城市文化建设》，北京：中国建筑工业出版社，2009年，第134页。

建筑相融合，如何延续众多历史街区和传统村落的文脉，一直是多年来人们孜孜探求的难题。

建筑设计从广义上说也是文化创意产业的组成部分，如，英国对文化创意产业的13个分类中，就包含有建筑设计。在城市改造和城镇化建设中，不可避免地会在很大程度上依靠富有创造性的建筑设计；在历史街区和传统村落的改造中，更需要人们依靠高度的智慧和创造性的思维来解决传统与现代的接轨问题。

早在新中国成立初期，如何对北京这座世界闻名的历史古都进行保护和建设，使其适应作为现代城市和首都的现实需要，著名建筑学家梁思成、陈占祥曾提出过在今天看来非常富有远见和创意的方案。两位建筑学家在1950年2月正式提出了《关于中央人民政府行政中心区位置的建议》，史称“梁陈方案”，该方案的核心观点是：疏散旧城压力，行政中心西移，在西面建立新城。即在旧城区之外的近郊建设新的行政中心，将中央政府的办公区域设在旧城区之外。考虑到保护北京古城原貌的需要，方案陈述：“北京为故都及历史名城，许多旧日的建筑已为今日有纪念性的文物，不但它们的形体美丽，不允许伤毁，它们的位置部署上的秩序和整个文物环境，正是这座名城壮美特点之一，也必须在保护之列，不允许随意掺杂不调和的形体，加以破坏。”“如果把大量新时代高楼建造在文物中心区域，它必会改变整个北京街型，破坏其外貌，这同我们保护文物原则是相抵触的。”考虑到提高首都行政中心办公效率的需要，方案建议：“现代行政机构所需要的总面积至少要大于旧日的皇城，还要保留若干发展余地。在城墙以内不可能寻出位置适当而又具有足够面积的地区”，因此，“我们必须决心展拓新址，在大北京界区内建立切合实际的、有发展性的与有秩序的计划”，并指出这是“新旧两全的安排。所谓两全，是保全北京旧城中心的文物环境，同时也是避免新行政区本身不利的部署”。

“梁陈方案”还富有预见性地指出，如果北京旧城改造的原则发生错误将导致的后果：“今后我们则应由自觉的责任，有原则性地来保护它，永远为人民保护这有历史艺术价值的文物环境，”“如果原则上发生错误，以后会发生一系列难以纠正的错误。”方案还全面阐述了所提建议的理由：北京的城墙是适应当时防御的需要而产生的，无形中它便约束了市区的面积。在新时代的市区内，城墙的约束事实上并不存在。城乡不应尖锐对立。今日城区的拥挤，人口密度之高，空地之缺乏，园林之稀少，街道宽度之未合标准，房荒之甚，一切事实都显示着必须发展郊区的政策，其实北京市人民政府所划的大北京市界内的面积已 21 倍于旧城区，政策方向早已确定。

方案的最后，连续用了八个“为着”来强调建议的依据和目的：“为着解决北京市的问题，使它能平衡地发展来适应全面性的需要；为着使政府机关各单位间得到合理的且能增进工作效率的布置；为着工作人员住处与工作地区的便于来往的短距离；为着避免一时期中大量迁移居民；为着适宜地保存旧城以内的文物；为着减低城内人口过高的密度；为着长期保持街道的正常交通量；为着建立便利而又艺术的新首都，现时西郊地区都完全能够适合条件。”①

然而，非常遗憾的是，这一观念超前、设想合理、理由充分、富有远见且无可辩驳的方案却没有被采纳，导致一个举世无双、不可再生的东方中国古代城市建筑的典范之作不复存在，这个由中华民族卓越智慧所创造的人类文化的无价瑰宝，从此永远地消失了。那个年代的北京城，从总体轮廓上和城区范围说，基本保留了明清时期古都的格局，内城面积 32 平方公里，环绕内城的城墙长 23 公

---

① 梁思成、陈占祥：《关于中央人民政府行政中心区位置的建议》，《梁思成文集(四)》，北京：中国建筑工业出版社，1986 年，第 5 – 14 页。

里，紫禁城的中轴线决定着整座城市的中心，从永定门到钟楼，全长8公里的中轴线上分布着23座建筑。这样一个精心设计、格局完整、底蕴深厚、历经数百年保存下来的古都，其中所蕴含的人文历史、民俗文化等信息，是难以想象的丰富与厚重。如果完整保留下来，现今北京城的旅游量起码会增加几十倍之多；更重要的是，它能保存更多独一无二的中国传统文化。古城北京的损毁，不仅是中国建筑文化的最大悲剧，也是人类文明的悲剧。

历史的烟尘已然消退，历史的遗憾也无法挽回。我们今天除了要吸取教训之外，更重要的是探索如何在现有的基础上，去保护和传承传统文化。从建筑文化领域看，我们一些大师级的建筑学家经过不懈的探索，在借助创意来接续传统与现代的尝试中，提供了富有价值的案例。如第一个获得世界建筑界最高荣誉普利兹克奖的中国建筑师王澍，以及同样获得过该奖且誉满全球的建筑大师贝聿铭，都以他们杰出的智慧和对中国传统建筑文化的深刻理解，为现代建筑如何融入传统元素，找到了一条成功的路径，积累了十分有益的经验。

（一）王澍——找回传统建筑元素

作为建筑师的王澍，其最大的特点在于有着浓厚的传统文人情结，对传统建筑文化格外痴迷。王澍在学生时代就具有很强的叛逆性，对中国传统（建筑）文化及现代建筑艺术均有其独到理解。他之所以能成为获得普利兹克奖的最年轻的建筑师，就在于他创造性地在现代建筑设计中完美地嵌入中国文化符号，出色地解决了民族传统（建筑）文化与现代建筑的有机融合，从而让传统文化活在当下成为现实。

从王澍的代表作品宁波博物馆及中国美术学院象山校区来看，其颠覆性的创意设计在现代建筑史上留下了精彩的一笔，他也因此获得国际建筑界最高荣誉。但王澍的作品在一段时间里并未被人们所理解，这当然与其超前的设计理念有关，更与国人的视野和观念的局限相关。

宁波博物馆位于宁波新区，周边都是现代造型的高层建筑，在这样一个地方应该设计一个怎样的博物馆，的确非常具有挑战性。当王澍以其独特的设计理念，将一个外观显得陈旧、黯淡的建筑造型摆在人们面前时，人们起初觉得这个建筑与周边的环境很不搭调；当人们后来真正理解了这一设计的良苦用心时，就能体会到其奇特和美妙之处。

宁波博物馆外观融合中国传统、自然与现代三种元素，完美体现出中国建筑的特点和符号；博物馆的内部空间则充分满足现代博物馆展陈、交流等功能需求，装饰也颇具传统特色。因而，建筑的整体造型非常具有现代感，有着典型的后现代建筑特征。但正是在这个建筑的外形上，王澍运用独特的材料和处理方式，找回了中国传统民居的元素及自然的元素，使得这个建筑体现出鲜明的中国传统文化内涵。

王澍在宁波周边 29 个被拆迁的传统村落中，收集了大量旧砖瓦，按照一定规则砌到博物馆外墙上，成为具有历史记忆和传统建筑的符号；在没有旧砖瓦的水泥墙面，则独创性地用竹片作模板，使浇筑出来的水泥墙体具有自然的痕迹。这样的设计既完成了传统与现代的接续，又实现了人文与自然的融合，寻找到一个融合传统与现代的最佳方案。

王澍建筑风格的独创之处，就在于很好地将中国古村落、古典园林的建筑元素（如古典园林水系元素的借鉴和象山校区假山形状的移植）、历史印记，融入由现代建筑材料构筑的建筑造型与空间之中，让经典的传统文化元素在现代建筑中获得新的生命。

（二）贝聿铭——融汇传统园林精华

建筑大师贝聿铭的封笔之作苏州博物馆，同样也是融合传统与现代的典范。苏州博物馆选址与世界文化遗产拙政园及忠王府、贝氏祖居毗邻，在这样一个由杰出的古典园林环绕的地方构筑现代博物馆，其挑战性可想而知。贝聿铭充分考虑了建筑的周边环境，认识到博物馆新馆虽然为现代建筑，但必须吸收和融合中国建筑文化的精华。如何做到这一点，对贝聿铭这样誉满全球的建筑大师来说，也并非易事。贝老以85岁高龄，多次深入现场考察地段，尤其是对拙政园、忠王府一带的环境、建筑特点等做了细致的现场调查，并查阅大量苏州古建筑、城市规划等资料；与此同时，他还认真听取了国内一流的建筑学家和文化学者如吴良镛、罗哲文、周干寺、张开济、陆文夫等人的意见和建议，最终形成继承和创新的“中而新，苏而新”的设计理念，以及为了与周边环境相协调的“不大、不高、不突出”的设计原则，创造性地阐释了苏州博物馆新馆设计方案。

特别值得提及的是，贝聿铭在设计中体现出对传统历史街区很强的保护意识，并在具体的建筑过程中充分贯彻了这种意识。他充分考虑了对博物馆所在街区历史风貌的尊重：“博物馆新馆建筑采用地下一层、地面一层为主的结构方式，主体建筑檐口高度控制在4米。修旧如旧的忠王府建筑作为新馆的一个组成部分，与新馆建筑珠联璧合，从而使新的苏州博物馆成为一座现代化馆舍建筑、古建筑与创新山水园林三位一体的具有独一无二风格的综合性博物馆。”①

1. 苏博创意看点之一：外观造型兼具传统与现代

对于苏博的外墙色调，贝聿铭毫不犹豫地选择了粉墙黛瓦，这

---

① 徐宁、倪晓英：《贝聿铭与苏州博物馆》，苏州：古吴轩出版社，2007年，第18页。

是江南水乡民居及古典园林典型的色调，既接续传统，又与周围建筑、街道环境高度融合。但它又摒弃了中国传统建筑“大屋顶”的结构，采用具有贝氏风格的三角形几何图案与钢构件，解决了采光问题，并使建筑具有现代感。

2. 苏博创意看点之二：古典园林建筑布局的巧妙借用

苏博不是单体建筑，而是借鉴、融合了古典园林平面铺展式布局的方式，设计出一个主庭院和若干个小庭院，在结构上可谓与古典园林异曲同工；主庭院里的创意山水园，则用现代材料和手法，营造出具有古典意味的境界。其妙处在于，亭子以现代钢构为材料，形状则是模拟传统园林中的凉亭；水系中的石桥，则采取古桥中的平桥形式；山水园里的假山是贝聿铭独创的片石假山，避免了与太湖石雷同，又具有米芾水墨山水画的意境。

3. 苏博创意看点之三：古典园林长廊及借景手法的使用

苏博虽然采用的是现代建筑材料，但仍然保留了许多古典园林的元素与技法。博物馆中若干个室内长廊就借鉴了传统园林回廊的方式，随处可见的各种形状的窗口，起到了园林中借景的独特效果，人行馆内如同穿行在古典园林之中。

4. 苏博创意看点之四：古意盎然而又现代简洁

苏博虽然采用了大量古典园林的建筑元素，但又给人全新的现代感受。博物馆内部设有一个水系，其构筑方式具有很强的现代感；室内天花板的结构方式有传统木构屋顶的影子，但借助百叶片透下的光线所形成的特殊效果，实现了用灯光来做设计的理念，使博物馆室内呈现不同空间明暗对比和层次变化，富有诗意和美感。

大师们创造性地融合传统与现代的成功实践，为我们提供了极具启示性的典范和样板——倘若我们在城镇化过程中，能以文化遗产保护为出发点，以适应当代社会经济发展为落脚点，用创意思维去接续传统与现代，去规划、设计既具有传统文化符号，又具有现代文化气息的城市街区、现代村落，那么，我们独具特色的传统文化就能在现代化的新时代，重新焕发出璀璨光芒。

科学、合理地保护我们的传统文化，也是扩大中华文化影响力的基础。今天，我们不仅要推动文化“走出去”，还要设法“请进来”——文化“走出去”是让中华文化传播到世界各地，“请进来”则一方面是要吸收世界各国优秀的、先进的文化，以促进民族文化的发展；另一方面是要让更多的外国人到中国来，欣赏中国的历史文化名城、名镇、名村，欣赏中国的建筑文化、服饰文化、美食文化、民俗文化等等。如果我们的历史名城、名镇、名村在城镇化建设中，都被改造成千篇一律的现代化城市和村落，完全丧失中国特有的城市美学和建筑景观，又如何吸引外国人来观光、来定居？从这个意义上说，加强对城市历史街区和乡村传统村落的保护不仅意义重大，而且刻不容缓。

城市品牌是一个历史建构过程，是城市在漫长的发展中形成的历史传统、文化积淀、产业基础及其与相应的城市肌理融合的结果，是一种具有地域性、独特性和标识特征的城市文化符号。城市品牌的一个重要构成和支撑，是城市的历史文化，是城市鲜明的文化特色和地方色彩。这种特色和色彩“来自于这座城市的气候、独特的自然环境、建筑风格、高质量的公共环境，也来自于城市的独特历史、市民的价值观、民俗民风、记忆与隐喻、日常性和季节性的文化活动等各个方面”①。

在城市品牌形成过程中，文化选择具有举足轻重的作用，拥有什么样的文化选择，就会有什么样的城市风格与城市品牌。城市的发展总是与经济社会发展过程相伴随，同时也与不同时期做出的文化选择密切相连。城市一经诞

① 叶辛、蒯大申主编：《城市文化研究新视点：文化大都市的内涵及其发展战略》，上海：上海社会科学院出版社，2008 年，第 19 页。

生，就会沿着一定的方向不断发展，或转型变迁，或内涵提升，或模式转换，始终处于发展变化之中，这是人们不断进行文化选择和创新实践的缘故。“文化既是一种核心的价值观念，又是一种思维方式和行为方式，也是一个社会结构和组织形态，并且表现为一系列人工产品的内在标准和表现形式。可以说，文化是从内在的意义上，制约和引导着人类社会选择自己的发展方向和发展途径。”① 城市的发展方向、形态也同样受到文化的内在制约和引导。因此，城市的发展过程就是一个不断进行文化选择、不断优化文化选择的过程。

文化选择从哲学层面说，是指在对事物总体发展状况做出科学分析、理性判断基础上提出的战略构想和发展理路；从实践层面说，是指在历史变革、文化多元时代对那些被认为是有利于推动社会发展的文化的认可与选择。一个城市在成长过程中，往往会在不同时代、不同时期进行不同的文化选择，文化选择的正确与否，将深刻影响一个城市发展的前途和命运。

在全球经济发生重大转型、信息革命日新月异、文化冲突与融合日趋深化的当今世界，城市的发展也面临种种困境。依靠传统产业、传统商业模式及自然和文化资源等支撑的城市，在新的转型面前，正在失去其既有的各种优势，以往显赫的城市品牌也逐渐失去影响力。如何摆脱发展瓶颈，应对新的挑战，寻求新的机遇，是当今世界许多城市面临的共同问题。

一、历史传统：作为城市文化的底色

城市品牌的确立、建构和营销，涉及战略规划、定位确立、价

---

① 叶辛、蒯大申主编：《城市文化研究新视点：文化大都市的内涵及其发展战略》，上海：上海社会科学院出版社，2008 年，第 3 页。

值提炼、目标市场与行销实施等一系列步骤和环节，是个不断建构和完善的过程。但总体来说，城市品牌建构不可避免地要面对如何处理城市传统文化及其当代发展问题。绝大多数城市都拥有自身独特的历史文化，它是构成城市品牌的重要元素，也是城市品牌建构中不可或缺的资源。以怎样的姿态对待城市传统文化是城市品牌建构首先要解决的问题。

忽视乃至抛弃传统文化，或不分良莠全盘照搬传统文化，都不利于当代文化的健康发展。在此，我们要探索的问题是，如何将传统文化中优秀的、有生命力的东西带入我们今天的生活，融入城市品牌的建构。

今天，保护文化遗产已然成为普遍共识，但是，我们正在和将要进行的传承实践，是否要将所有传统文化全部毫无保留地带入当下的生活空间？在保护传统文化的口号日益响亮的情况下，人们往往容易陷入一种误区：对祖先留下的文化遗产不加辨析地全盘接受。事实上，并非一切传统文化都具有生命力，都值得进入当代社会：许多传统文化可以作为文化遗产保留在博物馆或收藏家手中，却不一定适合为当代人所利用；只有那些能够为当代人的文化发展和文明进步提供资源的文化遗产，才具有生命力。具体而言有以下几方面：

第一，能够为当代人身心健康发展提供先进理念、价值取向。当代社会的科学、健康发展，一方面需要由一大批具有现代文化素质和价值理念的人去造就；另一方面需要在实现社会进步的同时不断促进人的身心健康发展。在这一过程中，传统文化无疑能为现代人的人文素质的塑造提供丰厚的资源和养料。但正如上文所述，不是所有的传统文化都能为今人所利用。健康的身心发展，需要有健康的理念和先进的价值取向。传统文化中那些能够促进当代人身心健康发展的部分，有助于塑造当代人良好的社会心理、处世态度、生活姿态的文化理念，才是真正富有生命力的，需要当代人很好地继承、利用和发扬。

第二，能够为当代经济社会发展提供精神动力、制度文化。传统文化的相当一部分属于精神文化，它既不同于以实物形式存在的文化艺术品，也不同于非物质文化遗产。传统文化中的精神文化作为一种社会伦理、审美意识形态和价值取向，其中有许多已不再适合今天社会的需要，甚至对今天的社会发展是有害的。这类精神文化显然不能进入当代社会，只能将其作为研究之用，因而不再具有生命力。只有那些能够为当代社会文化发展提供精神动力的传统精神文化，才具有生命力，才是我们要继承、发扬的。尤其在今天民主和法制日益完善，科学、进步的制度文化对于推动社会发展越来越重要的时代条件下，传统文化中那些有利于推动当代社会发展和制度文化建设的东西，才能够为今天的人们所利用和发扬光大，从而在新的历史条件下焕发出新的生命力。

第三，要能够提供为当代人所接受和欣赏的文化样式、文化产品。我们祖先所创造的历代文化遗产，大多仍然为今人所欣赏，文化遗产又与不同城市的历史发展有深刻的内在联系。但许多传统文化遗产只能由为数不多的专家和各种业内人士所接受和研究，大多数未经专业训练的普通百姓则往往很难接近这些历史文化——从汉赋、唐诗到宋词、元曲；从京剧、民乐到昆曲、南音，以及许许多多遍布大小城镇的非物质文化遗产，这些中华文化的瑰宝，有不少并非能为普通百姓，特别是不能为大多数年轻人所接受和欣赏。如何让这些精神文化遗产在城市品牌建构中发挥作用，需要我们进行不懈的探索和努力。

但是，我们还需要注意的一个问题是，传统文化绝对不会主动提供我们所需要的东西，而是要靠今人去选择、阐释、改造、创新，然后才能谈得上利用、欣赏和创造。如何选择、阐释、改造和创新，决定了传统文化在今天城市品牌建构中能否发挥正能量、延续生命力。“选择”意味着不是来者不拒、照单全收，而是要善于辨析、筛选那些符合当代社会发展需要的东西；“阐释”意味着要以当代人的眼光和视角，去重新发现前人尚未看到的东西；“改造”意味着在选择和阐释的基础上，将传统文化融入现代文化之中，按照现代人的审美和价值需求进行提炼、完善；“创新”意味着立足于当代社会和人的发展需要，将传统文化作为一种有益的资源和元素，进行新的文化创造。

我们要充分激活传统文化中富有生命力的东西，而不要让文化遗产中与当代社会不相适应的东西浮现；我们要在传统文化与当代社会之间架起一座桥梁，而不要将文化遗产隔绝在今天的生活之外；我们要让厚重的文化积淀成为前行的动力和资源，而不能让已有的文化陈规束缚我们想象的翅膀和创造的活力。

基于以上对待传统文化的态度和认识，在城市品牌建构中，对城市既有的传统文化，必须本着保护优先、科学传承的原则，以高度文化自觉和文物保护意识，尽可能地保存传统建筑、历史街区和优秀现代文化遗产。只有这些体现独特传统文化符号的文化遗产的流传，才能确保城市历史文脉的接续，留住乡愁，留住历史记忆，留住民族独特的文化符号，留住文化的多样性。

传统文化融汇贯穿在城市生活的诸多层面和细节之中。著名建筑学家梁思成曾说：“我们有传统习惯和趣味：家庭组织、生活程度、工作、游息，以及烹饪、缝纫、室内的书画陈设、室外的庭院花木，都不与西人相同。这一切表现的总表现曾是我们的建筑。"① 正因如此，"一个东方老国的城市，在建筑上，如果完全失掉自己的艺术特性，在文化表现及观瞻方面都是大可痛心的"②。很显然，作为城市的重要物质组成部分的建筑，在相当程度上体现着城市的历史与文化。当然，城市所承载的传统文化还远不止这些。因此，城市品牌建构中，保护和弘扬传统文化，既要从制度环境、规划编制、公共服务、社会治理等方面入手，也要从我们身边的衣、食、住、行、用做起。在现代城镇建设中，除了保护和传承建筑文化外，还要尽可能提倡传统服饰元素的利用，在相关节庆和活动中突出传统民族和地方服饰元素；尽可能保留和发展传统美食文化，引入外来快餐文化，同时保留更多具有地方特色的饮食习惯和习俗；尽可能保留包括住房、景观、街道、公共艺术在内的传统建筑元素，保留与地理环境、自然景观相协调的传统建筑格局与城市肌理；尽可能在城镇道路设计中因地制宜、就地取材，体现民族和地方文化元素，强调低碳理念，发展特色交通、绿色出行；尽可能提倡家居用品的民族化、地方化，保留富有鲜明地域文化特色的家居用品，促进传统家居用品与现代生活用品的融合。同时，还要在城镇居民的行为准则、生活习惯、公共交往等方面保留健康、优秀的民族传统习惯，使传统习俗这个传统文化的基本形式之一能够有机融入当代社会生活。

坚持传统视野，必然要面临保护传统文化与开发建设的矛盾，对此要积极探索针对性强、科学合理的保护方式和手段，统筹兼顾、有机融合，实现保护与开发共赢。要区别不同情况，实现分类指导，可以让一部分文化遗产和文化符号进入博物馆、陈列馆等场馆，供

---

① 梁思成：《为什么研究中国建筑史》，《中国建筑史》，北京：生活·读书·新知三联书店，2011 年，第 10 页。

② 同①，第 9 页。

展示与研究；对一部分历史街区进行科学有序的保护；使一部分文化资源经过转换和提升，进入现代文化生产和日常生活领域，由此实现传统文化有序、有机、有效地融入城市品牌建构之中。

二、城市：新的时代定位

在今天的中国，城市品牌建构面临特殊的历史际遇，新型城镇化发展的大幕已经拉开。文化积淀丰富、各具特色的众多城镇正在进入前所未有的发展时期；与此同时，许多城市随着产业结构的调整而面临新的转型——不论是大规模城市建设与扩张，还是产业转型与功能调整，抑或是传统城市品牌的重构，都将深刻影响这些城市的未来发展走向。在这一过程中，无疑要进行从宏观到微观的各个层面的文化选择，这种文化选择的正确与否，将直接影响和决定城市品牌建构的成败。

从城市品牌的当下发展角度看，城市在文化选择中需要把握好传统与当代发展之间的关系。也就是说，在确立了对待传统文化的姿态之后，还要考虑当代发展问题——城市品牌建构要以传统文化为源头和根本，同时又要立足于当下的发展。

传统文化所具有的庞大符号系统，镌刻着不同时代的历史记忆和美学烙印，是一代又一代人创造性地继承发展的文化结晶。但传统文化不是一个固定不变的存在，而是一个可以被重新阐释、重新创造，甚至进行文化再生产的开放体系。因此，在继承传统文化的前提和基础上，要有当代视野，这是实现传统文化的开放性，并使之富有生命力的关键所在。

在推进城市品牌建设中，不可避免地要面对传统文化保护与当代发展之间的各种矛盾。我们认为，传统文化是城市的财富，而不是包袱；传统文化是城市发展的动力，而不是障碍。但传统文化能否成为财富、成为动力，则要看当代人能否创造性地运用。面对传统文化，要具有当代视野，要以当代人先进的文化理念、前瞻性的眼光去观照，在筛选、批判、接纳、重构的文化选择过程中，激发和延伸传统文化的生命力。传统文化只有在不断更新、发展中才能实现其价值和意义，原封不动地照搬、沿袭，将导致传统文化的窒息、衰败乃至消亡。城镇化过程要面对的一个重要问题，就是解决传统文化如何进入当代社会并被人们所普遍接受，传统文化精神如何成为当代人的精神支柱和动力。这一过程也始终伴随着各种各样、具体而微的文化选择——如何在城镇建设中凸显地域文化特色，如何有效实现历史街区与现代商业中心的融合，如何在现代化新城中避免传统文化符号的弱化与消失，如何在引入现代社区管理和法制观念的同时保持传统村落固有的人伦、宗族关系，如何对传统文化进行分类处理、合理转换，有序推动传统文化的当代发展。这一切都需要凭借当代人的智慧和先进理念，开展创造性的文化活动。

当代人既是传统文化的承载者、接受者，又担负着传统文化创新发展的历史责任。传统文化在当代发展的好坏，取决于作为文化创造主体的当代人的文化选择是否正确，是否具有前瞻性。充分发挥当代人的主体意识，是实现传统文化现代转换的关键。我们一方面要充分发挥这种主体意识，让传统文化成为服务于当代人的精神资源；另一方面要慎用这种主体性，使传统文化中的精华和富有生命力的东西成为我们选取的对象。

文化发展繁荣的一个重要前提，就是要保持文化的多样性。传统文化遗产保护与现代文化发展并存，是实现文化多样性的保证。文化多样性有利于促进文化遗产的传承，是文化创造性发展的重要基础。文化的多样性不只是指一个民族文化遗产的种类与数量，而且指文化具有的包容性——允许不同民族、多元文化和多层次文化的存在与相互包容，文化的发展往往就是在这种多种族、多元化、多层次的交互、碰撞、融合之中获得创新源泉和动力。每一种文化代表着一种认识和理解世界的独特思维方式，不同文化之间相互借鉴彼此的智慧，正是推动文化发展创新的绝好机遇和动力。“每一种文化都具有解释世界和处理与世界关系的独特方式，这些文化共同构成了人类文化的宝库。”①

城市品牌一经建立虽有其相对稳定性，但在当今日新月异的城市化进程中，许多城市在新的历史发展阶段不断有新的元素融入既有品牌之中，但新元素只有与原有城市性格、城市品牌有机融合、互补互动，才能不断丰富和强化既有的城市品牌，不断扩大其影响力。

杭州作为我国著名的七大古都之一，有着极为深厚的历史文化积淀，拥有“中国历史文化名城”等称号。在独特的地理、历史和社会发展过程中，杭州逐步形成了独树一帜的城市文化特质。从地理环境而言，杭州地处山水之间，尤以水资源充沛、水系发达、水源众多为特征，与水有不解之缘：“杭州是一个因水而建的城市，井泉溪涧、江湖海河，一应俱全。杭州面海而栖、濒江而建、傍溪而聚、因河而兴、由湖而名，集江湖河海溪于一城，像这样五水共导、五水皆备的城市，世界上并不多见。”② 从文化特性而言，杭州这个水做的城市，自然而然地孕育出婉约、柔美、浪漫、闲适的文化特质，不论是历史传说、文人抒怀，还是艺术家的水墨丹青、碑刻题词，抑或是民间浓厚的小资情调、崇尚闲适生活品质的氛围，都赋

---

① 叶辛、蒯大申主编：《城市文化研究新视点：文化大都市的内涵及其发展战略》，上海：上海社会科学院出版社，2008 年，第 18 页。

② 何坦野：《解读杭州动漫文化》，北京：光明日报出版社，2010 年，第 2 页。

予杭州鲜明的文化特征，也由此造就了当代杭州“生活品质之城”的城市品牌。杭州的城市文化又具有很强的包容性，能够恰当地将传统与现代、历史与现实、本土与域外文化有机地融合在一起；在注重享受闲适生活的同时，又重视商业经济和文化创造，使城市的闲逸有经济支撑，文脉能够延续，文化得到发展。杭州城市文化的这些特质，都为其当代动漫文化的快速发展提供了有力的经济和文化支撑——浓厚的美术氛围和大批的美术人才，不仅为动漫文化发展奠定了坚实的美术设计与人才基础，也为动漫文化的消费提供了庞大的群体；同时，发达的商业经济为动漫产业提供了充足的资金保障，得天独厚的自然人文环境所构成的吸引力成就了其国际动漫之城的辉煌。因此，“中国国际动漫节”之所以能在杭州落户，动漫文化之所以能在杭州如此迅速地发展繁荣，在很大程度上是杭州独特的自然景观所具有的吸引力所致，是杭州文化脉络和文化特质的自然延续，是新的历史条件下杭州地域文化的独特表现。如今，杭州作为“生活品质之城”的城市品牌，又因多了“动漫之城”而为其增添了耀眼的光彩与巨大的影响力，实现了城市文化特质与现代产业的有机融合与对接。

泉州作为我国第一批历史文化名城，文化遗产丰富，历史底蕴深厚，改革开放以后，既有的城市文脉也得到较好的保护和保存。同时，泉州快速发展的制造业使品牌之都的名声日益扩大，成为泉州新的城市符号。如何实现历史文化名城与品牌之都的有机融合，全面推动城市品牌建设，成为泉州面临的新问题。

泉州在 2013 年 8 月首届“东亚文化之都”评选中，成为中国首个入选的“东亚文化之都”。这显然得益于其深厚的历史文化底蕴，同时也得益于当代泉州蓬勃发展的制造业。在以制造业为主要经济支撑的今天，泉州一方面高度重视文化建设，另一方面充分利用发达的经济和雄厚的财力，高起点、高水平地全面推进文化基础设施建设，并以此为平台和载体，策划和举办了一系列营造城市文化氛围，提升城市文化品牌的活动。泉州积极推进文化与产业携手，构筑城市品牌新内涵——以文化产业为平台，一方面利用丰富的闽南文化资源，打造具有浓厚地方风情和特色的系列文化产品；另一方面借助文化创意将闽南文化符号融入制造业，提升文化附加值。民俗文化品牌无疑是地方文化行销重要的资源之一，泉州充分利用世界非物质文化遗产南音及梨园戏、木偶戏、高甲戏、打城戏等丰富多样的闽南民间音乐歌舞文化资源，结合旅游观光，打造了《光明之城》《古厝娶亲》《乡愁》等一批大型演出项目，让传统地域文化成为城市文化行销的有力支撑。泉州的惠安号称“中国石雕之都”，其石雕艺术独具特色、享有盛誉。为了进一步提升石雕的品牌知名度，惠安一些石雕企业有意识地打破传统题材局限，注重融入地方文化元素和现代设计理念，在传统的观音、佛像及建筑雕刻之外，开拓新的题材内容，实现了新的转型。除了传统文化和工艺产业之外，泉州的现代服装和鞋业相当发达，拥有众多知名品牌，如安踏、特步、361°、七匹狼、利郎、九牧王等。在新一轮创业中，泉州充分意识到文化创意与城市文化形象对城市品牌发展的关键作用，立足本土文化，引入前卫时尚设计理念，力图全面提升产品设计水平，提升文化附加值。泉州提出“活力智造名城”战略与“时尚织就梦想”宣传语，演绎“足尖上的文化”，将城市文化形象与时尚品牌文化相联系，依靠科技和文化创意打造更具活力的智慧产业和智慧城市，由此不断丰富泉州城市文化内涵，实现城市历史文化与现代品牌文化的有机融合。

很显然，传统历史文化与现代商业文化并非完全对立，只要注重二者之间的关联，有意识地延续和扩展传统文化，用创意智慧去嫁接传统文化与当代产业，使二者相辅相成、相得益彰，实现融合发展，不仅可以为城市品牌注入新的内容，而且能借助文化多样性的凸显，增添既有城市品牌的魅力。

三、城市之魂的历史建构

城市品牌建构是个历史过程，需要几代人不懈努力，城市品牌发展也有一个可持续问题。城市品牌的可持续发展需要两个支撑点：一个是要赋予城市品牌以灵魂，另一个是要赋予城市品牌建设以精神动力。前者需要通过守护城市的文化传统来维系，后者需要建构一种有助于城市品牌健康发展的文化理念和文化精神。

（一）守护传统，赋予城市品牌以灵魂

城市品牌的构成中，最具稳定性的是属于这个城市的文化传统和文化精神。尽管现代化进程越来越快，网络时代文化价值观日益多样化，但城市固有的文化传统却往往能在各种文化大潮中保持其稳定性。那是因为传统文化的血脉中始终流淌着民族文化基因，蕴含着民族的灵魂，并深深嵌入城市的肌理和民众的精神之中，成为一个城市的精神标识和灵魂。守护城市传统文化，就是守护城市的精神血脉。当然，守护不是故步自封、停滞不前，而是要在尊重传统的基础上，与时俱进、传承创新，不断赋予传统以新的内涵与活力。这是一个问题的两个方面，二者不可偏废。因此在城市品牌建构中，不仅要保护和延续城市文脉，还要持续不断地以各种方式去丰富、拓展这种文脉。

在城镇化不断推进的今天，最具危机性的问题首先是城市文脉被割裂与破坏。毕竟中国像深圳这样的新兴城市为数有限，更多的城市和乡镇都拥有悠久的历史、独特的文化，并贯穿、熔铸在城镇

的街道、建筑、景观等城市肌理之中，当然也融汇在城镇居民的文化性格之中。著名建筑学家吴良镛曾对文化与城市及建筑的关系作了深刻阐述："文化是历史的积淀，存留于城市和建筑中，融会在人们的生活中，对城市的建造、市民的观念和行为起着无形的影响，是城市和建筑之魂。"他同时尖锐指出当下存在的问题："技术和生产方式的全球化带来了人与传统地域空间的分离，地域文化的多样性和特色逐渐衰微、消失；城市和建筑物的标准化和商品化致使建筑特色逐渐隐退。建筑文化和城市文化出现趋同现象和特色危机。"①

按照另一些学者的见解，城市文化甚至在更大范围内表现出来："城市鲜明的文化特色与强烈的地方色彩，来自于这座城市的气候、独特的自然环境、建筑风格、高质量的公共环境，也来自于城市的独特历史、市民的价值观、民俗民风、记忆与隐喻、日常性和季节性的文化活动等各个方面。"② 基于这样的认知，延续城市文脉，留住历史记忆，强化城市品牌，无疑要考虑到诸多与城市意象密切相关的具体而微的城市肌理的保护，是个庞大的系统工程。在面对现代化快速发展的城市改造之现实诉求面前，尤其要强调历史文脉的保护与传承。现代化绝不是割裂传统，而是以传统为起点面向未来。事实上，"人类社会越是现代化，就越是会将自己的传统和历史文化奉若神明。不论是罗马、巴黎还是柏林，为了一堵墙、一座破教堂、一条老街道，都可以不计成本地来加以保护修复，为的是保留传统的气质和历史的氛围"③。巴黎对老城区的保护堪称典范，其最大的

---

① 参见吴良镛在国际建筑师协会举办的第20届世界建筑师大会上提出的《北京宪章》，该宪章于1999年6月在北京通过。

② 叶辛、蒯大申主编：《城市文化研究新视点：文化大都市的内涵及其发展战略》，上海：上海社会科学院出版社，2008年，第19页。

③ 同②。

成就便是将历史城区整体地保存下来，而将现代化高楼建在老城区的外围，这使得巴黎这座城市留住了灿烂的传统文化和深厚的历史感。著名作家冯骥才因此曾感慨道：“巴黎的历史感，不仅仅来自于埃菲尔铁塔、凯旋门、卢浮宫和圣母院。那是旅游者眼里的历史，或只是历史的几个耀眼的顶级的象征。巴黎真正的历史感是在城中随处可见的那一片片风格依旧的老街老屋之中。”①

许多情况下，城市品牌来自于城市独特的历史、文化和名人，同时也来自于组成城市肌理的那些看得见的街区、街道、建筑、社区及自然地理环境。如果说城市的风光是由自然环境与人文（建筑）环境共同构成的，那么，城市的灵魂则来自于它看不见的文化精神和气质。因而，守护灵魂，首先要守护城市的历史文化，同时也要守护表征着城市文化特质和城市文化记忆的独特建筑、历史街区等城市肌理与标志物体系。这种守护的成效关键在于城市管理者是否能真正意识到它们的价值与意义——唯有在认知上解决问题，才能在行动上有所作为。前故宫博物院院长单霁翔曾表达了他对什么是文化遗产的深刻见解：“人们对文化遗产的内容及其所包含的信息、价值等的认识在不断提高，从而使这一概念所承载的文化意义也更加广泛，”“文化遗产作为一种特殊的资源，它的价值认知和评估首先在于发现，发现是一切文化遗产认知的前提和基础。”② 也就是说，我们既要清醒地认识到究竟什么是文化遗产和文化遗产概念内涵的不断变化与扩展，还要充分意识到文化遗产究竟具有怎样的价值与意义，即要解决“发现”的问题。但是，就目前而言，我国对文化遗产，特别是对以城市和历史城区形态存在的文化遗产的保护

---

① 冯骥才：《手下留情——现代都市文化的忧患》，上海：学林出版社，2000 年，第 46 页。

② 单霁翔：《文化遗产保护与城市文化建设》，北京：中国建筑工业出版社，2009 年，第 222 页。

意识还十分薄弱。虽然目前我国的世界遗产数量位居世界第一，“但是，在联合国教科文组织的《世界遗产名录》中，大约有1/3是各国的历史性城市或历史城区，而我国100余座国家历史文化名城中，却只有平遥和丽江两座城市列入其中。造成这一现象的重要原因，就是因为我们许多历史性城市和历史城区在城市建设和改造中遭到破坏。”① 而导致这一结果更深层的原因在于国人普遍缺乏对文化遗产的整体性认知。正如加拿大学者所指出的：“当从整体的角度去认识人类文化遗产时，最清楚地突出在我们面前的是其数量之巨大和无所不包的丰富，并且它无处不在。”② 我们的许多历史性城市和历史城区就是在急功近利和缺乏认知的情况下，无可挽回地毁灭在推土机的隆隆声中。

另一个需要注意的问题是，对传统文化的保护与延续并不是为了守护而守护。守护的目的，除了确立民族文化认同之外，还要选择传统文化中富有生命力的东西加以发扬光大，使得传统文化所构筑的灵魂既能成为确认文化身份的标识，又能够在新的时代里引领城市健康发展。

因此，在城市品牌建构中，守护传统文化并不意味着回到传统，而是要立足于满足当代人的发展需要，要根据有利于当代人的全面、健康发展来进行文化选择。不论是传统文化的保护与传承，还是当代文化的融入与发展，都要把增强民众的民族文化意识与提高现代文化素质有机融合起来，立足于人的整体素质和创造力的提升。

（二）建构先进的文化理念

任何一座城市都需要有一个保持其可持续发展的基本动力。这

---

① 单霁翔：《文化遗产保护与城市文化建设》，北京：中国建筑工业出版社，2009年，第223页。

② D. 保罗·谢弗：《革命还是复兴：从经济时代向文化时代转变》，高广卿、陈炜译，北京：社会科学文献出版社，2006年，第494页。

个基本动力，来自于进取的而不是懈怠停滞的，开放的而不是封闭保守的，创新的而不是墨守成规的文化。这种文化不仅要体现在城市居民的品格素养中，而且要体现在城市管理者的制度设计中，还要体现在城市实业家的社会责任中，成为城市的主流和主导文化。不同历史传统的城市可以拥有自身独特的文化品位和文化精神，但如果缺乏最基本的文化动力，已有的文化品位和精神也将因失去支撑而难以为继。

城市品牌建构是个复杂的系统工程，从文化的层面讲，就包含器物文化、制度文化和思想文化。由于器物文化具有直接的观感，看得见摸得着，这使得许多城市往往热衷于大举财力、大兴土木，致力景观改造、地标性建筑打造等面子工程，而忽略城市制度环境和公民思想文化素质的提升。器物文化固然是城市品牌的重要构成部分，但如果城市缺乏相应的科学管理制度和有序的社会秩序（制度文化），缺乏进取向上的精神风貌和先进的文化理念（思想文化），器物文化就可能沦为毫无生命和意义的东西。因此，我们在考虑城市品牌建构过程中，要树立整体性和协调性观念，在顶层设计阶段就要全盘顾及器物文化、制度文化和思想文化的协调发展。

只要拥有一定的经济基础和实力，器物文化的构建相对而言可以在较短的时间里实现，但要确保城市品牌建构的持续推进，则需要有强大的、持久的精神动力，这种精神动力来自于先进的文化理念和正确的发展方向。如果只有器物文化的繁盛，而缺乏内在文化蕴涵和精神，就势必导致城市文化贫血、精神缺失，最终丧失发展动力，走向衰亡。人类历史上有许多显赫一时的著名城市，都有盛衰起伏、曲折发展的命运——要么在朝代更迭中崛起或衰弱，要么在产业转型中兴盛或式微，要么在文明转型中崛起或没落。当然，也有一些城市在经历了不同文明转型与洗礼之后，依然能生生不息地发展繁盛至今，其中一个关键因素在于：这样的城市往往具有适应性好、开拓性强、创造力旺盛的文化基因和文化理念的支撑，能够在历史变迁中与时俱进、应变自如、自我更新，从而不断获得新的生命力。还有一些城市，不但能获得文化新生，还能站立于文化前沿，引领文化风尚，这样的城市无疑是最具活力和发展前景的。因此，构建先进的文化理念，不仅关系到城市整体发展的战略支点问题，而且关系到城市能否获得持续不断的精神动力，并实现城市品牌可持续发展的关键。

构建先进的文化理念首先要解决的问题是：怎样的文化理念才算是先进的？概括说来，符合时代发展需要、鼓励开拓创新、倡导高雅文化创造、提倡健康文化消费的主流意识，就是先进的文化理念。这里同样涉及文化选择的问题。早在20世纪30年代，著名学者张岱年就在关于文化大论争中提出“文化综合创新论”。与当时颇有影响的“中体西用论”和“全盘西化论”不同，“文化综合创新论”认为：不论是中国文化，还是西洋文化，都有健康的、优良的部分，也都有病态的、腐朽的部分，前者正是我们要保持、吸收的，后者则是我们要克服、批判的，不能笼统谈论中西文化之优劣。很显然，张岱年的论点抛弃和超越了文化选择的单级立场，以综合辩证的视角看待人类文明的遗存，在今天看来无疑是个科学的文化选择，这是因为其“坚持文化体系的可拆分性和文化要素的可选择性，提倡文化‘优选法’，把‘综合’与‘创新’的统一视为文化的生命动力”①，这不仅避免了在文化选择上一刀切的弊端，而且指明了文化创新的具体方式和路径，同时还阐发了文化生命力的来源。

① 王京生：《从“文化选择”到“文化强国”——关于深圳文化发展战略思想的几点思考》，《中国文化报》，2012年4月17日，第12版：理论前沿。

由此观之，先进的文化理念应具备以下几个特质：

1. 开拓创新，永不满足

一座城市、一种文化必须在不断创新发展中才有可能永葆生命力。城市的传统文化和经济基础只能代表既往的历史，而不能代表未来。不论过去与今天如何辉煌，如果就此不思进取、高枕无忧，那么不久的将来就会失去曾经的荣耀。开拓创新的一个重要方面，就是要不断进行价值创新，即吸收新观念，创新价值观。如深圳的城市精神就非常具有价值创新的内涵，先后提出和倡导了“空谈误国，实干兴邦”“敢为天下先”“改革创新是深圳的根，深圳的魂”“让城市因热爱读书而受人尊重”等文化理念，充分体现出创新、实干、进取和勇于探索的主流文化和价值追求。

2. 开放包容，崇尚智慧

城市活力的一个重要体现便是文化的多样性和包容性，它同时也是文化创新、开拓进取的重要条件。一方面，一座文化封闭、固守传统的城市，很难有持续发展的可能。另一方面，面对多样化、多元化的文化，面对日新月异的科技发展，城市还需要依靠智慧在选择、接纳、改造和创新中，形成自身的创造力。我们常说，知识阶层要为社会发展提供智力支持，城市品牌的建构、城市文化的发展显然也离不开智力的支撑。在以信息技术和生物工程为主导的当代科技突飞猛进的时代，在文化创意和设计服务引领日趋成为产业风向标的今天，对知识、人才和智慧的崇尚关系到核心竞争力的确立。苏州“崇文睿智、开放包容、争先创优、和谐致远”的城市精神，就鲜明地体现了这种文化特质——以传承吴地文化为根基，以兼容并蓄的开放胸怀，以锐意进取的创新精神，去构建与实现和谐幸福、美丽富裕的新家园。倡导这样的城市文化理念，无疑有助于树立积极向上的主流文化，推动城市健康、持续发展。

3. 勤勉奋进，自强不息

创新、开放、包容、智慧的文化理念可以为城市经济发展提供不竭的动力，为城市文化繁荣提供充实的物质保障。但这还不是先进文化理念的全部内涵和特质。城市发展的终极意义是确立一种不仅具有创造活力，而且具有肌理健全、推崇进取、自强不息之内涵的文化，只有具备这一文化价值，才能在真正意义上确保城市的永续发展。我们需要的城市文化繁荣，不是一味追求歌舞升平、休闲安逸，也不是自我消弭、安于现状，而是要有一种内在的勤勉奋进、自强不息的精神气质。中外历史上许多繁盛一时的都城，如唐代的长安、南宋的临安、古罗马时代的罗马城等，最终都因为过度倡导休憩娱乐，导致文怡武嬉、不思进取，将一世繁华匆匆葬送。因此，唯有勤勉奋进、自强不息，才能居安思危、不懈进取、精进有为，才能维系城市的持续发展和繁荣。先进的文化理念，当以此为价值内涵的核心。

一、乡村古镇：文化价值再认知

亚里士多德有句众所周知的名言：人们来到城市是为了生活，人们居住在城市是为了生活得更好。那么，依照这样的逻辑，到城市既然能寻求更美好的生活，是否就能将乡村抛弃呢？如果那样，乡村还需要振兴吗？有关乡村振兴的战略政策还有必要制定吗？事实上，城市的美好离不开乡村的支撑，尤其像中国这样历史悠久的传统农业大国，城市对乡村更加依赖。如果人们都为了更美好的城市而离开乡村，城市亦将失去其根基而走向衰败。因此，为了让城市更美好，必须让乡村也变得美好起来，以乡村特有的美好留住农民，甚至让城市人回流，实现城乡协调发展。

习近平总书记指出，体现一个国家综合实力最核心、最高层的，还是文化软实力，这事关精气神的凝聚。今天，在人们基本生活物资得以保障的前提下，文化作为一种软实力，越来越具有吸引人和留住人的独特魅力。拥有深厚历史文化的乡村古镇，理应富有吸引力，但为何许多历史文化村镇却处于日益凋敝的状态？最根本的原因在于不是缺少文化，而是缺少文化生活——更准确地说是缺少依旧被人们掌握、运用、欣赏和消费的活态文化，以及由此形成的文化氛围。历史文化村镇复兴的关键是如何以创意设计的方式和手段去激活、转化、创新传统乡土文化，使其获得新的生命力，并在与其他产业融合中推动乡村整体发展。

众多历史文化名村名镇（以下简称“乡村古镇”）积淀的厚重文化在未发掘利用之前，似乎只是远离现实的历史闪光和明日黄花。其实不然，乡村古镇文化是待发掘的宝矿，拥有丰富的智慧宝藏和生命能量，它是创意设计赖以点化的基石，因而也是其核心价值所在。乡村古镇的复兴离不开文化的自觉和兴盛，其文化产业的发展也应当以文化为导向。这是由于文化产业是一个特殊的产业领域，其产业（市场）价值是由文化赋予的。也就是说，除了文化产业的意识形态属性决定其必须以正确的文化价值为引导之外，其产业属性的实现、产品价值的形成，也必须通过文化价值、创意设计的赋能来完成。从这个意义来看，对于乡村古镇而言，历史文化具有双重价值：不仅是精神财富，也是物质财富。国务院参事室特约研究员吴建民认为：“人类社会最宝贵的财富是什么？是文化的多样性。”① 在现代科技高度发达、现代文化占据主流的背景下，乡村文化的独特气质正是构成文化多样性的重要因素，中国农村千姿百态的传统村落本身就是多样性的典范。因此，以文化为导向推动乡村古镇复兴，应当成为乡村古镇保护与利用的落脚点和出发点。同时，满足广大乡村民众日益增长的美好生活愿望也同样离

---

① 黄昌勇、保罗·欧文斯主编：《世界城市（上海）文化论坛演讲录：2012—2015》，上海：复旦大学出版社，2018 年，第 59 页。

不开文化的繁荣。当然，我们也要看到，乡村古镇的衰微与城市工业化的快速发展对乡村资源的虹吸作用不无关系，这是城乡生产力发展不平衡所导致的一个普遍现象。乡村古镇基于农耕文明的传统文化，传统农业（小农经济）的生产体系、传统手工艺作坊的生产方式，在遭遇和面临一个以大工业生产体系为基础的城市化和现代化的时代，无疑会产生种种不适应和矛盾。比如，在农业现代化、手工艺产业化、乡土文化的现代转型过程中，如何摈弃传统文化中的落后因素并运用和发展其具有生命力的因素等。不能及时解决这些不适应和矛盾，也是乡村古镇日渐式微的重要原因。

以文化为导向推动乡村古镇复兴，其意义在于：复兴之前需要以文化的顶层设计来确立发展定位，复兴过程中需要将文化作为重要资源来形成发展动力，复兴之后仍需要把文化放在首要位置，确保可持续发展。乡村古镇复兴所需要的文化包括现代文化和乡土文化，后者扮演着更重要的角色。乡土文化是中国传统文化的母体，也是中华民族文化本土特征最鲜明的体现，更是中国文化最深厚的土壤与原乡。在现代化进程中，尽管城市化带来现代文化的传播与繁荣，乡村文化呈现日益式微与衰退的趋势，但在中国城市人的精神世界中，乡村、乡土文化依然潜在地隐伏于人们意识的深层，所谓城市现代文化便也带有或多或少的乡村文化印迹。由乡村记忆构成的乡愁，具有来自乡村的城市新移民精神世界的底色，也使来自乡村古镇的非遗文化创造成为相当一部分城市人喜爱的文化产品。从这个意义上看，在中国这块土地上，城市现代化乃至后现代化的发展，离不开乡村的振兴，更离不开乡土文化的滋养。费孝通先生提出“乡土中国”的概念，认为中国社会具有鲜明的乡土性，中国的许多阶层都是从乡村中分离出去的，在漫长的社会发展过程中，农民所形成的行为习惯和人际关系，以及农村社会中的一些特色，就构成了许多阶层乃至中国社会的根基，其中包含的熟人社会、传统礼仪和规矩、讲求信任与本心等，形成人脉文化、人情文化，并深刻影响和规约着城市人的行为。费孝通的深刻分析，正表明乡土文化之于中国经济、社会发展的特殊意义和作用①。事实上，乡土文化在更深刻的层面体现着中国人的传统文化心理结构。

从这个角度看，具有乡土特质的历史文化是乡村古镇复兴的第一资源。十九大提出乡村振兴战略的总体要求："产业兴旺、生态宜居、乡风文明、治理有效、百姓富裕。"其中虽然没有直接提到文化，但"产业兴旺"和"乡风文明"离不开文化，离不开文化智力支撑和文化生产力，"百姓富裕"也离不开文化艺术的繁荣和精神生活的丰富。为此，中共中央、国务院在随后发布的《关于实施乡村振兴战略的意见》中，提出了七项基本原则，文件第五部分强调："传承发展提升农村优秀传统文化，""深入挖掘农耕文化蕴含的优秀思想观念、人文精神、道德规范，充分发挥其在凝聚人心、教化群众、淳化民风中的重要作用……支持农村地区优秀戏曲曲艺、少数民族文化、民间文化等传承发展。"文化成为乡村振兴战略的重要组成部分。因此，用创意设计推动乡村古镇保护与利用是乡村振兴战略的题中应有之义，以文化为导向是确保乡村古镇得以妥善保护的前提，也是传统村落实现文化兴盛和可持续发展的前提。

但是，文化导向具体包括哪些内涵？在实践中如何体现文化的在地性和独特价值？在产业发展中如何借力文化资源？这些需要我们深入思考与探讨。

---

① 费孝通：《乡土中国》，上海：上海人民出版社，2007年。

首先，以文化为导向，最重要的是提升文化自觉，重视文化的精神价值与物质价值，树立正确的保护观、利用观，同时在宏观层面、理论层面、政策层面、实践层面、操作层面都能以先进的价值观为指导，体现正向发展的能量，提高可持续的能力，增强渗透性的能级，提升创新创造的能耐。

乡村古镇的振兴显然不能依赖传统农业，必须有现代农业生产体系的构建、现代服务业和其他产业的植入。一方面需要有吸引人才、资金、项目的条件，包括乡村生活环境、教育条件、公共服务体系的完善等；另一方面需要当地村民的文化自觉、产业诉求，以及对现代生活方式的向往。缺乏当地村民的支持与配合，就难以调动乡村古镇复兴的内在动力和实现外来项目的落地。因此，乡村古镇当地干部村民的现代文化启蒙和文化自觉是关键，这种启蒙包括文化遗产价值和保护意识、农耕文化在现代市场体系中的地位、传统文化与现代文化对接融合的意义等。同时，启蒙还是激活现存历史文化资源、实现文化资源向文化资本转化、推动乡村三产融合发展的重要前提。尽管随着乡村交通、通信和文化设施的不断完善，现代文化的传播已相当普及，但由于乡村古镇青年群体的缺乏，常住人口的文化素质和观念意识依然存在与时代发展不相适应的状态。因此，文化观念的转变对于乡村古镇的复兴至关重要，这种重要性还可以在现阶段城镇化进程的大背景下来考察。当城市化高速扩张到一定程度，城市规模过于庞大而引发一系列城市病，出现日益明显的发展瓶颈时，乡村的重要性将逐渐凸显。后城市化时代，乡村的价值地位和建设方向将被重新认识和定义，乡村古镇的文化价值与意义也将被重新唤醒和再现。

其次，以文化为导向，可以确立中国传统文化中顺应自然、纯任自然的发展理念，充分注重和发掘乡村包括人文地景、自然环境在内的乡土资源，构建区别于城市的文化形态与产业形态。唯有如此，乡村古镇生态环境才能得到保护，乡土文化才能得以存续，乡村经济才能得到健康发展，乡村治理才能获得保障，乡村百姓福祉才能得以增强。

乡村的自然地理、天地物候、人文传统所构成的乡土文化的独特性，决定了乡村古镇发展需要有科学理念的指引。乡村振兴价值目标的设立关系到振兴之路是否符合历史逻辑、文化逻辑、产业逻辑和社会发展逻辑。乡村古镇建筑及其布局上形成的历史格局、脉络肌理，是其最重要的文化存在和价值体现。中国建筑所反映的哲学意识、伦理观念、文化心态、美学精神、审美意境、建筑观念、设计思想到设计手法、设计规律、构成机制等等，各个层次、各个环节都有许多值得思索的课题①。乡村古镇建筑不仅是中国建筑的重要组成部分，而且有着区别于宫廷、城市、园林建筑的独特美学。这些建筑和街巷的破损、坍塌与消失，意味着乡村古镇历史文化价值的式微与消解，保护、修缮这些建筑就是保护古村落的核心文化价值。然而，这些村落古建筑毕竟形成于农耕时代，是适应传统农业生产、农耕生活、手工劳作和乡村日常生活习惯的人居建造，它与现代农业生产、现代生活习惯存在诸多不相适应之处，这是我们必须面对和需要努力解决的一个矛盾。但这绝不是我们将乡村改造成城市、将古镇改建成现代商业住宅区的理由，而是必须正视这一矛盾，积极探索传统乡村民居如何既传承建筑文脉又适应现代生活的需要，乡村基础设施如何顺应现代农业生产体系构建、适应乡村文化旅游及乡村产业的其他发展需要。这种适应，同样离不开基于先进文化理念的顶层设计和发展理念。比如，以保护传统民居建筑

---

① 侯幼彬：《前言》，《中国建筑美学》，北京：中国建筑工业出版社，2009 年。

为前提的现代生活空间的营造，以古建筑为载体尽量保留乡村传统生活方式，以延续传统建筑文脉为原则的乡村新民居的设计建造等。在软环境建设方面，确立以保留传统生活习俗、乡风民情为导向，融合现代文化与生活方式，实现乡村传统习俗与现代精神的对话与交流、融汇与互补。文化导向的弱化和文化理念的偏差，要么导致乡村古镇的建设性破坏和开发性毁损，要么导致空心化加剧和自然性消亡。先进、正确的文化理念，能够引导政府制定有效的政策举措进行乡村古镇复兴的顶层设计，能够积极有效地发掘古村落文化价值和内在活力，能够吸引专家学者和企业家进行智力与资本的投入，能够改变人们的生活、创业观念形成重返乡村的潮流。也唯有坚持先进的文化理念，才能保持乡村古镇的基本风貌，才能再造乡村生活具有现代文化气息的现实活力，才能让乡村生活形态成为现代社会生活形态的一个重要形式，才能让村落成为人类居住模式、生活方式多样化的重要保障。

最后，以文化为导向，不仅是乡村古镇保护发展应当遵循的一种理念和思路，而且是文化产业发展应当坚持的一种姿态与方向。文化产业发展若以产业为导向，往往造成对文化精神的扭曲、文化品质的损害、艺术品位的下降，最终使产业走向末路。以文化为导向是提升产业发展的民族素质、精神品格、设计格调乃至思想高度的前提，因而也是国家富强兴盛的内在要求与根本标志。

要推动新时代文化产业高质量发展，首先要厚植文化发展的深厚土壤，培育尊重文化、热爱文化、崇尚文化的社会氛围，这也是文化自觉的内在诉求。一方面要依赖教育改革以提升人文素质培养水平，另一方面也是促进文化市场形成和文化消费习惯养成的基础和前提。当然，文化产业的高质量发展包含多方面内容。与一般物质产品的高质量发展应当朝以高科技、新工艺为基础的高品质转向不同，文化产品的高品质除了包括技术、制作的高品质，更包括价值理念、艺术审美、趣味格调等精神方面的先进性、导向性和高雅化。文化产业的高质量发展离不开水平一流的文艺创作队伍，离不开质量一流的文艺精品。文艺精品既是文化创造的原动力，也是造物文化附加值和影响力的核心来源；既是游戏、旅游等相关产业知名IP产生的温床，又是生活品质格调与健康生活方式的重要支撑。在文化产业跨界发展的态势下，IP产业价值的生命力和价值链将不断延伸扩展，成为新兴文化科技产业、文化衍生品产业及新商业模式形成的重要动力。不仅如此，作为精神文化产品的文艺精品还为造物文化的设计提升提供了重要的美学资源和设计灵感，制造业的全面转型升级离不开一流的创意设计。设计大师们则往往应首先是艺术大师、文化大师，拥有深厚的文化艺术素养，当代国际著名设计师通常都是具有高度艺术修养的文化人。而众多国际著名品牌在设计上为了融入更深厚的文化艺术内涵，开始更多地寻求与知名艺术大师的合作。国际著名艺术大师、设计大师的存在，往往决定了一个国家包括奢侈品、日用品在内的工业设计及工艺美术等的发展水平，也往往标志着一个国家或民族的设计文化高度。发达的现代制造业不仅体现着一流的技术和工艺水平，而且显示着一流的设计文化和美学思想，甚至能展示出一个国家和民族的精神特质与灵魂。高水准、高品质、高格调的文化产品背后一定拥有体现人类终极价值的文化理念，而终极价值观恰恰在最深刻的层面展现着人类的普遍追求和理想。文化产业的高质量发展，不能仅仅体现在卖出多少一流水准的产品，产生多少数值的利润，更重要的是能否让消费者认同产品所传递的美学意识、价值观念及生活方式，而这恰恰需要先进文化理念、深厚人文底蕴的支撑。

二、顶层设计的文化视角

以文化为导向就是突出文化的引领性、主导性地位，强调文化优先原则和对产业活力的激发作用、赋能作用，强化以文化人、以文育人、以文促产的功能。这些功能的实现需要在实践层面建立起一个逻辑性的展开，即从顶层的设计开始，确立符合时代要求、社会伦理、文化规律、消费需求的发展理念、正义伦理，推动文化的正向发展及其与相关行业的融合发展。

（一）确立发展伦理

不论是文化产业还是乡村古镇的发展，都不能仅仅为发展而发展，而要将发展的目的、方向及对一个地区乃至国家的价值意义作为前置性条件加以审慎思考与精心谋划。以文化为先导的发展思维有助于确立合乎时代要求和主流价值观的发展伦理，形成以人民为中心的价值立场，体现以人为本的人文精神诉求，遵循真善美的价值取向，坚持基于正能量的价值引导，使人们在社会经济文化活动中自觉秉持道德操守，促进人类社会有序发展。今天，人们已经积累了不少关于乡村古镇复兴的经验与知识，但“面对世界的态度比掌握知识的多少更重要”①。文化自身发展伦理的确立，既在于要正确把握历史传统与时代精神、民族文化与外来文化、精英文化与民间文化等之间的关系，也在于要正确把握社会效益与经济效益、发展速度与发展质量、高雅趣味与大众娱乐、自然环境与人文环境等之间的关系。

从乡村古镇的发展来看，以文化为先导有助于确立长远发展观

---

① 王澍：《造房子》，长沙：湖南美术出版社，2016 年，第 15 页。

念，并从最基础和最根本的问题与环节着手，一方面确立乡村古镇的特殊文化风貌以形成区别于城市的发展路径，另一方面摒弃急功近利的粗放式开发文化资源的做法，还要注重文化发展对乡村良好社会风气的促进作用。乡村古镇的复兴，关键在于提高人的素质，树立文化为本的意识，为保护、挖掘古村落文化精神和艺术元素奠定基础。当务之急在于保护历史建筑遗产、手工艺传统和农业文化遗产，牢固树立保护优先意识和原则。保护固然需要资金和产业支撑，但绝不能以损害、侵蚀文化资源，阻断、隔绝传统文脉来获取经济的发展。留住文化遗产就留住了乡村最有价值的东西和最大的文化资本。乡村古镇是深厚历史文化富矿的重要载体和蕴藏地，长期的农耕文明孕育了乡村的信仰体系、民俗体系、道德体系、手工艺体系、生活美学体系等民间民俗文化系统，其中不乏富有艺术价值和生命力的非遗文化，它们在文脉传承、文化创新中显示出城市现代文化不可替代的特征与作用。一方面，这些文化遗产依然具有文化生产能力和市场空间，是村民生计和乡村产业的重要来源和支撑，也是推动当代中国发展的不可或缺、不能忽视的重要驱动力；另一方面，非遗与旅游的结合、手工艺与现代设计的结合，是当代文化创新发展的重要组成部分，能够为现代艺术设计、工业设计提供本土化的独特文化资源，以此构建中国本土现代设计体系，进行民族化的可持续性战略设计。

确立发展伦理不但能正确引领发展方向、有效发掘传统文化价值、激发现代文化创新，而且能从时代进步的角度确立发展理念和批判视野。面对传统文化在传承中遇到的问题，不能以回到传统的方式去继承传统，而应当以文化发展的方式来解决传统文化的现实困境及现代文化的走向问题。强调以文化发展的方式继承传统，其意义在于它凸显了文化与社会、经济乃至科技发展的同步性，体现了文化与时俱进的历史跟进理念，甚至还体现了文化所具有的未来意识与前瞻性。这不仅符合文化自身借助发展而体现其生命力，而且符合传统文化伦理价值生命在现代社会延续的现实诉求。传统文化如何与时代发展同步？现代化进程中如何实现文化的现代化？乡村古镇留存的农耕文化如何适应现代农业、现代乡村手工业、现代乡村服务业，以及与城市文化的同步发展？这些都需要我们在发展中去探索、去实践。今天我们已经在优秀文化传承方面取得很大进步，这些进步无一不是艰辛探索和实践的结果，未来我们还要继续这种探索。但如何保证这些探索的科学性、合理性？如何确保文化创新实践符合文化发展规律和时代要求？这就要建立批判性视野，借助科学的、经常性的辩证反思，不断对文化及文化产业的发展方向进行审视、反省和评判，不断进行纠偏、调整，改进、完善。比如，经过探索和实践，我们应当对传统文化保护继承中建设性破坏发展方式进行反思和纠正；对继承发展中的创造性转换方式进行调整、优化。要从传统文化嫁接式的转型转换为创新式的转化，既注重传统的硬转化，也注重传统的软转化，即在深刻理解传统文化审美与内在精神的基础上，结合当代社会、经济、科技的现实条件与需求，创造性地传承和运用先人留给我们的宝贵遗产。这种批判意识的确立，同样需要建立在鲜明的文化伦理价值取向基础之上。

（二）丰富产业内容

文化发展伦理解决的是发展的价值立场、目标方向、行为原则，确立文化自信的心理依据、动力源泉，简言之，是解决文化发展理念及如何保障理念的先进性问题。以文化为先导，既有助于确立文化发展伦理，又有助于明确文化自身的价值方位和主体品格，而且还有助于确立文化价值的实现方式——文化应当以价值输出、意义生产、审美展现、精神传播等方式实现其价值，而不能以资本裹挟、利益绑架、商品附庸、低级趣味等方式来实现。

文化产业的发展应当坚持先进价值导向，突出人文精神，坚持内容为王，坚持人本内涵。在大数据、互联网、人工智能飞速发展的今天，文化传播的渠道与效率得到极大的扩展和提升，使传播内容处于相对匮乏的困境。以文化为先导，充分发掘东方古国的文化富矿，激活尘封的文化遗产，是丰富传播内容、丰富产业内涵的有效方式。乡村古镇的发展，产业兴旺是先决条件，但乡村文化产业的发展离不开对在地文化的深入挖掘与合理利用，也离不开当代文化的有机植入与导引。乡村古镇深厚的文化积淀可为文化产业及其他产业的发展提供丰富的精神内涵，借助新颖创意和现代设计，为产品的丰富性提供不竭的源泉；借助现代艺术观念和视野，对乡村古镇进行文化再提炼、再发现、再创造。乡村古镇传统手工艺就是一个文化富矿，在今天却面临式微、消失的境地，幸运一些的被收藏进博物馆，不幸的已经接近消亡，只有少数能够存留于当代日常生活中，或作为元素构成被运用于现代产品设计。乡村古镇传统手工艺随着乡村青壮年的流失和市场的急剧萎缩，其生存的物理空间被掏空、文化生态遭侵蚀、群体聚落被消解，致使若干年前还轻易能够做出的精致手工产品，现今已然无人承继，即便市场有需求，也难觅手艺高明的传统工匠。因为，乡村古镇中“多数年轻人已经与乡村隔绝，与伴生的根部文化决裂，传统造物文脉在他们个性与身份塑造中的烙印已经消解，失去与土地联系的大多数人的文化品质，如同培养液里靠人工培植的水生植物，尽管外表繁荣，实则心无所依”①。挽救与发掘传统手工艺，在认知上的强化尤为重要。中央电视台摄制的纪录片《中国手作·木作》把传统手工艺本身作为

① 叶朗主编：《北大文化产业评论 2018 年》，北京：华文出版社，2019 年，第 62 页。

现代影视题材进行创作，不仅生产出优秀的影视作品，而且借此提升了人们对传统手工艺的认知，有助于当代人重新发现其价值，这是推动传统手工艺复兴不可缺少的环节。实践性的复兴也已经在越来越广泛的领域展开：博物馆展示与体验性演示成为丰富旅游内容的重要方式，手工艺产品品质提升与品牌打造繁荣了旅游纪念品市场，传统技艺的恢复完善为现代工艺品和工业设计提供了取之不竭的创意元素与灵感，手工艺传递的智慧之光和工匠精神延续了源远流长的中华造物文脉。乡村古镇传统建筑文化是构成其历史文化价值最重要、最直接的部分，其中的建筑造型、营造法式、空间布局、装饰美学、园艺景观等充分体现了村落先民“独特的哲学思想和构造体系，是极有价值的文化财富”①，并且蕴含着丰富的制度文化、礼仪规训、家风家训、人格修为等一整套乡土文化体系，是值得珍惜维护与传承利用的，其当代价值需要重新认识、发掘建构和转化利用。

（三）提升产品附加值

乡村古镇的发展离不开文化品牌的打造和影响力拓展。但乡村古镇的振兴是一个综合性、整体化的系统工程，乡村特色文化产业的发展只是系统工程中的一个组成部分。文化产业作为乡村古镇复兴的基础支撑，涉及农业、农产品加工业、手工业、旅游业（包含餐饮、民宿）等多个领域，甚至可以通过资本运作打造互联网、游戏动漫、艺术聚落、生态小镇等主题特色村镇。在供给侧结构改革背景下，文化创意、设计服务与相关产业跨界融合已成为我国乃至世界经济发展的重要趋势。以文化为导向，是实现相关产业提质增效、提升附加值的重要途径。

---

① 中国民族建筑研究会：《前言》，《2017 年中国特色小镇与人居生态优先规划建筑设计方案集》，北京：中国建材工业出版社，2017 年。

以文化为导向，能够对乡村古镇的传统文化进行有效保护利用和创新转化，形成更加丰富多样的产品。被激活的传统文化与不断创新的现代文化，一方面能够带给乡村古镇新的文化氛围和文化活力，另一方面能够形成越来越多的文化品牌和IP资源，成为与相关产业融合并提升其附加值的重要文化资本。在这个过程中，乡村古镇借助强化产品创意设计、丰富产品类型品种、细化分众市场，还可以在产业领域形成富有文化内涵的系列品牌。这就需要在强化文化内涵的前提下，融合传统工艺与现代设计，融合文化与其他产业，融合在地资源与外来元素，融合传统民俗与当代生活，开发和培育基于本土文化特质的品牌。这不仅能提升各类产业的附加值，而且能不断增强区域品牌的影响力与竞争力。事实上，这也是优化产业结构的过程。乡村振兴需要依据各自特定的资源禀赋和商业机遇，借力于科技、资本、人才等资源形成不同的产业优势、商业模式和发展形态。但在历史文化资源最为丰富的传统村落，应当以文化为基，以文化为魂，将文化作为产业发展和优化的重要智力资源、驱动要素；即便相关产业发展形成一定的规模，也不能放弃本土文化的保护和利用，而要善于将在地传统文化融入不同产业之中，有意识地打造富含本土文化基因的产品和品牌，这也是确立产业特色、产品特质的有效方式之一。要将传统农业纳入现代农业体系之中，在生产方式上构建现代农业产业体系、生产体系、经营体系，使小农业向市场化、商品化的大农业转化。乡村古镇复兴，除了需要调整乡村生产关系之外，关键还有赖于两个方面的因素：科技之维与文化之维。科技之维往往呈现出对产业突破性跃进的作用，文化之维则呈现为对产业渐进式提升的效果。在许多时候，作为文化的重要组成——设计往往比技术本身更重要。“对于所有因其文化原因而注重技术创新的人们，我们需要强调，设计才是运用他们技术的强大因素”，“设计通常是创新的中流砥柱”①。在农业科技发展水平相对稳定的时期，文化创意就拥有对产业拓展和价值提升的重要作用。创意设计的全面、深刻介入，不仅能提升产业的附加值，而且能有效优化乡村产业结构，为乡村古镇的社会与环境治理提供良好基础。只有以文化为导向，借助创意设计打通第一、二、三产业，推动乡村古镇产业整体融合发展，才能够真正实现从生产到生活的活力再造。

以文化为导向还应有具体的落地方式。在此我们特别强调要充分意识到设计文化赋能乡村各产业的实践性价值和作用。不论是乡村古镇的整体营造，还是文化及相关产业的复兴繁荣，都离不开设计文化的支撑。从环境到人居，从产业到产品，没有基本的设计文化普及，乡村除了自然景观尚有魅力之外，村落中的人居环境和文化氛围将永远处于粗陋杂乱、衰败沉暮的境况，甚至原本美丽的自然环境也会被毁损。因为“设计文化的缺乏造成了审美文化的普遍缺乏（美、风格、品位、图文、色彩……）和越来越多的技术和工业文化的缺陷”②。设计文化对环境规划、风貌保护的治理和社会风尚、生活美学的营造，对创意农业、传统工艺的赋能和产业转型、产品品牌的提升，都发挥着不可或缺的重要作用。继中共中央办公厅、国务院办公厅于2018年2月发布《农村人居环境整治三年行动方案》之后，中国住房和城乡建设部于9月出台《关于开展引导和支持设计下乡的工作通知》，强调要引导和支持规划、建筑、景观、艺术设计、文化策划等领域设计人员下乡服务，从顶层大幅提升乡村规划建设水平。浙江省早在2017年就出台《关于推广驻镇规划师

① 米歇尔·米罗：《完美工业设计：从设计思想到关键步骤》，王静怡译，北京：机械工业出版社，2018年，第22页。

② 同①，第16页。

制度的指导意见》，现已实现全省1191个小城镇规划师全覆盖，其中尤为重视对乡村工匠、乡土创意人才的培养，意义深远。浙江省还出台了推进特色小镇、美丽乡村建设等一系列政策意见，体现了从顶层设计和设计文化普及角度对乡村建设的战略考量，显示出以文化设计引领乡村发展的先进观念，也因此成为全国乡村古镇规划保护、复兴发展的先进省份。

（四）解决发展不充分

乡村古镇的复兴，表面看是经济、社会发展滞后于城市，但其核心问题在于文化发展的滞后与不充分。主要表现为人的文化觉醒与文化自觉的不充分、不到位，更具体地说，是对乡村古镇文化价值认识不足：既不能从历史和传统角度去看待乡村古镇文化对于中华民族文化的独特意义，也不能从长远角度和宏观视野去看待乡村传统文化的现代价值，而更多地把乡村传统文化看作落后于时代、隔离于城市、脱节于生活的正在衰弱、消亡的文化。乡村传统文化自信的缺失，必然导致人们无法意识到乡村古镇文化在体现和延续中华传统文化中的重要作用，也无法意识到在现代化进程中保存文化多样性、凸显文化独特性、焕发现实生命力的意义与可能。因此，乡村古镇的复兴，势必要从增强乡村干部、村民的文化自觉入手，唤醒他们对乡村传统文化的保护与运用意识；同时也要提升全社会对乡村古镇文化价值的认识。只有在这个基础上，规划设计、文化创意、金融资本的导入才有意义，才有激活古老农耕文明的实践基础。

当然，解决乡村古镇文化发展不充分无疑是一个复杂的系统工程，也是一个需要假以时日的时间过程。乡村古镇文化的复兴，需要在民众意识、社会认知、商业运营和政府推动等多个层面和途径展开才能得以实现。以文化为导向，就是要聚焦乡村传统文化这个核心，系统、全面、深入挖掘包括工艺文化、民俗文化、农耕文化、在地文化（包含在地生态文化、动植物文化）等在内的乡村精神文化和造物文化，深刻把握、梳理、提炼其中蕴含的生产、生活智慧结晶和生存、生态哲学思想。从造物文化流脉整体来看，可充分感受传统造物文化所贯穿的人与自然和谐共处的哲学思想。从古村落建筑中，可挖掘古代人民因地制宜、就地取材的建造理念，汲取依山就势、依水布局的规划思维，传承空间美化、室内装饰的人居美学；从传统手工艺中，可体察民间造物手巧工细的匠心技艺，探寻融入生活的人文气息，寻觅失传秘技的奥妙机巧；从乡村民间美食中，可发掘精致巧妙的烹饪美学，汲取靠山吃山、靠水吃水的生存智慧，提炼取材有法、搭配有方的辩证思维；从乡村民间文化中，可探寻文艺传统的原生形态，体察乡土文化的美学情趣，发现民间艺术的生命活力；还可从村规民约中汲取乡土民间的社会管理思想，从民间习俗中探寻村落生产与生活的组织方式等①。总之，当我们以文化的眼光去看待乡村古镇文化，不仅看到的是满眼的宝藏，而且能看到文化自信的根基，更会增强对本土文化的认同。

解决乡村古镇文化发展不充分问题的另一个意义，在于能促进城乡的协调发展。城乡发展不平衡除了表现在经济方面外，另一个重要方面就是乡村文化的欠发达，也正因如此在很大程度上制约了乡村经济的发展。补齐乡村文化的短板，不能仅靠公共文化服务的完善，尽管“乡村公共文化空间是村民公共文化生活的重要载体，公共文化空间的数量、内容和形式决定着村民的文化生活质量”②，但这只是一种供给式的文化，难以形成文化发展内生动力。因此，

① 李荣启：《民俗类非遗在当代的保护与传承》，《艺术百家》，2018 年第 6 期。

② 张培奇、胡惠林：《论乡村振兴战略背景下乡村公共文化服务建设的空间转向》，《福建论坛》（人文社会科学版），2018 年第 10 期。

还要将文化作为一种生产力资源，导入乡村古镇的特色旅游、创意农业、养生休闲、新型手工艺等各领域，不断活化乡土文化、丰富乡村产业内涵，充分发挥创意设计的赋能作用，提升相关产业附加值。总之，要以文化自身魅力唤醒人心，以创意设计激活产业，以生态文化促进环境优化，以新型乡村文化提升文明、创造福祉。

三、综合思维与乡村古镇复兴

如何使广大乡村古镇成为当代生产生活的重要空间，形成与城市互补互动的产业基地、资源腹地、生态福地，是解决乡村古镇复兴乃至乡村振兴的关键问题。这一问题的解决，不仅能使乡村产业发展兴旺，而且能使乡村文化得以复兴并形成有自身独特魅力的文化空间。从众多被列入中国传统村落、历史文化名村名镇乃至世界文化遗产的乡村古镇来看，它们在历史上除了产业兴旺、商贸繁盛之外，都拥有繁荣发达的地方戏曲曲艺、民间工艺、乡土艺术，其底蕴之深厚、根基之稳固、影响之久远，已然成为中华民族文化赖以存在和发展不可或缺的沃土。因此，以文化为导向推动乡村古镇复兴，便是从兼具经济价值、社会价值和文化价值的古镇历史文化入手，撬动正在板结和失去活力的乡村传统生产、生活形态，使其走出当下困境，实现现代条件下的甦醒。

（一）分类施策，分级营造：从千村一面到千村千面

我国不同区域的乡村古镇从其历史形成格局看，几乎无一例外都具有统一的建筑风格、独特的室内装饰、合理的村巷肌理、自然的山水格局、丰富的物产农作、精巧的传统工艺。这些历史文化遗存之所以能成体系地形成并维系至今，与先人依据独特的地理、环境条件及生存与建造理念进行精心规划布局、潜心构筑营造分不开，

也因此形成中华大地上东西南北各具地域特色与风貌的乡村古镇。乡村振兴首先要充分保留各地古村镇自身特点，在全面强化规划、设计的前提下，以保护优先、合理利用为原则，实行政府保护为主，民间社会保护为辅，探索多元化保护方式，“鼓励采取村民自保、私保公助，产权转移，公保私用，认领、认养、认保等方式”①，建立和形成多元化、社会化、转移性的传统村落保护机制。乡村古镇形态和产业形态的多样性，决定了保护和发展方式的多样性。一个区域的乡村古镇或许在建筑上有雷同之处，但村落肌理、历史人文、地景风貌、植被物产等都存在不同程度的差异。因此要深入考察、仔细梳理、分类施策。解决千村一面问题，关键在于以文化视角确立差异化发展模式，提炼村落核心文化特征和资源禀赋，找准关键性问题，以系统性、整体化的方式，形成战略性解决方案。如维护在地村落整体面貌与建筑特色，形成“浙派民居”“徽派民居”“闽北民居”“闽南民居”等各具特色的传统村落。根据乡村古镇地理区位、交通设施、市场规模等的评估，精准定位、细分客户、分级营造，形成不同乡村古镇在发展模式、规模体量、客户群体、产品特质、服务方式等方面的错位与差异发展。

（二）聚焦传统，对接当代：从农耕习俗到当代生活

不同地区乡村古镇的形成，在历史上往往有其特殊的优势产业、在地传统手工艺和农耕文化习俗。工业化转型之前，它们不仅具有繁荣的市场，而且有活跃的地方文化生活。随着工业化和后工业化时代的降临和发展，也随着现代农业的发展与成熟，这个延续了数千年的活态的生产生活体系被打破甚至肢解，仅留下难以为继的余脉和静态的历史遗产。如何给这样一份历史遗产注入新的生命，是

---

① 参见《浙江省人民政府办公厅关于加强传统村落保护发展的指导意见（浙政办发〔2016〕84 号）》，浙江政务服务网，www. zjzwfw. gov. cn.

我们今天需要深入思考的问题。寻求解决之道，既要关注乡村古镇物质性遗存的延续，更要关注其传统生产技艺和当地生活习俗的传承。后者事实上决定着前者是否还能体现当代价值，实现活态保护。不被合理利用的保护无法真正呈现文化价值和保护意义，也无法真正赋予乡村古镇活的灵魂与永久生命力。出路就在于如何按照现代产业规律和文化发展规律去推动传统与当代的有机对接、融合。

在漫长的历史过程中，乡村古镇的农耕生产方式形成了特有的生活与劳作习俗。这些习俗随着现代化进程和现代文明的发展，逐渐失去了存在的根基，有相当一部分面临不可挽回的衰弱境况。尽管其中有不少是非物质文化遗产，需要保护，但由于其赖以存在的生产生活体系的瓦解和消失而无法以原生的方式保留，其命运是要么进入博物馆，要么以现代转身的新形式继续存在。因此，对接当代就是要处理好生产生活环境保护与生产生活方式保护之间的关系，做到二者并重。以文化为导向的保护，就应当一方面尽可能保留那些仍然有生命力的农耕习俗，维系支撑其存在的生产生活系统，形成乡村特有的文化氛围和气息，以区别于城市生活；另一方面积极寻求农耕传统习俗与当代生活习惯的连接点、呼应点，从农耕习俗出发，进行有机、合理的当代改造和演变，使之逐渐融入当代生活，并形成新的乡村生产生活模式和传统。传统乡土文化中蕴含着丰富的绿色生态思想，体现了天人合一的哲学理念，以及顺应自然、利用自然的规划建筑思想。例如，作为世界文化遗产的丽江古城，在城区布局上充分利用地形地势，依水而建，贯通溪流，网状布局，不仅解决了水源问题，还极大地方便了人们的日常生活用水。而我们今天许多地方的郊区房地产开发，往往大动土木、挖山毁树、阻断溪流、破坏生态、影响景观，背离了传统城镇科学的、生态的构建理念。

农耕习俗向当代生活的转化，不只是单向度地与城市对接，更不是模仿城市，而是要有意识地创造当代农耕文化和习俗。在这个定位和认知基点上，还可进行城市生活的反向植入与对接，即将当代城市生活方式乡村化，以乡村的方式改造和体现城市文化，并以此满足城市居民入乡生活的体验需求，使乡村成为散发乡土气息的现代生活空间。如果我们将乡村城市化，把广场、公园、草坪、喷泉、马路等城市景观生硬植入传统村落，不仅会直接构成对乡村古镇的破坏，而且会将乡村变成城市的飞地和微缩版。

（三）立足在地，培植品牌：从乡土资源到在地创生

乡村古镇建设立足和突出包括建筑、道路、水系、池塘、庭院、物产等在内的在地元素，充分利用乡土资源进行创意设计，凸显具有鲜明识别度的在地符号与文化基因；同时适当融入外来和现代元素，赋予乡村文化以新内涵、新形式。在这个过程中，我们应当依据乡村的资源禀赋进行分类定位、细化设计。对于本土文化特征突出、在地依存度高、不易走向国际的乡土资源，品牌定位应针对国内乃至区域消费群体；对于虽源于乡土但具有现代特性和生命力的乡村资源，可面向国内外消费群体进行创意设计，培育国际知名品牌。

乡村古镇资源的在地创生和品牌构建，不可避免要借鉴国外现代设计经验和语言，这也是赋予传统乡村文化现实生命力的重要方式和途径，但同时也要高度关注当代中国的伟大创造和丰富实践，从中提炼和形成具有当代中国特质的创意设计和造物美学，以充分体现21世纪的中国对世界文明的新创造、新贡献。以乡土资源进行在地创生，多样化、开放性的探索格外重要。乡土文化资源之间的互动融合是激活其生命力的途径之一。传统非遗技艺可以依据现实生活需要和技艺的可能，进行嫁接融合，如银饰煅制与漆艺的结合、农民画与漆画的结合、竹丝镶嵌工艺与白瓷烧制技艺的融合等，可以产生新的产品形式。乡土文化与现代文化的融合则是创造性转化、创新性发展的主要途径，是实现在地资源活化并融入现代生活和生产的重要方式。如“绿竹翁”品牌以传统竹编工艺为基础，关注当代日常生活所需，运用现代设计语言设计出一系列适合当代人日常生活习惯的系列竹艺及日用产品，有的产品还具有一定的后现代风格。还有一种方式，是尽管也立足在地乡土资源，但却淡化地域性色彩，仅仅提取其经典的元素进行现代设计，并依据一定设计理念形成具有国际化特征的产品品牌。如爱马仕的子品牌“上下”，其核心文化元素来自中国民间工艺和文化符号，并没有明确的地域特点。这些文化符号经过造型、功能的转换而成为不同文化背景的消费者均可接受的国际风格。这些方式和途径，都离不开对乡土文化资源的深入发掘和悉心探究。唯有如此，才能内在地传递乡村在地文化美学特质并进行有效的转换，才能既拥有时代印迹，又凸显创新体验，使产品和服务源于在地元素，又不局限于在地，而是以在地为依托和土壤进行的新创造，是经过现代设计语言转换的传统文化，是面向当代、指向未来、无限开放的在地和本土，由此才能培植打造真正的现代产品品牌。

（四）设计引领，跨界融合：从功能需求到文化体验

乡村古镇的复兴不仅依赖于对自身历史文化资源的保护和利用，而且是与城市各领域的发展密切关联、协调互动的过程，是一个需要城乡互动协调的系统化工程。以设计为引领，除了要实现村落分类施策、分级营造的基本目标，还应当在更宏观的层面引入城市视角和跨界视域进行整体性的规划设计。城市视角的引入，即是在考虑乡村自身需求的过程中，如何使城市成为乡村创意设计的智力来源和资源产品的市场空间，同时也充分考察、分析现代城市人对乡村的想象和诉求。例如，绿色设计虽然也适合于城市，但从生态宜居角度看，绿色设计更易于在乡村落地实施，也更易于构建符合现代城乡居民向往的新乡村。这就要求我们对乡村自身资源优势、产业禀赋有宏观的整体把握，这决定着我们对乡村古镇发展定位是否具有科学性，也决定着我们能否以前瞻性的洞悉处理好城乡互补性需求，最终实现城乡的良性互动、共生发展。在此前提下，跨界视域的引入，则是在实践的、操作性层面全面推动乡村古镇文化资源与包括城市在内的相关产业的融合。跨界融合不仅关系到乡土文化载体的更新和影响力的拓展，也关系到日渐式微的传统非遗文化生命力的激活与再造；不仅能促进农村第一、二、三产业融合发展，也有助于整合城乡之间的产业资源与市场资源。

以设计思维去把握乡村文化创意与相关产业的融合问题，有利于我们在更加开阔的视野中去寻求切实的整体性解决方案。跨界融合的着力点同样应当以文化为导向，立足于从文化的视角运用设计手段赋能各行业，聚焦于产业的文化化。在这个过程中，我们不能满足于完善产品功能，也不能停留于简单添加文化标签，而要有意识地依据当下体验经济的趋势，借助创意设计进行以个性化文化（审美）体验为主的系统化设计，尤其要注重推进“设计 +”工程，超越单一生产、生活域限，超越单纯产品层面，融入富有生活情趣、创意想象、地方特色的元素与服务，将产品的设计纳入体验性服务的框架之中，成为体验服务的一个环节。以设计思维引领，我们便能够将乡村古镇的历史文化资源作为开放性的母体，细分资源的特质与禀赋，有针对性地进行广泛的行业嫁接与价值融合，依据当代人消费习惯和消费心理特点，精心设计融合性产品和分众化服务，使产品设计更多地以文化体验为中心，形成完整的“设计 +”文化体验服务体系。

文化基因与话语建构

文化遗产是人类文明创造的历史遗存，是人类社会不同民族劳动与智慧的结晶，蕴含着丰富的美学精神、造物智慧和历史记忆，也是我们今天进行文明创造不可或缺的重要基石与灵感源泉。正因如此，保护文化遗产不但成为人们的共识，并且形成日臻科学完善的保护与利用理念，而这一切都建立在人类对文化遗产认知的不断拓展和深化的基础之上。

文化发生发展过程的复杂性，以及文化与政治、经济、社会关系的复杂性，决定了人们对文化遗产认知历程的曲折与漫长，更导致了人们在文化遗产保护实践中探索的艰辛与反复。晚近艺术社会学与文化社会学的建立，表明了文化与人类社会发展之间千丝万缕、错综复杂的关系。英国学者维多利亚·D. 亚历山大曾这样解读文化专家温迪·葛瑞斯伍德所发展的“文化菱形”思想：艺术是由一位或一群艺术家创作而成，而不是在没有人为介入的情况下奇迹般出现的。艺术并不触及整个社会，而是触及由社会体系中的个体组成的特定群体①。所谓“文化菱形”事实上只是一种说明图形，是在作者、艺术、消费者和社会这四个要素之间提供六根相互连接、类似菱形的线来表明它们所存在的复杂关系，旨在帮助人们理解文化与社会等要素存在哪些贡献，其意义在于“促使人们更全面地理解文化客体和社会世界的关联……要完全理解一个特定的文化客体，需要先理解所有四个要点和六条连接线”②。葛瑞斯·伍德的观点提醒我们，对于文化和文化遗产的研究应当有更加开阔和动态的视野，有意识地将文化纳入经济、社会和日常生活之中，纳入人类认知发展和实践探索之中进行考察，这是我们确立先进理念、规范保护行为、促进文化发展的重要前提。

一、遗产构成的认知轨迹

人类对文化遗产的认知与保护经历了一个十分曲折的过程。由于人类历史发展动力的多元性与复杂性，也由于人们在不同历史时期所肩负使命的差异性，还由于认知能力的不足和偏差，导致人们对文化遗产的认识存在许多误区，其结果是造成了不计其数的文化遗产和遗存被人为毁坏，留下无可挽回和难以弥补的损失。著名学者吴良镛指出，城镇化建设中古建筑遭到破坏，“尽管情况错综复杂，其共同点则可以归结为对传统建筑文化价值的几乎无知与糟蹋，以及对西方建筑文化的盲目崇拜”③。纵观人类文化遗产保护的历史

---

① 维多利亚·D. 亚历山大：《艺术社会学》，章浩、沈杨译，南京：江苏凤凰美术出版社，2013 年，第 69 页。

② Wendy Griswold. Cultures and Societies in a Changing World（London：Pine Forge Press，1994），p. 15.

③ 吴良镛：《论中国建筑文化研究与创造的历史任务》，《城市规划》，2003 年第 1 期。

可以看出，导致文化遗产人为毁坏的最主要的原因之一，就是认知的狭隘与偏差；而文化遗产被妥善保护的原因，则必然是认知的正确与科学。因此，探讨文化遗产保护问题，认知是一个绕不开的话题。

（一）文化遗产与“文明遗产”

通常而言，要理解什么是文化遗产，只要将联合国教科文组织制定的关于文化遗产的标准搞清楚就可以了，即可以将列入《世界遗产名录》的评价标准作为文化遗产的基本定义或评判标准。就一般情况而言，《世界遗产名录》的评价标准固然可以作为文化遗产的基本标准，但在人类漫长的文明史中所创造的浩如烟海的精神与物质文化面前，仅仅依据一个简单的标准是很难做出全面概括的，也无法穷尽庞大而丰富的遗产类型。事实上，从《世界遗产名录》的六项标准本身，人们也可看出对于文化遗产认知的变化轨迹①。文化遗产的内涵和外延不断延展，时间和空间范畴不断扩大，类型和形态日益多样。从这个现象的基本面看，与其说是文化遗产，不如说是“文明遗产”更贴切，因为文化遗产的覆盖面已经遍及几乎所有人类文明的创造领域，这就需要人们运用广义认识论不断拓展和深化对遗产的认知，如同人们对博物馆的认识“突破了人们头脑中传统博物馆固有的拥有一定藏品和特定馆舍建筑的概念”，出现“生态博物馆和社区博物馆”等一样②，遗产类型的不断扩展也将成为一种常态。但这不等于说只要是人类文明创造都可以成为文化遗产。

---

① 人们对于文化遗产的认知轨迹，指从可移动的文物到不可移动的建筑，从单一建筑到一个建筑群，从完整的古建筑群到一定规模的古遗址，从物质文化遗产到非物质文化遗产，从古建筑群到城市历史文化街区再到古村镇，从古代文化遗产到近现代文化遗产，从纯粹文化领域到各领域的文明创造（如工业文化遗产、农业文化遗产等），从过往的文化遗存到现存和活着的文化遗产（如文化生态保护区等）。

② 单霁翔：《从“馆舍天地”走向“大千世界”——关于广义博物馆的思考》，天津：天津大学出版社，2011 年，第 9 页。

那么，这就涉及文化遗产认定的内在规律和生成的内在逻辑。对于这种规律和逻辑的认识与把握，显然要远比了解文化遗产的标准来得更为重要。

（二）内涵变迁与动态性价值

文化遗产界定的最基本规律和逻辑是什么呢？在笔者看来，文化遗产应是那些在各个历史时代不同领域中创造并被普遍认可的具有代表性的文明成果，包括那些历史上创造的纯粹功能性的器物与设施，以及具有改变人类历史进程、发展走向与形态的机构组织所在地和承载重要历史事件的建筑（群体）等。换句话说，给人类生产生活带来重要变化和产生深刻影响的一切文明创造，都有可能成为文化遗产。事实上，文化遗产通常是某领域中经典性的创造，而“经典需要特殊的历史背景”，“可以认为，经典时刻描述了所谓的范式转变”①。这表明遗产的生成往往源于某种创造范式的转变。这样来看待和评价文化遗产，不仅能解释文化遗产概念范畴何以不断延展，而且能解释甚至预测今天的文明创造是否可能成为未来的文化遗产。历史地看，文化遗产本身就是一个发展变化的概念，是随着人们认知的变化而变化，随着时代的发展而发展的。这种动态性也体现了不同的文明创造对于人类发展的作用也会因时因地发生变化。人们能够理解故宫、天坛、大雁塔可以成为文化遗产，毕竟这些建筑的恢宏与精美及其历史价值堪称经典；可是，人们或许没有想过那些在建造之时并不具有文化艺术价值的物质创造，居然在今天也可以成为文化遗产——都江堰在古代是一个大型水利工程，今天却因为其发挥的历史作用和独特高超的建造技艺水平而成为文化遗产；长城是冷兵器时代能够发挥重要防御作用的军事设施，并随

① 彼得·埃森曼：《建筑经典：1950～2000》，范路、陈洁、王靖译，北京：商务印书馆，2015年，《导言》，第3页。

着热兵器时代的到来而成为失去功能作用的建筑，但今天不但没有被拆除反而成为世界文化遗产。再比如德国的包豪斯学院，作为近现代以来改变人类造物文化发展方向（笔者以为，这种方向的改变就是彼得·埃森曼所说的一种造物范式的转变），确立了现代设计教育体系的世界第一所专业现代设计学院，因其独特的历史影响而成为遗产项目，并不因为它只有短短十几年的存在时间①。以上事例表明，所谓文化遗产并不仅限于狭义的文化领域，而是涉及人类所有文明创造；也表明，已经逝去或未曾逝去，但发挥重要作用的文明创造，都可以成为文化遗产。中国今天的超级工程如天眼、港珠澳大桥及国家大剧院、鸟巢、空间站等，完全可能成为未来的文化遗产。日常生活中的物质产品，如手机、电脑、打印机、台灯、电视机等，它们在各个时期生产的经典款式，也可以成为设计文化遗产。遗产的生成不仅涉及生产范式、历史时刻，还涉及诸多关联性因素。彼得·埃森曼就曾指出，经典建筑不应该被当作自身孤立的物体，对它的研究需要关注其反映特殊时刻的能力，以及其与之前之后建筑关联性的能力②。引入关联性视域有助于人们更准确地评判遗产的价值。可见，人类的文化与文明创造，其价值具有明显的动态性，这种动态性决定了文化遗产概念内涵的持续扩展与延伸。

（三）文化遗产：预判与新创

不难看出，文化遗产作为一种概念，在历史的发展过程中，其内涵与外延不是一成不变的，而是随着社会历史及人们认知的发展而发生变化。以这样一种认知态度来看待文化遗产，就能够避免人为毁坏文化遗产，妥善保护已经确定的文化遗产和未被确认为文化

---

① 包豪斯档案馆、玛格达莱娜·德罗斯特：《前言》，《包豪斯 1919—1933》，丁梦月、胡一可译，南京：江苏凤凰科学技术出版社，2017 年。

② 彼得·埃森曼：《建筑经典：1950 ~ 2000》，范路、陈洁、王靖译，北京：商务印书馆，2015 年，《导言》，第 5 页。

遗产的当代创造。因此，我们应当以更为开阔、更加动态的眼光去看待人类的文明创造，以期最大限度、最大范围地保护全人类的文化遗产而不至于留下遗憾。从这样的认知出发，我们甚至应当对可能成为文化遗产的物质创造进行预测性保护，即建立一种由政府文化管理部门和文化专家共同参与的文化遗产预判机制，对可能成为却暂未被列为文化遗产的项目进行前置性保护，给可能成为历史遗产的当代文明创造留出机会和空间，以前瞻性的思维杜绝当下和未来可能发生的文化遗产破坏现象。正如单霁翔所言："人们不仅要'为今天收藏昨天'，而且还要更多地关注人类的'今天'和'明天'，为'明天而收藏今天'。"① 这无疑是富有远见的认知，也是深刻把握了文化遗产本质的洞见。在我们身边，就拥有许多值得收藏的"遗产"：王澍设计的宁波博物馆、中国美术学院象山校区专家接待中心（水岸山居）、贝聿铭设计的苏州博物馆，这些建筑就其设计文化价值而言，完全可能成为未来的文化遗产，可先行进行必要的保护。欧美的一些当代艺术博物馆就把如凯瑞姆·瑞席这样的顶级设计师的作品作为收藏品，不啻是对当代文化创造的认可与尊重。我们将这种文化创造称作"新传统"，即从文明价值角度可以视作或预期将成为文化遗产的当代优秀文化创造。这种确认，不仅拓展了文化遗产概念，更是确立了当代文化发展的风向标。

由于现代社会创造的物质与精神遗存的更新换代比任何时候都更加迅速和快捷，导致不太长的时期里，便有不同形态的物质文化出现。对已经过时甚至很快要消失的人类创造进行必要保护，就产生了一系列新型文化遗产：20 世纪文化遗产②、工业文化遗产、农

---

① 单霁翔：《从"馆舍天地"走向"大千世界"——关于广义博物馆的思考》，天津：天津大学出版社，2011 年，第 8 页。

② 凤凰空间·华南编辑部编：《历史文化街区改造》，南京：江苏凤凰科学技术出版社，2019 年，第 10 页。

业文化遗产、文化生态保护区等，以及文化线路、文化环境等遗产新概念。对于这些新型文化遗产的保护，国家也给予了高度重视，采取各种保护措施，使我国各类型文化遗产保护走上了科学、规范和法制化轨道。但仅此还不足以实现对文化遗产全覆盖式的保护。基于前置性保护理念，我们甚至还可以根据当代文化诉求和科技条件，有意识地创造各种文化精品，尤其是造物文化精品，并在创造之后加以妥善保护，使之具备成为未来文化遗产的必要品质、条件与基础。作为这种思路的拓展，我们不仅要保护好已有的文化遗产，还要关注和留存现当代文化遗产，甚至可以设立一种专门收藏可能成为明天文物的博物馆。科技狂人贝佐斯在深山之中投巨资建造的“世纪时钟”，就可以作为一种有意识的“遗产”创造来看待与保护。这种“新创遗产”的意识和行为，将有助于深化人们对文化遗产的认知，并在此基础上提升文化遗产的保护意识、运用智慧和创造意识。

二、传统活化的时代探索

正确的认知是文化遗产保护的前提，先进的理念能决定保护行为的科学方向。认知过程曲折而漫长，探索之路遥远且艰辛。新时代背景下，文化遗产保护要充分利用前所未有的良机。

（一）新思想与新战略

传统文化是一个民族的身份标识和精神内蕴，决定其在世界民族之林中的独特地位与作用，失去这种标识就意味着失去一个民族的根性。文化遗产是传统文化的重要组成部分，唯有保护、继承好文化遗产，才能维护中华民族的根与魂。习近平总书记指出：“中华文明绵延数千年，有其独特的价值体系。中华优秀传统文化已经成为中华民族的基因，植根在中国人内心，潜移默化影响着中国人的思想方式和行为方式。”① 这段话深刻揭示了民族文化基因对确立民族根性、灵魂与标识的内在关系。在传统文化的继承与发展方面，习近平总书记指出：“坚持古为今用、以古鉴今，坚持有鉴别的对待、有扬弃的继承”；“既需要薪火相传、代代守护，也需要与时俱进、推陈出新”。在创新理念上，他提出要“推动中华优秀传统文化创造性转化、创新性发展，激活其生命力”，“使中华民族最基本的文化基因与当代文化相适应、与现代社会相协调”②。这一系列论述体现了习近平总书记对文化遗产继承创新问题的前沿理念，阐明了继承与创新、保护与利用的辩证关系，是推动当代中国文化遗产保护和利用的根本遵循。

随着新时代社会主要矛盾发生变化，文化遗产保护的任务和使命也发生改变：不仅要提升保护层级，还要提高继承发展水平；不仅要考虑保护的科学性，还要考虑传统文化与现代文化、文化遗产保护与当代建设之间关系如何协调的问题，以更好地适应人民群众日益增长的美好生活期望对精神生活的新期待。确立对文化遗产类型、范围的新认知，是进行科学保护的前提。国家出台《关于实施中华优秀传统文化传承发展工程的意见》等一系列政策举措，在文化遗产保护对象和类型上有许多新提法和新要求。在遗产类型上，提出加强“城市特色风貌管理”，这个概念就意味着将人们熟悉的名城名村名镇、历史文化街区、名人故居的保护，扩大到城市特色风貌，即将城市中富有特色的地方性建筑、区域民俗风貌也纳入“文化遗产”的范畴，这无疑是在更深刻的层面上把握了“文化遗产”

---

① 习近平：《在北京大学师生座谈会上的讲话》，中国网，http：//www. china. com. cn/news/2014 -05/05/content_ 32283223_ 2. htm.

② 本书编写组编：《习近平谈治国理政（第2卷）》，北京：外文出版社，2017 年，第313、340 页。

概念的深层内涵和本质属性。在保护要求上，体现出整体性、系统性、全方位的保护思路。在继承方式上，提出要融入生产生活，让优秀传统文化价值深度嵌入百姓生活。这些国家层面的新提法、新政策、新思路，不仅充分表明我国对文化遗产的认识理解越来越深入，而且表明对文化遗产保护利用有了许多合乎国情的新理念、新战略。

（二）设计与精神物化

探索传统文化的继承发展无疑是一个漫长而又系统的工程。在文化强国战略背景下，文化专家、设计师们进行了深入的理论探索，理念与思路呈现不断深化和细化的特点。彼得·埃森曼的“建筑不仅仅是关于物质的存在”① 的观点，道出了物质文化与精神文化之间存在深刻联系。文化遗产继承转换，作为物质与精神结合体的设计及其设计文化，是一个需要给予充分关注的问题。相形于精神文化，设计文化包含了精神理念、设计美学、工匠技艺、人机工学、人机科技、材料科学等多方面因素，是美学与工艺、文化与科技、精神与物质相互融合的产物。现代艺术设计无疑是当代文化创造乃至其他领域生产创造不可或缺的一门学科和专业，更是优秀文化遗产继承发展必须凭借的重要专业技能和途径。中国现代艺术设计面临一个绕不开的问题就是如何将丰富的传统文化带入当代，以实现与现代生产的融合，并让传统活在人们的日常生活中。许平等专家深入探讨了“民族传统文化元素在现代艺术设计中的应用研究”这一在继承弘扬传统文化中的重要论题，认为现代艺术设计中民族文化元素应用的实践，可以分别从“民族文化符号与设计理念”“民族文化元素与设计风格”“民族文化精神与设计环境”三个维度进

---

① 彼得·埃森曼：《建筑经典：1950～2000》，范路、陈洁、王靖译，北京：商务印书馆，2015 年，《序》，第 2 页。

行考察。他们认为“符号真正的有益性是一种形式结构与一个正确理念的有效匹配”①，也就是说，由于符号往往内蕴着复杂的文化信息和意义指向，要使其发挥一种正能量的作用，应当有一个正确的文化选择或理念作为支撑，当然这种支撑是建立在理念内涵与形式结构有机统一的基础之上。因此，我们今天对传统民族文化的运用，也应当与当代生产生活相适应。但我们不能在传统文化元素的运用中受其束缚和局限，而要借助其进行开放式的创造性探索和实践，否则就可能陷于传统之中而无法迈开走向未来的步伐。许平等学者还从更为深层的文化心理机构的延续来探讨传统文化的继承问题，将民族文化精神与设计环境联系起来，认为“反映在设计中的精神取向往往是文化元素的复杂组合，它对应于所赖以生存的外在环境，因此包含着一个更为完整和整体的环境要求”，“设计中的精神是对外在环境的反应方式”②。不难看出，民族文化精神的传承，即便是提供设计来维系和传承，也需要一个来自这个民族对外在世界的基本态度，以及由这个基本态度所形成的文化倾向。现代艺术设计不仅要传承民族文脉，还要以具有民族特点的对待世界的态度来考量面向现实和未来的设计实践，这样才能从内在的、深刻的层面上继承和弘扬民族文化。这些探索从理论层面对传统民族文化如何进行当代转化进行了有深度和启发意义的研究，其现实价值在于区分了文化传承中从“符号”到“元素”再到“精神”的由表及里的层次关系，启发人们更深入地认识传统文化的基本构成与创新途径，能够对具体的传承实践明确方向，形成指导。

---

① 杭海、林存真：《从 OLYMPIK 到 APEC：民族传统文化元素在现代艺术设计中的应用研究》，北京：工业建筑出版社，2017 年，第 18 页。

② 同①，第 19 页。

（三）精髓汲取与重塑传统

设计是将造物思想和理念具体呈现出来的关键环节，其过程是哲学、艺术、技术、工艺、环境和心理等众多元素的综合，是造物从理念到产品必不可少的过程。我们的先人积累了极为丰富的造物文化技艺、美学思想乃至哲学理念，并以设计为中介，以高超的技艺与高度的智慧将美学精神有机融入器物之中，成就了今天无数文化瑰宝。然而，文化概念的发展过程中有这样一个基本假设，即一个时期的艺术与当时普遍盛行的生活方式存在密切的必然联系，因此，审美判断、道德判断和社会判断之间存在着密不可分的相互关系。传统文化作为适应以往不同时代社会生活方式的需要而产生和创造出来的精神与物质遗存，必然存在与当代生活方式的某种不相适应性。我们今天如何继承其中有生命力的东西——比如当下所缺失的一些审美精神、价值理念和科学的合乎人性的生活态度——成为文化专家和设计师们思考的重要问题。如果说上述专家的探索是基于传统继承及其现代性转换的理论思考，那么，另一种探索则从理论（理念）转向“设计”这一生活与现代性的“中介”来讨论传统的继承创新问题，更具有理论与实践融合特性和可操作性价值。现代设计是传承和创新中华优秀传统文化不可或缺的重要方式和手段，尤其是在现代造物领域。传统造物和设计文化的继承发展，对于中国这样的后发现代化国家，关键的问题是要全面推动现代设计文化启蒙，不仅从事造物的专业人员要系统掌握现代设计知识和设计理念，而且要让大众百姓也了解现代设计常识、提高现代设计欣赏水平。中国现代设计从教育到启蒙都远比西方要晚。由于现代设计在我国发展滞后、过程曲折，也由于作为深刻体现中国古代造物传统的工艺美术的博大精深及其与现代设计的发展关系，更由于传统设计对中国现代设计的特殊意义，决定了学者们在探索文化遗产继承和发展时，必然将视线聚焦于现代设计在继承、转化、创新和发展传统文化中所扮演的重要角色和使命。曹小欧系统回溯和梳理了中国“经由‘工艺美术’到‘现代设计’的变迁因由”，“以‘设计’作为‘现代启蒙’开始，这完全超越了通常的设计史视野，而将20世纪中国现代设计置于‘现代性’问题的整体之中”。他重点“讨论‘现代设计’在中国的语言方式”，以及如何“形成‘东方设计’自觉追求”①。但他也提醒人们：“在面对历史悠久的传统工艺时，经验的感性总是让人们感到亲切，进而导致我们可能会对传统工艺作出些许言过其实的溢美，而无视它在工业批量化生产面前的‘迟钝’，这种在潜移默化中滋生出来的乡土情怀，有时已经成为我们在提倡本土时‘剑走偏锋’的隐忧。重新回到‘本土’，需要对传统去粗存精的提炼，而不是一味地堆砌。”② 曹小欧在论述中，针对传统工艺与现代设计乃至当代造物生产之间关系所提出的问题，特别需要我们在推崇和弘扬传统文化的语境中警惕和审视，这对文化遗产的继承发展具有正向的启示意义。周宪从设计本身的价值功能来考察其在当代的转向与变化，认为晚近设计有三个重要的变化值得关注，那就是从功能到审美、从一元标准化到多元个性化、从技术理性走向人文价值的转变，并指出：人性化的设计诗学乃是当代设计发展的必然逻辑③。这些趋向和变化，显然是人们在文化遗产的继承转化中应当给予关注并作为设计实践的重要考量。当设计诗学成为当代设计发展未来趋势时，设计所需要汲取和展现的人文内涵，正是丰厚的文化遗产所能够提供的。当然，以当代视野与精神诉求对文化遗产进行披沙沥金、去粗取精的萃取，以现代设计语

---

① 曹小欧：《中国现代设计思想——生活、启蒙、变迁》，济南：山东美术出版社，2018年，第3、5页。

② 同①，第220页。

③ 周宪：《艺术理论的文化逻辑》，北京：北京大学出版社，2018年，第233－242页。

言重构传统文化元素，是再造传统文化、实现时代价值的前提，也是构建当代中国本土设计语言的基础。唯有如此，中国设计才能为当代世界文明创造贡献中国智慧、中国经验。

三、创造性转化与传统再造

文化遗产的保护继承和利用创新是一个十分复杂的系统工程，涉及的领域和行业也格外广泛。从宏观角度来看，这方面的实践探索主要有整体性（综合性）项目、单一行业、跨界融合及元素利用等类型，并在继承创新过程中突出文化心理延续、哲学思想传承、传统与现代融合、本土与世界衔接、自然与人文平衡等，尤其是探索文化基因传承与再生之方法和理念方面，积累了难能可贵的经验。

（一）整体性转化：让传统营造穿越历史

在中国丰富的历史文化遗产中，建筑文化遗产是极为重要的一部分，不仅在世界建筑中独树一帜，而且区域特征鲜明、风格多样，但这类遗产也是在现代化建设中受到冲击和损害最多的。过伟敏先生提出了城市历史地段景观艺术设计的四个原则：保持历史连续性、保持空间连续性、重视传统心理的延续和保护、注重景观形态的多样性与复杂性①。这四个原则从建筑本体的历史、空间，到与建筑相关的生活方式、价值观念、文化习俗，概括了系统、综合的保护理念，对于建筑遗产的保护利用具有重要的参考和指导意义。如，福建土楼、厦门鼓浪屿、杭州南宋御街等，都是这一保护理念实践的成功案例。著名建筑设计师王澍则从中国绘画、江南园林设计中领悟精髓、撷取元素。他认为园林是“作为文人之间参与的生活世

① 过伟敏主编：《建筑艺术遗产的保护与利用》，南昌：江西美术出版社，2006 年，第 12 页。

界的建造，以某种哲学标准体现着中国人面对世界的态度”，因而造园“是特别本土，也是特别精神性的一种建筑活动”①。他创造性地将这些元素与乡村民居的建造相结合，以现代建筑设计语言设计出中国美术学院象山校区专家接待中心“水岸山居”，实现在历史与现代、民族与世界之间的穿越和衔接，实践了他构建中国本土建筑设计体系的构想。

（二）行业性转换：道器合一的新中式

相形于传统建筑文化，古代家具文化遗产更贴近人们的日常生活，也更直接体现着中国文化传统的生活理念和美学追求，而其中所蕴含与积累的丰富美学内涵，成为我们今天创造新的人居美学的精神养料。为此，众多设计师力图从古典家具中汲取美学养分，从事新中式、轻中式等各种原创当代中国家具品牌设计。古典明式家具因其熔铸了古代工匠和文人艺术家的设计智慧和美学追求，具有很高的艺术价值，不仅为世界各地博物馆所收藏，也为世界各国收藏家所青睐，甚至还成为著名当代设计师的创意灵感来源。中国当代设计师更是将明式家具作为创造当代新中式家具风格、打造相关品牌的重要摹本。这个过程艰难而曲折，许多转化和创新都是在历经挫折和失败后才逐步为人们所接受。设计师古奇创建的“梵几”品牌，从明式家具中汲取简约、静穆的美学基因，形成以明式家具为主要形态、融合日式与北欧风格的“轻中式”家具。陈仁毅所总结的明式家具八个核心价值之一“由安定、安静到心境过渡的文化内涵”，体现了“中国家具文化中特有的‘道’‘器’合一的哲学观”②。古奇准确把握了明式家具这一重要内涵，也力图传递这种精

---

① 王澍：《造房子》，长沙：湖南美术出版社，2016 年，第 16、17 页。

② 陈仁毅：《中国当代家具设计——从文化鉴赏到春在创新》，北京：故宫出版社，2016 年，第 55 页。

神内涵，同时又灌注了自身的理解、感悟与处理方式。他将明式家具安定、安静的内涵加以转换，形成具有禅意的空灵美感，而“生长于野，安于室”的品牌诉求，则表达对自然美与现实之间“平衡”的价值追求。当然，不论“新中式”还是“轻中式”，其外在形态的不断美化与内在品位的逐步提升都有待进一步探索完善。创造性转化仍然在路上，也永远在路上。明式家具历经几百年才达到一种深厚永恒的美学境界，继承这些优秀的设计基因应成为中国大多数设计师的使命，同时也必须以更加开阔的视野接纳世界各个文明体系中的精华，创造出属于当代中国的本土设计语言与设计品牌。

（三）跨界融合：传递内在精神的再生

源于中国本土文化遗产的创造性转化，在具体实践过程中不是一种简单的源于遗产本身的保护与利用（当然这种保护是基础和前提），甚至不是一个传统行业（非遗）的保护和利用，而是需要借助现代设计理念、方式、手段去提取其中的元素（包括传统造物中的符号、工艺、方法等），根据当代生活需求，在行业之中及超越行业的跨界融合中，重新创造系列的现代产品，以真正做到优秀传统的创造性转化、创新性发展。设计师张雷在杭州余杭区这个被联合国教科文组织评为“工艺与民间艺术之都”的地方，与他的团队确立了让设计回归乡土这一“还乡”概念，摒弃以往只是单纯地改良传统工艺项目的做法，在对余杭区传统工艺深入了解与把握的基础上，进行重新解构和创造。这就摆脱了传统造物遗产的基本形制在设计中的浅层次转化，从而深入到传统造物材料制作的方法与理念层面，传递古人因地制宜、就地取材、环保生态的造物精神，并通过材料制作的本土性实现接续传统与现代的全新设计效果。

“品物流行”品牌的设计师们借助“研究、探索不同的材料，最终创造出尊重传统（应用传统材料和工艺），却又颠覆传统（对传统材料和工艺进行溶解和重新组合）的设计作品”①。在笔者看来，这种传承方式，显然十分有助于在更广阔的空间和领域植入传统工艺的设计基因乃至设计精神，不仅更能产生创造性的设计作品，而且能在更深刻层面实现传统工艺的新生。中国民间传统竹编工艺源远流长、技艺精湛，不仅被中国设计师运用于现代日用工艺品品牌“绿竹翁”的系列产品设计，而且被国际品牌爱马仕子品牌“上下”运用于薄胎茶器之中。但“品物流行”品牌的独特之处在于，设计师不是考虑传统竹编工艺的直接转化与创新，而是从材料学入手对竹材料进行全面的解构——将其分解为竹片、竹竿、竹板、竹皮、竹丝、竹纸、竹纤维七种状态逐一进行手工艺的研究和解构，再在这种运用传统工艺制作出来的原材料上进行产品设计。因此，新设计的产品形态全然没有古代造物的影子了，但其材质及其制作方式则均是源于传统的，是传统的转世投胎与再生。尊重传统是尊重传统工艺的制作方式，尊重传统对自然敬重的精神。颠覆的是一种语言，一种表面的设计语言。我们要求设计师所做的作品，在语言、功能、视觉上都非常的当代，但制作工艺非常古老，或者采用一种非常边缘的简单工艺②。

这种具有创造性的传承方式，事实上已经深入到传统工艺的原始基因之中，并对这种基因进行重组和再创造，始于传统、立足当代，摒弃形制、注重精神，不仅使传统获得新的活力，而且将古老的传统以极具可塑性的方式向世界开放。鉴于“竹”在中国文化审美系统中独特的象征意味，2015 年，米兰世博会中国馆也创造性地运用了竹片作屋顶装饰，除了以此向中国传统的抬梁式木构架屋顶

① 沈婷、郭大泽编著：《文创品牌的秘密：从创意、设计到营销》，南宁：广西美术出版社，2017 年，第 137 页。

② 同①，第 143 页。

致敬，建筑设计师还力图“通过建构研究，进一步探讨如何在哲学和精神层面上概括地表达中国的文化，而不是以具象的形式、符号、颜色等来对中国文化进行简单的描绘”①。王澍为威尼斯第四届国际建筑展双年展设计的中国馆，以一种极具观念性的简练表达，用来自江南民间的小青瓦建造了一个全新概念的园林——瓦园，试图唤起城市人的文化乡愁，其中支撑瓦片的框架也是由竹竿构筑的，简约而鲜明地传递了中国传统营造在材料和方式上的独特技艺②。这些设计师无疑都异曲同工地以内在精神的传统接续代替外在形式的传承，打开了一种具有深度传承文化遗产基因的现代设计创新思路。

不难看出，王澍、张雷等设计师的探索是具有颠覆性和创新性的，是既能够激活传统，又使之重获新生并走向未来的。但同时我们也应看到，这样的探索必然不是一蹴而就的，需要耐心、毅力、恒心，更需要工匠精神。很显然，在文化遗产保护与利用中，不论是哪一类型的实践，都必须在一个更深刻层面去理解和继承古代先辈们最可宝贵的财富——精益求精的工匠精神。这是远比形式、美学、技艺等的传承更为根本和本质的历史遗产。任何杰出的古代造物都是聪明才智与高超技艺相结合的产物，也是一丝不苟、精工细作精神的体现。凡是杰出的造物都有一个共同的特征，那就是“精致”。“‘精致’，其实就是一种精神层面的气质，也是日常生活中的一种修养，更是一种可以多元发展的包容。因为只有充满‘精致’，才能够创造出更多不平凡的设计经典，也只有‘精致’，才可以支持一个人文辉煌的时代！”③

---

① 李丽编著：《木艺建筑——创意木结构》，南京：江苏凤凰科学技术出版社，2016年，第78页。

② 王澍：《造房子》，长沙：湖南美术出版社，2016年，第95页。

③ 陈仁毅：《中国当代家具设计——从文化鉴赏到春在创新》，北京：故宫出版社，2016年，第111页。

此外，传统文化元素利用也是重要的实践类型。这方面，西方当代世界名品设计以善于利用各民族文化元素而赢得世界消费者青睐的经验，可为我们提供有益借鉴。爱马仕丝巾的设计可谓创意迭出、精美无比，堪称当代丝绸美术设计的高端产品。爱马仕丝巾在工艺方面一丝不苟、精益求精，有独特的手工卷边工艺。但更令消费者青睐的是其美轮美奂的图案设计和色彩呈现。爱马仕丝巾设计本身可视为一场艺术活动——从世界各民族文化中提炼和汲取元素。爱马仕经常邀请艺术家将丝巾作为画布进行创作，在丝巾上呈现异常丰富的艺术元素。小小丝巾承载了来自世界各地的历史文化元素，无怪乎受到众多消费者的追捧。

新时代的文化发展需要我们不断探索文化遗产保护与利用的新理念、新方法。现代设计要呼应人民日益增长的美好生活需要对丰富精神食粮的新期待，顺应当代经济社会、科技文化发展的新趋势，提炼和展示中华优秀传统文化的精神标识，提炼和展示优秀传统文化中具有当代价值、世界意义的文化精髓。在这个过程中，要处理好传统、当代和未来的关系；要立足新时代，不断探索传统文化与现代文化的融合方式，不断推动反映伟大时代的当代文化创造，创新文化内容表现方式，广泛运用新材料、新工艺拓展传统造物文化，让中国创造携带中国文化元素、中国价值观乃至中国生活方式，再造令世人喜爱、全球推崇的东方文化。

附录

区域视角中的文化遗产与文化产业

改革开放40年福建文化遗产保护与利用

一、传统文化遗产：40 年保护历程

文化遗产是一个民族文明创造的历史见证，也是一个民族聪明智慧的生动体现，更是一个民族文化特征的独有标识。福建文化遗产是福建人民在长期历史活动中创造的文明，是中华文明的重要组成部分，体现着中华文化的多样性和丰富性。在历史发展长河中，福建人民创造了源于中原文化又独具特色的八闽文化，既传承了中华文化基因，又发展出鲜明地域特征，形成朱子文化、妈祖文化、闽南文化、客家文化、闽都文化等丰富多彩的地方文化，并留下大量物质和非物质文化遗产。这些文化遗产不仅是中华文化的珍贵遗存，也是福建人民的精神血脉，在历史和当代社会发展中发挥着重要而深远的影响。保护这些遗产，就是继承我们的文脉，延续我们的历史，守护我们的精神家园，开拓我们的未来世界。改革开放 40 年来，福建文化遗产保护取得显著成效，梳理和总结

相关做法和经验，有利于新时代更科学、更有效地继承传统、创新转化，创造新时代的新文化。

（一）改革开放初期的保护工作（1976—1986）

国际上使用文化遗产概念始于 20 世纪 70 年代，即 1972 年在巴黎通过的《保护世界文化和自然遗产公约》（简称《世遗公约》），之前则普遍使用“文物”或“遗产”概念。我国使用文化遗产这一概念始于 2005 年，即该年由国务院发布《关于加强文化遗产保护的通知》起，由官方文件首次用“文化遗产”概念取代“文物”。文化遗产概念的确立和界定，较之以往使用文物概念来指称人类的文明创造，更加科学、合理。文化遗产概念涵括物质文化遗产和非物质文化遗产：物质文化遗产在具体类型上包括可移动文物、不可移动文物、古建筑群和古遗址（历史文化名城、历史文化街区、历史文化村镇）；非物质文化遗产在类型上包括传统口传文艺、传统艺术（曲艺杂技）、传统医药和历法、传统礼仪民俗、传统体育和游艺等。

中华人民共和国成立以来，党和政府高度重视文化遗产保护。1961 年，国务院颁布《文物保护管理暂行条例》；1963 年，国务院制定《文物保护单位保护管理暂行办法》；1982 年，五届全国人大常委会第二十五次会议通过了《中华人民共和国文物保护法》，1991 年、2007 年、2013 年、2015 年，全国人大常委会对《文物保护法》进行了四次修订；1985 年，我国正式加入《保护世界文化和自然遗产公约》；2011 年，《中华人民共和国非物质文化遗产法》发布，逐步建立和形成了从单体文物到历史地段，再到历史城市的多层次保护体系。福建省在新中国成立后，文化遗产保护按照国家相关法律法规要求，从组织管理、法律保障到研究机构、保护措施，都逐步建立起一套较为完整的文化遗产保护体系。改革开放前，中共福建省委省政府成立了福建省文物管理委员会，颁布了《福建省名胜及古文物建筑的保护办法》《切实做好保护文物古迹工作的通知》等法规。一些重点博物馆相继设立，如厦门大学人类博物馆、福建省博物馆、厦门华侨博物馆、泉州海外交通史博物馆等。发现和发掘了一批考古遗址，如昙石山遗址、建阳水吉镇建窑遗址、五代刘华墓、后渚港沉船、德化遗产等。这个阶段的文化遗产保护，主要通过保护法规建立、保护机构设立及博物馆建设等方式和手段，以发掘、研究和梳理保存为主，并将集中体现福建古代文化创造的历史遗存纳入体制化管理保护之中，为保存福建文化重要历史信息和基因奠定了良好基础。

改革开放初期，随着政策的完善和经济社会的发展，文化遗产保护事业迎来春天。尽管由于人们认识水平所限和部分地方管理不到位，在大规模城市改造和乡村建设中，一些历史建筑和遗迹遭到不同程度的破坏，但从整体看，文化遗产保护越来越受到政府和民间的重视。一批重要历史古建筑如林则徐祠堂、华林寺、泉州天后宫、泉州文庙、伊斯兰教圣墓、清净寺、泰宁尚书第等得到维修保护；一些具有重大文物价值的历史遗址如陈村汉城、管九土墩墓、猫儿弄商代窑址等得到保护。博物馆建设方面，全省大多数县都建立了自己的博物馆，初步形成较为完善的博物馆体系。可移动文物作为文化遗产的重要类型之一，主要依托博物馆进行收藏、保护与展示。福建省博物馆收藏了约40万件可移动文物，其中许多具有珍贵历史和文化价值，如西周云雷纹青铜大铙、闽国铜鎏金延翰狮钮薰炉、宋鎏金瓜形银发冠、宋建窑酱斑黑釉盏等。

这个时期同时有大量文保单位被纳入第三批全国重点文物保护单位、第四批省级文物保护单位的保护序列。逐步健全和完善的文化遗产保护工作，使福建省已有和新增的文化遗产得到妥善修复、保护和保存，为延续福建文化流脉、扩大福建文化影响，发挥了积极作用。

（二）改革开放中期的保护工作（1988—2008）

随着改革开放的深入和经济社会文化的快速发展，在初期文化遗产保护的基础上，福建文化遗产保护措施不断健全，遗产类型明显增加，遗产级别不断提升，遗产规模持续扩大，成为我国文化遗产大省。

这个时期的文化遗产保护的重要特点表现在：一是一些重大考古发现进一步丰富了遗产宝库，二是文化遗产的申报确认成为重要工作内容。

1. 文物考古工作硕果斐然

考古发现与发掘，是文化遗产得以呈现和保护的重要基础，也是文化遗产不断丰富和积累的重要前提。重大考古发现往往意味着遗产价值的稀有和珍贵。这个时期，福建的一些重大考古新发现不仅给我国考古界带来深刻影响，更为福建增添了一批珍贵的文化遗产。2000 年发现的三明万寿岩旧石器遗址，由灵峰洞和帆船洞组成，年代分别为 18.5 万年前和 3 万至 1 万年前，是华东地区迄今最早发现的洞穴类型的旧石器时代早期文化遗址，被国家文物局评为 2000 年度十大考古新发现之一。位于南平市浦城县下洋村猫耳弄山的商代窑群，系首次发现的以生产黑衣陶器为主的窑群，也是早期龙窑之一，出土的珍贵的实物资料对中国陶瓷史和早期窑业技术的发展，尤其是龙窑的起源问题研究具有重要价值，因此被评为 2005 年全国十大考古新发现之一。2006 年，福建又有一个项目被评为全国十大考古新发现，那就是南平市蒲城县管九村土墩墓。这些具有重大考古和文物价值的新发现，使福建文化遗产在全国占据了更为重要的位置，也为福建历史文化增添了更加厚重的底蕴。

除了入选全国十大考古新发现的文化遗产外，福建作为古代中国重要瓷器产地，同时又是滨海省份，与古丝绸之路相关的历史遗迹必然成为其重要特色文化遗产。2001 年，考古学家们对发现于 1976 年的德化古窑址进一步发掘，于其中的甲怀山窑址中，又发现 3 座窑炉遗址，并出土了大量精美白瓷。德化白瓷曾经由海上丝绸之路远销东南亚、欧洲和东非各国。德化窑成为那个时代出口数量最多、出口区域最广泛的窑口之一。今天，中国瓷都德化仍然是我国重要的白瓷及其他瓷器出口产地，为推动“一带一路”建设发挥着不可忽视的作用。拥有漫长海岸线的福建曾经是海上丝绸之路的起点之一，在几个世纪的对外贸易交流中，留下了丰富的水下文化遗产。2005 年，福建水下考古队对位于平潭屿头岛东面碗礁的东南面的一艘清代沉船“碗礁一号”进行抢救性发掘，打捞出水下文物 1.7 万余件，其中大部分为青花瓷，还有少量青花釉里红和单色釉器、五彩器，器形丰富。这次发掘成为当时重大考古事件和重要新闻，中央电视台和福建广电集团进行了大量连续直播报道。这次考古发现也是我国水下考古发掘的重大成就，更为重要的是，它为我们研究海上丝绸之路的航线提供了新的思路，并进一步丰富了福建文化遗产。

2. 文化遗产的申报确认取得显著进展

对埋藏于地下或沉埋于水下的古代器物，人们很容易认同其所具有的文物价值，但对于建筑、（街区）街道、古村落乃至近现代建筑群等，因人们至今还居住和生活在其中，往往忽视它们的历史价值，更不会将它们与文化遗产相联系。因此，对这些类型的文化遗产进行梳理认定，并通过专门机构的评估和审查来确立其作为遗产的性质，以增强人们的文化遗产认知，就成为文化遗产保护工作的重要内容。

1999 年迄今，福建省先后有三项遗产列入联合国教科文组织

《世界遗产名录》，三项非遗列入联合国教科文组织《人类非物质文化遗产代表作名录》，两项非遗列入联合国教科文组织《急需保护的非物质文化遗产名录》，一项非遗列入联合国教科文组织《保护非物质文化遗产优秀实践名册》。多项多类别世界遗产的申报成功，标志着福建省文化遗产保护取得重大成就，其影响极为深远。按照时间段，我们先介绍2008年前列入的世界遗产。

最先入选《世界遗产名录》的是武夷山，并且是我国为数不多的文化与自然双遗产，成为福建省文化遗产最靓丽的名片。从文化方面来看，武夷山这份遗产的价值表现在拥有多个重要历史遗迹："闽越王城"遗址、"架壑船棺"、朱子理学及其相关书院等。从自然景观来看，具有"丹霞"地貌典型地理特征的武夷山地区，是世界同纬度中最为完整、面积最大、最具典型意义的亚热带原生性森林生态系统，也是拥有世界动植物物种最丰富的地区之一，已知野生植物3728种，动物5110种，其中大量为珍稀动植物，成为全球珍稀动植物物种的基因库。文化与自然浑然一体、交相辉映，使得武夷山成为最具魅力的世界文化遗产之一。

2008年，深藏于福建西南部大山中的以夯土和木料材质建筑的大量民居群落"福建土楼"被列入《世界遗产名录》，从此，土楼的历史和文化价值开始被人们广泛关注。"福建土楼"作为文化遗产的价值体现在：独特的建筑材料和建筑技艺，规模结构宏大，坚固耐用；历史久远，技艺精良，装饰精美，功能多样，用途丰富，理念鲜明，文化深厚，反映了中国天人合一、建筑与环境和谐统一的哲学理念。"福建土楼"历经七个多世纪，建筑形式和技艺不断演变发展，形成各具形态和特色的土楼建筑，入选世界遗产的共有"六群四楼"，计有46座土楼。"福建土楼"申报世界遗产的成功，为土楼的保护、研究和利用创造了良好的条件，打开了全新的视野，是福建文化遗产保护的重要成就。

（三）近十年文化遗产保护（2008—2018）

这个时期体现福建文化遗产保护成就的，主要有博物馆建设、文物保护单位设立、历史文化名城名镇名村申报，以及非物质文化遗产的申报与保护。2008 年，国家文物局开始推行博物馆评估定级制度，以促进博物馆行业管理；同年，中宣部等发布《关于全国博物馆、纪念馆免费开放的通知》，使博物馆事业得到快速发展，馆藏文物日益丰富，展示方式、手段不断更新，从以往边缘化的存在逐步进入大众视野，在经济社会生活中扮演越来越重要的角色。参观博物馆成为人们文化生活不可或缺的重要组成部分。

这个时期，福建省已建立起比较完善的省市县级博物馆体系，在收藏、保护、展示、研究与利用各类文物方面发挥了十分重要的作用。至 2014 年，福建省拥有登记在册的博物馆 106 座，平均约 36 万人拥有一座博物馆。一级博物馆有 4 座，即福建省博物院、古田会议纪念馆、泉州海外交通史博物馆和中国闽台缘博物馆；二级博物馆包括福州市博物馆、福建省革命历史纪念馆、长乐市博物馆、厦门华侨博物馆等 10 座。福建省博物院从馆藏文物数量、等级，展示面积、管理水平和获得荣誉等方面，都是福建省首屈一指的博物馆，2015 年获得“全国最具创新力博物馆”殊荣，并在中国博物馆协会组织的“十大陈列展览精品奖”评选活动中获得两个奖项；厦门华侨博物馆、中国闽台缘博物馆、闽西革命历史纪念馆各获一个奖项。这些奖项的获得显示出福建省博物馆展示展览的水平与实力，推动了博物馆为大众服务、融入日常生活的新趋向。

文物保护单位是中国大陆对确定纳入保护对象的不可移动文物的统称，依照类型分为古建筑、古遗址、古墓葬、石窟寺、石刻、近现代重要史迹及代表性建筑六大类。文物保护单位制度的实施对确立相关不可移动文物的保护范围、档案建立、保管机构设立、建筑控制地带的划出等，具有法律法规效力，能科学、有效地管理和保护文物。福建省在先后公布的七批全国重点文物保护单位中，共有137处入选，全国排名第12位；在公布的八批省级重点文物保护单位中，共计有878处（含全国文物保护单位）入选。文物保护单位的确立，极大地加强了文化遗产保护的法律法制手段，促进了相关管理的科学规范，同时提升了人们的文化遗产保护意识，尤其是对大众的文化遗产认知理念产生了深远影响，使人们不再仅仅以年代久远与否来判断文化遗产的价值，而开始关注那些年代不太久远却具有很高价值的文化遗产。如近现代文物“三坊七巷古民居群”和“鼓浪屿近代建筑群”均入选第六批全国重点文物保护单位，且二者都被列入《中国世界遗产预备名录》，其中鼓浪屿于2017年正式列入《世界遗产名录》。鼓浪屿是以“鼓浪屿：历史国际社区”作为世界遗产地申报的，其范围包括鼓浪屿全岛及附近水域，总面积达316.2公顷。鼓浪屿因其在历史上曾作为通商口岸而留下了大量体现多元文化和不同风格的历史建筑、园林和自然景观、历史道路网络，融合了当地传统民居文化与近现代人居理念，具有很高的历史文化价值。鼓浪屿申遗成功，是福建省文化遗产保护的重要成果，也是鼓浪屿文化遗产保护的重要里程碑。

这个时期，随着人们对文化遗产认识的深化，非物质文化遗产和历史文化村镇保护成为重点，文化遗产的合理利用也进入积极探索阶段。

福建是非物质文化遗产大省，最具影响力和代表性的是世界级非物质文化遗产——泉州南音、莆田妈祖信俗，另有两个作为子项入选世界级非物质文化遗产，即中国传统木结构营造技艺子项闽南民居营造技艺、中国剪纸子项柘荣剪纸和漳州剪纸。南音历史悠久、传播广泛，远在唐朝就出现，到宋代逐步形成发展，其流行范围遍及闽南及台湾、南洋群岛华侨居住区，在音乐学、人类学、语言学、民俗学和中外文化交流史方面都具有很高的学术与文化价值。南音申遗成功，对促进两岸文化交流，推动与东南亚及世界音乐文化交流都具有特别重要的意义。作为民间信俗的妈祖信俗文化，同样在中国和东南亚乃至世界都具有极为广泛的影响，妈祖信俗文化的核心是妈祖形象所蕴含的立德、行善、大爱精神，信众通过习俗和庙会等形式，借助妈祖宫庙作为活动场所，表达对妈祖的敬仰和崇拜，弘扬妈祖美德，祈求平安福祉，成为一种广泛而持久的民俗文化。妈祖信俗文化的申遗成功，让妈祖文化保护进入新的时期、达到新的高度，对促进妈祖文化的世界传播和深度影响发挥了更加积极的作用。此外，在联合国教科文组织《急需保护的非物质文化遗产名录》评选中，宁德市境内木拱桥与浙江等地木拱桥共同入选中国木拱桥传统营造技艺；宁德市、晋江市共同申报的中国水密隔舱福船制造技艺亦入选。“福建木偶戏后继人才培养计划”入选联合国教科文组织《保护非物质文化遗产优秀实践名册》。

福建省国家级历史文化名城基本上于2000年前就认定了，即泉州、福州、漳州、长汀等四座城市；省级历史文化名城有莆田、邵武、建瓯、武夷山等四座城市。历史文化街区和名镇名村的认定工作则主要在2000年之后。福建省目前拥有国家历史文化名镇13个、名村29个，国家历史文化街区4个；省级历史文化名镇15个、名村28个，省级历史文化街区9个。这些认定工作的开展与完善，有效避免了在大规模城市与城镇改造中，由于建设和商业需要造成的对文化遗产的人为破坏，为延续珍稀的历史文化建筑与街道的生命，为保留城镇和村落的文化个性，发挥了重要作用。

二、文化遗产保护：类型拓展与传承利用

文化遗产作为一种概念，其内涵与外延不是一成不变的，而是随着社会历史及人们认知的发展变化而发生变化。传统意义上的文化遗产最早只有文物、古建筑和古遗址这三大类，而后逐步拓展出非物质文化遗产、历史文化名城名镇名村及历史文化街区。这些遗产多半历史久远，基本属于古代社会的遗存或从古代社会延续至今。但伴随着经济社会的发展，那些晚近人类创造的物质与精神文化，往往被排除在文化遗产范围之外。事实上，这些创造中有许多同样具有特殊历史意义、地域特色和文化价值，一样可以成为文化遗产。福建省在保护这些遗产方面也取得了显著成就。

（一）文化遗产的类型拓展

1. 红色文化遗产

红色文化遗产是我国特有的遗产类型，与中国共产党领导中国人民进行革命的历史息息相关，是中国人民的宝贵精神遗产。红色文化遗产主要包括中国共产党在新中国成立之前，在苏区革命战争、长征、抗日战争和解放战争中所遗留至今的物质文化遗产及相关非物质文化遗产，如上海中共一大会址、浙江的嘉兴红船、延安中共领导人居住过的窑洞等。

福建的红色文化遗产，主要是作为原中央苏区组成部分的福建苏区，在革命战争时期留存下来的相关历史遗存。福建苏区主要分布在闽西和闽北，闽南和闽东也有部分苏区，这些苏区在革命战争年代留下了数量众多、保存完好、类型丰富且独具特色的红色文化遗产。最具影响的有上杭县古田会议旧址，该会址原为民间祠堂建筑，始建于清末。1929 年 12 月，中国工农红军第四军在这里召开了

第九次党代会，通过了《关于纠正党内的错误思想》的决议，确定了从思想上建党和从政治上建军的原则，在我党我军历史上具有十分重要的意义，成为党领导下的军队建设的重要里程碑。旧址不仅得到了很好的保护，还建立了古田会议纪念馆，周边环境维护良好，成为全国重点文物保护单位和福建重要的红色文化旅游项目。该县还有毛泽东与朱德和红四军会合地临江镇的临江楼、毛泽东才溪乡调查旧址群等红色文化遗产。其他还有长汀革命旧址、厦门破狱斗争旧址、中国工农红军东路军领导机构旧址、闽西工农银行旧址等，都得到了妥善的保护。

2. *涉台文化遗产*

在两岸关系中，福建与台湾有着特殊历史渊源，人们将这种渊源总结为闽台的“五缘”关系（文缘、法缘、地缘、血缘、商缘），这种历史久远、关系密切、难分彼此的渊源，在文化遗产中体现得非常明显，成为福建文化遗产的独特类型和独特优势。福建拥有涉台文物1000多项，印证了台湾与祖国大陆的血脉关系，充分表明台湾文化源于中华文化之基因，福建因此成为我国涉台文物最多的省份。福建戍守台湾将士墓群，体现了台湾作为祖国大陆不可分割的一部分的涉台遗产，以确凿的文物史迹依据无可辩驳地表明台湾自古以来就是中国领土的一部分。从文脉来看，体现台湾与祖国大陆历史文化、方言习俗、宗教信仰等相通相近的遗产比比皆是。福州陈文龙尚书庙和文庙、湄洲妈祖庙、古田临水宫、鼓山涌泉寺、厦门青礁与白礁慈济寺等涉台文物，均得以妥善保护和完整保存。从地理联系看，平潭的壳丘头遗址、东山县的大帽山遗址等，都是印证台湾与祖国大陆地理连接关系的文化遗产。还有体现血缘关系的严复故居、林尔康墓等文化遗产；体现两岸经贸往来活动的林銮渡、东石玉记商行建筑群和林氏义庄等文化遗产。这些文物的妥善保护得益于中共福建省委省政府最早启动涉台文物保护工程，编制相关保护规划和实施工作方案，成为我国文化遗产中具有独特意义的一份珍贵遗存。

3. 新类型文化遗产

进入近现代社会之后，人类的生产生活发生了巨大变化，无论是物质文化还是精神文化创造，都与古代社会相去甚远，由此所形成的历史文化遗存，就有别于古代。不仅如此，即使是现代社会创造的物质与精神遗存，更新换代也比任何时候都更加迅速，导致不太长的时期里，便有不同形态的物质文化出现。对已经较少使用且很快要消失的人类创造进行必要保护，就产生了一系列新型文化遗产：20 世纪文化遗产、工业文化遗产、农业文化遗产、文化生态保护区等，以及文化线路、文化环境等遗产新概念。

福建在中国近代史中扮演着举足轻重的角色，不仅产生一系列影响巨大的历史名人，而且留下众多历史遗迹。福州马尾船政局和造船厂始建于清代，是中国近代造船业的摇篮，生产过现代舰船，修过军舰，造过商船，甚至生产过中国第一架飞机，是中国近现代造船业的重镇，曾经是远东第一大造船厂。马尾船政局经历过许许多多重要历史事件，马尾船政学堂则走出许许多多中国近现代史上赫赫有名的人物。现今马尾船政局和造船厂的相关建筑和遗址所构成的“马尾船政建筑”已成为全国重点文物保护单位，也是福建省为数不多的国家级工业文化遗产。福建农业文化遗产也拥有一张靓丽名片，那就是入选全球重要农业文化遗产的“福州茉莉花与茶文化系统”。这份融合了中西农业文化因素的遗产，将中国茶叶与来自西方的茉莉花相结合，形成独特口味与花茶品种。这一国际荣誉的获得，对传承茉莉花和茶文化系统具有十分重要的意义。龙溪联合梯田总面积达一万多亩，形成于唐代开元年间，逐渐从单纯的农耕发展出鞭牛迎春、耕牛节、伏虎庙会等农耕文化，并有其独特的灌溉系统、调节空气功能，被列入中国重要农业文化遗产，成为福建知名特色生态旅游小镇。在20世纪文化遗产中，厦门的集美学村和厦门大学早期建筑、漳州龙海角美镇天一总局旧址等，都是较有影响和特色的遗产类型。

文化生态保护区是我国由省级以上文化行政主管部门设立的对某一地区具有鲜明特色、历史积淀和重要价值，并存续状态良好的以非物质文化遗产为核心的文化形态进行认定和整体性保护的特定区域。我国目前已先后设立了18个国家级文化生态保护实验区。福建省于2007年经文化部批准设立了全国第一个文化生态保护区——闽南文化生态保护实验区。这一方面体现出福建文化资源和形态的丰富性与多样性，另一方面也表明福建省在保护文化遗产的完整性和独特性上取得了显著成效。

此外，在国家“一带一路”建设规划中，福建被定位为“21世纪海上丝绸之路核心区”，这充分表明福建省在海丝文化资源方面的独特优势和重要的当代实践意义。福建省拥有丰富的海丝文化遗产及重要的“文化线路”：泉州、福州和漳州的海丝文化遗产极为丰富多样，拥有六胜塔、万寿塔、天后宫、开元寺和伊斯兰圣墓、郑和下西洋重要起泊地长乐太平港、月港遗址、南胜窑址等重要文物保护单位，其中泉州作为“海上丝绸之路起点”被联合国认定。武夷山的“万里茶道”是以武夷山茶为主要商品的贸易通道，陆上起于武夷山，贯通欧亚大陆，抵达俄罗斯；海上起于武夷山经广州出海，经新加坡、马来西亚、南非等地，抵达英国利物浦，被称作陆上丝绸之路和海上丝绸之路的双起点，成为重要的海丝文化遗产。

（二）文化遗产的传承创新

福建不仅在文化遗产保护方面取得显著成效，而且在文化遗产传承利用和创新发展方面，也有许多成功的做法。

1. 传承创新重点范例：三坊七巷

三坊七巷作为我国“十大历史文化名街”之首，得益于其先进的传承理念和科学的保护举措。

（1）建章立制，有法可依

福州市先后就三坊七巷遗产保护颁布了一系列规范性文件，如《福州市三坊七巷、朱紫坊历史文化街区保护管理办法》《福州市三坊七巷历史文化街区古建筑搬迁修复保护办法》《三坊七巷保护修复资金管理使用办法》《三坊七巷文物建筑保护修复技术规范》《文物建筑修复工程定额》等。针对三坊七巷内独具特色的营造工艺，三坊七巷管委会又委托相关单位制定了《三坊七巷古建筑修缮导则》，整理归纳出各个时代的营造特色、构件样式、配方工艺、修造做法等，对修复、保护工艺进行了详尽的调查和再现，成为保障文物修复保持原状的营造依据。同时，市政府组织文物、文史专家深入挖掘三坊七巷的文化内涵，在人文与文化空间层面进行了全面调查，完成《三坊七巷文化内涵调查》，成为非物质文化遗产保护的重要依据。

（2）规划先行，融入城市

为了做好三坊七巷的保护修复工作，必须要有行之有效的保护规划。2005 年以来，福州市相关部门分别委托同济大学阮仪三教授牵头编制了《三坊七巷历史文化街区保护规划》，清华大学张杰教授牵头编制了《福州市三坊七巷文化遗产保护规划》。同时，三坊七巷管委会于2008 年 3 月委托福州市规划设计研究院编制《三坊七巷历史文化街区修建性详细规划》，对《福州市三坊七巷文化遗产保护规划》进行完善补充。为有效挖掘三坊七巷历史文化街区深厚的文化底蕴、丰富的人文历史价值和极富潜力的商业价值，管委会委托中国美术学院策划三坊七巷历史文化街区总体设计方案。该方案将三坊七巷历史文化街区整体定位为“福州的城市会客厅”。除三坊七巷景区内景观，整个历史文化街区还包括相当大一片配套服务区及风貌协调区，其规划融入福州市整体规划之中，规划的设置也由城市发展定位来决定。

（3）保护利用，协同推进

历史文化遗产开发的主要途径是旅游，旅游开发是文化遗产有效传承形式之一。文化旅游、城市规划及遗产保护利用可形成三位一体的互动效应。从这一定位出发，三坊七巷管委会始终把景区级别申报作为促进遗产保护重要内容来抓，聘请中国科学院地理资源与科学研究所和福州市规划设计研究院共同编写了《福州三坊七巷旅游总体规划》及《三坊七巷创建国家5A级景区申报计划》。规划范围：一祠两山两街区，即林则徐纪念馆、乌山、于山、三坊七巷、朱紫坊，规划总面积约1.6平方公里。同时，结合三坊七巷的具体情况，对照国家5A级旅游景区评分细则，进一步改善硬件条件，完善各种配套设施，不断提升服务质量，并引入包括影视基地、漆画艺术馆、文化创意园、客栈等特色业态。由于科学规划、合理保护、协同推进、有效利用，2015年三坊七巷获评国家5A级景区。

（4）遗产社区，整体发展

存在于城市社区中的文化遗产开发也是社区建设的一部分。三坊七巷注重社区建设与遗产保护相协调，力图做到“整体保护”“原地保护”“活态保护”“开放性保护”；利用丰富的文化遗产特别是建筑文化遗产进行社区博物馆建设，同时进行配套商业项目及周边配套景观工程建设，使文化遗产的开发模式与社区的发展定位相配合，形成协调一致的共生关系。三坊七巷除景区内市政工程改造，还包括通湖路和澳门西侧片区的改造、光禄坊滨河公园的景观整治工程、沿街新建更新商业项目等；为丰富景区内容，使文化街区不仅成为福州历史文化的承载体，更成为展示福建民风民俗及非物质文化遗产的集中示范区，还修建设立了福建非物质文化遗产博物苑，举办闽都民俗文物展览等。

2. 传承创新系列范例：活化文化遗产

习近平总书记指出：要继承优秀传统文化，“让收藏在禁宫里的文物、陈列在广阔大地上的遗产、书写在古籍里的文字都活起来”。今天，我们不仅要保护文化遗产，而且要立足传承创新，为当地文化创造提供精神动力和文化支撑。福建省依托自身文化资源，在传播传统文化、服务当代文化创造方面做出了独特贡献。

（1）“丝路帆远”展览品牌

因应21世纪海上丝绸之路核心区文化建设之需，福建省博物院依托丰富海丝文物资源，联合七省区45家博物馆，打造了海上丝绸之路文物精品联合展览，于2013年在福建省博物院正式开幕。由于精心策划、精细布展，该展览成为我国有史以来规模最大、展品最精、展期最长、影响广泛的海丝精品联展。展品陆续在东盟多国及联合国展出，获得广泛赞誉。

（2）福建木偶戏人才培养品牌

福建木偶戏传承人制度实施成为非遗保护传承的典范。福建木偶戏历经千年传承，剧目繁多、演技精湛、唱腔独特，代表性品种有提线木偶戏与布袋木偶戏，但也面临年轻人才匮乏、传承机制不活、从业人员数量不多、演出市场不旺等困境与挑战。福建有关文化主管部门着眼长远、科学谋划，制定了《福建木偶后继人才培养计划》，设立传承示范基地，调动艺人、学校、社会各方面力量积极实施，培养了一大批年轻后继人才。2012年，福建木偶戏入选联合国教科文组织《保护非物质文化遗产优秀实践名册》。

（3）《丝海梦寻》：海丝遗产再创造

以历史上泉州港繁荣的中外商贸文化沟通交流为题材的大型舞剧《丝海梦寻》，将书写在历史典籍里的800年前海上丝绸之路的繁华壮阔景象艺术地再现于当代舞台。该剧先后在北京、上海及马来西亚、印度尼西亚、新加坡等地巡演，还在联合国会议大厅、布鲁塞尔欧盟机构等地亮相，成为文化遗产再创作的精品，也是“一带一路”建设的文化使者和文化走出去的典范。

三、文化遗产保护：经验与启示

经过改革开放40年的不懈努力，福建在文化遗产保护方面构建起一个较为完善的政策体系，建立了一套行之有效的管理方法，并在文化遗产利用方面探索出一系列科学路径。其主要经验和启示如下：

（一）健全法规，确立先进理念

文化遗产保护与管理是个系统工程，关系到经济、社会、文化、城镇建设等诸多方面，涉及国家、集体、企业、社团和个人等种种因素，还关涉人们的思想认识、行为习惯等意识行为诸层面，需要协调政府、社会、民间等各方面力量，也需要先进理念、技术技艺等方面的支持，还需要管理方式、利用手段的合理运用。这就要求有关方面在法律法规及政策上给予长期有效保障。

福建省文物管理委员会于改革开放初期便已成立，陆续颁布了《福建省名胜及古文物建筑的保护办法》《切实做好保护文物古迹工作的通知》等。福建省于2002年颁布《福建省武夷山世界文化和自然遗产保护条例》，2004年福建省人大审议通过《福建省民族民间文化保护条例》，成为我国第三个省级立法保护非物质文化遗产的省份。此后，福建省还根据文化遗产特点和新遗产认定不断增加的实际情况，及时制定相关法规，如2010年《福建省涉台文物保护工程管理规定》、2011年《福建省“福建土楼”世界文化遗产保护条例》、2015年《福建省海上丝绸之路文化遗产保护管理办法》等。为具体落实相关法律法规精神，进一步加强文化遗产保护，福建省文化厅相继出台了《福建省非物质文化遗产名录申报评审管理暂行办法》(2010年)、《福建省非遗项目代表性传承人认定与管理暂行办法》(2010年)、《福建省非物质文化遗产保护专项管理办法》(2016年)和《闽南文化生态保护区总体规划》等规范性文件。相关部门出台了《福建省文物保护工程立项和技术方案管理规定》(2016年)、《福建省文物保护单位保养维护管理规定》(2016年)等。这些法律法规的制定与实施为福建省文化遗产保护提供了有力的法律保障，促进了相关工作的依法依规有序开展。

文化遗产保护除了需要法律法规支撑，更需要各级领导以先进理念引导和高度责任感付诸实施。习近平在福建各级领导岗位任职时，就文化遗产保护问题先后提出过许多具有前瞻性的理念和创造性的思想。在文化遗产保护思想方面，他提出，“评价一个制度、一种力量是进步还是反动，重要的一点是看它对待历史、文化的态度”，要警惕对历史文物的“建设性破坏”，不能以破坏的代价“来换取其他方面发展成就”；保护文物就是保护促进经济和社会的可持续发展。他在为《福州古厝》一书作的序中指出：“保护好古建筑、保护好文物就是保存历史，保存城市的文脉，保存历史文化名城无形的优良传统。”习近平是这样说的，也是这样做的。他任职福州市委书记期间，及时保护了多处重要文化遗产，如林觉民、冰心故居，林则徐故居及墓地，以及邓拓故居、琉球馆等历史文物；对武夷山双世遗、三明万寿岩的保护也多次做出重要批示，并做了大量协调工作，倾注了他保护文化遗产的一片心血。在传统文化继承利用方面，他指出，城市建设要处理好传统历史风貌与现代城市建设的“古与今”关系，“在城市建设开发时，应注意吸收传统建筑的语言，这有利于保持城市的个性”；既要加快城市发展和建设，也要保护好文化遗产，达致“在发展中保护，在保护中发展”，“既要重视经济发展，又要重视人文环境的保护”，“做到保护文物和发展生产两不误”。这些观点和做法贯穿着习近平关于文化遗产保护深刻的辩证思想。在制度建设方面，习近平大胆创新，他在1991年3月福州市委市政府召开的一次文物工作现场会上提出“四个一”（一个局、一个队、一颗印、一百万），确定今后任何单位和个人，未经文物主管部门报经市政府同意，均不得拆除、改建或添建。此后不久，福州市抓紧修改《福州市历史文化名城保护管理条例》，制定《福州市历史文化名城保护规划》和《福州市三坊七巷保护规划》，公布了第一批64处市区名人故居，确立了福州市文化遗产保护的制定体系和长效机制。习近平总书记对文化遗产保护的高度重视和确立的先进理念，为福建省文化遗产保护的有效开展确立了科学的指导思想。

（二）措施科学有效，手段先进前沿

法律法规制定和先进理念确立之后，如何贯彻落实到实践之中，是实现文化遗产有效保护的关键。福建省有关文化主管部门高度重视政策法规的执行，在实践中建立起一套有效的工作方针、原则和工作机制，如确立了“保护为主、抢救第一、合理利用、传承发展”的工作方针，以及“政府主导、社会参与，明确职责、形成合力，长远规划、分步实施，点面结合、讲求实效”的工作原则，并逐步建立起健全有效的保护机制和工作机制。

全面盘点和系统梳理文化遗产是进行有效保护的前提，针对福建是非物质文化遗产大省的特点，福建省文化主管部门有步骤地重点推进世界、国家、省、市和县五级非物质文化遗产名录建设，形成了完备的非遗名录体系。其中有世界级非物质文化遗产7项，囊括国际非遗保护所有系列（《人类非物质文化遗产代表作名录》《急需保护的人类非物质文化遗产名录》《非物质文化遗产优秀实践名册》），是我国迄今为止获得三个系列大满贯的唯一省份。同时拥有国家级非物质文化遗产130项，国家级项目代表性传承人109人，以及两个国家级文化生态保护实验区“闽南文化生态保护实验区”和“客家文化（闽西）生态保护实验区”。同时，福建省政府还公布了五批共490个省级非遗名录项目和三批共552位省级非遗项目代表性传承人，并设立了一个省级文化生态保护实验区（即湄洲妈祖文化生态保护实验区），九个设区市均已建立市级项目名录，大部分县市区也建立了县级名录；全面落实文化部对国家级传承人的资助政策，并增加了60岁以上省级传承人的传承资助。

非遗的数字化是以现代信息技术为依托，保护、传承和利用文化遗产的重要手段，也是实现文化遗产与当代生活融合的主要途径。福建省结合“数字福建”建设，系统有序地开展实施文化遗产的数字化工程，全面梳理建立了妈祖信俗、南音、脱胎漆器、寿山石雕、客家土楼、福州评话等各类非遗共计3000余条的文字和影像资料，完成了20位国家级代表性传承人的抢救性记录，开展闽南文化生态保护实验区数据库建设。福建省文化厅通过“互联网+科技+非遗”手段，以AR和VR现代技术，激活非遗内涵，传播非遗文化，讲好非遗故事，使非遗文化不断以新的方式融入当代生活，成为今天文化创造的重要组成部分。在2018年首届“数字中国建设峰会”上，体现福建特色的“海上丝绸之路及边疆万里数字文化长廊”闪亮登场，显示了福建省在文化遗产数字化保护与运用方面所取得的重要成果。

（三）营造社会环境，推动非遗进校园

文化遗产保护不能局限于单纯政府行为与民间专业团体的努力，而需要在全社会培育文化遗产保护传承的鲜明意识与浓厚氛围。福建省有关部门大力推动非遗进社区、进校园、进课堂，努力提升人们尤其是青年群体对非遗的认知，悉心培育非遗传播和传承的社会文化氛围。有关文化主管部门持续推进高校与研究机构的教学与研究，积极组织编写传统文化教材，有计划地推进传统文化进校园、进课堂，倡导“人人都是文化遗产的主人”，促进青少年对非遗的感受和认知，同时利用各类媒体进行广泛社会传播，尤其近年来利用智能手机、微信公众号、扫描 AR 卡片和 AR 电子书等新媒体，让大众以先进便捷的方式欣赏非遗精品、了解非遗绝活、传扬非遗故事。目前，福建省已将最具代表性的部分非遗项目制作成 AR 产品，其中包括南音、妈祖信俗、中国剪纸、中国传统木结构营造技艺、中国水密隔舱福船制造技艺、中国木拱桥传统营造技艺、福建木偶戏后继人才培养计划、寿山石雕、惠安木雕技艺、福建脱胎漆器髹饰技艺等，让这些产生于农耕时代的非遗文化融入当代日常生活，不仅丰富了校园和社区文化活动内容，而且潜移默化地让传统文化深入人心，形成保护传承的浓厚氛围。

厚植传统文化生存环境，并不能代替传统文化自身的发展。培养传统文化的专业和高水平人才是实现传统文化创新发展的根本保障。早在 2006 年，福建省就立足探索创新传统文化人才培养路径与模式，通过产学结合传授、专业教育与民间传承结合、建设演出和传习所、多元传承资助机制等方式，持续推进非遗人才培养和人才水平提升。目前已建立传承基地和展示点 200 余个，包括石雕工艺、木雕工艺、制茶工艺、陶瓷烧制技艺和漆艺、漆线雕软木画等具有

福建特色和优势的工艺。其中，制定和实施的《福建木偶戏后继人才培养计划》被联合国教科文组织所认可，被视为非遗保护的“中国经验”和“亚太样本”，并将其列入《保护非物质文化遗产优秀实践名册》。

（四）突出地方特色，强化两岸交流

福建省被国家定位为21世纪海丝文化核心区，海丝文化遗产成为具有鲜明地方特色和优势的传统文化。通过不断加强保护与利用，结合国家“一带一路”建设大局，海丝文化成为福建省一张靓丽名片。福建省政府陆续出台海丝文化遗产保护相关规划和立法工作，加大对包括非物质文化遗产在内的海丝文化资源的保护、发掘、传承力度。省政府专门制定《福建省海上丝绸之路文化遗产保护管理办法》和《福建省古泉州（刺桐）文化遗产保护管理办法》，《21世纪海上丝绸之路核心区文化发展专项规划》也已制定。打破地区部门界线，建立良好的合作机制，海丝沿线六省九市联合开展海丝历史文化遗产资源普查和研究，努力推动海上丝绸之路申报世界文化遗产。莆田市政府出台了《福建省莆田市“海上丝绸之路·中国史迹”文化遗产保护管理办法》，福州市出台了《“海上丝绸之路·福州史迹”文化遗产保护管理办法》；福州市海上丝绸之路展示馆、泉州古建筑群保护工程、海上丝绸之路展示馆陆续建成并试开放。福建博物院牵头联合海丝沿线7省市45家博物馆举办“丝路帆远——海上丝绸之路文物精品（图片）展”，赴巴西、英国、澳大利亚、联合国总部及东盟国家进行巡回展出，在海内外引起强烈反响；先后在福州、泉州、漳州举办“跨越海洋——中国海上丝绸之路九城市文化遗产精品联展”。深厚丰富的海丝文化，逐渐成为福建文化遗产保护具有示范效应的系列项目和对外文化交流的优质文化产品。

福建省涉台文化遗产在全国具有重要地位，利用这一优势开展和推进闽台文化的交流与合作，成为文化遗产保护的重要方面和特色优势。福建省从地方立法方面进行涉台文物保护的立法规范，加大涉台文物保护资金投入、项目支持；突出涉台文物保护，组织实施《福建省涉台文物保护总体规划》。以涉台文物为媒介，建立闽台两岸文化遗产交流平台，形成祖国大陆重要的对台文化交流窗口。发挥中国闽台缘博物馆在涉台文物保护和对台交流中的作用，举办各类两岸文化遗产学术研讨会，持续推动赴台举办涉台文物专题展览，延续两岸深厚的文化与精神流脉。共同的文化渊源，有助于闽台共同开展遗产保护，如携手推动妈祖信俗成功申报世界非物质文化遗产，联手推动漳州“哪吒鼓乐”申报国家级非物质文化遗产等。此外，福建省努力推动的“海上丝绸之路：泉州史迹”申报世界文化遗产，促进闽南红砖建筑群、福建船政建筑群等项目申报《中国世界文化遗产预备名录》，都可联手台湾共同促成。闽南文化生态保护实验区的各项保护工作，因其在文化遗产方面与台湾的密切联系，亦可联手台湾共同开展。这一系列的优势和举措，使福建在涉台文物保护方面走在全国前列，也成为文化遗产保护的特色优势。

福建文化产业70年成就与经验

新中国成立70年来，福建省作为毗邻祖国宝岛台湾省的东南沿海省份，在党中央、国务院领导下，伴随着中华人民共和国成长的历史脚步，走过了70年不平凡的发展道路，取得了社会主义建设和改革开放的伟大成就。福建文化产业是福建经济社会与文化建设的重要组成部分。在历届福建省委省政府和主管部门的领导下，特别是改革开放以来，福建省充分利用中央赋予的各项优惠政策，发掘区域文化资源，发挥对台优势，锐意改革创新，奋力开创文化产业发展新局面，形成具有福建特色和优势的文化产业格局和一系列文化品牌，成为我国文化产业的重要组成和新的增长极。

一、发展历程：从文化边缘到开放前沿

中华人民共和国成立之初，位于祖国东南边陲的福建省，虽然历史上走出过许多文化名人和学术大家，也曾经是一些文学和学术流派

的发源地，但由于经济和社会发展相对滞后，文化建设方面属于欠发达地区；加之毗邻台湾省，受20世纪50年代两岸对抗和对峙的影响，各项建设均受到一定的政策制约，文化及文化产业发展相对迟缓。1978年，党的十一届三中全会之后，福建成为改革开放前沿阵地，各项事业进入全面快速发展阶段，凭借与台湾地区的五缘关系，闽台经贸往来日趋紧密，成为台商投资的重要省份。经济的快速发展，有力促进了文化产业的发展繁荣，使福建逐渐成为我国文化产业的一支重要力量。

（一）早期文化产业概况（1949—1966）

从现实情况看，中华人民共和国成立头17年，福建文化产业主要由新闻出版业、工艺美术业这两大部分组成，也经历了从传统农耕时代向现代文化产业发展的转变，尽管这种转变还不够彻底，却奠定了其后发展的重要基础。广播电影、演艺演出业等则更多以事业或民间形式存在，除了电影之外，产业性质不明显，主要是作为文化事业的组成部分由国家财政拨款来维持。

1. 图书出版

早在1949年8月，福州刚一解放就成立了福建新华书店，成为中国共产党领导下的福建现代出版业的早期公开机构。当时的新华书店主要业务是开展人民政权下的图书发行，为新政权的诞生和文化教育事业发展服务，也为建立新中国的福建出版机构准备条件。1951年7月1日，福建人民出版社正式在省会福州成立，成为福建省第一家具有现代出版业特性的新型出版机构。尽管刚刚成立的出版社只有5个专业编辑，却承担了当时福建社会主义建设初期人们所急需的各种图书的出版发行工作，同时也在工作中逐步建立起新型的出版体制。1954年，福建人民出版社的领导班子配备、机构设置等日益齐全，时任中共福建省委宣传部副部长何若人兼任社长，林子东任副社长兼总编辑；由编委会统筹编辑出版工作，下设政治理论、文教、文艺等编辑室，以及经理部等；办公楼、宿舍、图书仓库等基础设施也逐步完善。这个时期的出版社，从机构的性质到组织运行，都是以事业单位的性质开展，还谈不上出版产业，但毕竟又存在经营行为，是事业体制下的出版发行，有生产主体和经营利润。此时主要以配合形势任务需要，出版时事政治、干部学习材料，土地改革、通俗文化读物及识字课本等。20 世纪 50 年代中期，福建人民出版社编辑出版力量不断壮大，在国家第一个五年计划、合作化高潮及“向科学进军”的热潮中，有能力配合国家和社会需要出版各类图书，出现了建社以来第一个出版热潮。1954 年到 1956 年，图书品种从 62 种增加到 167 种，总印数从 467 万册增加到 1248 万册，增长 167%；形成图书系列化和地方化的新突破，整理出版了梨园戏《陈三五娘》、闽剧《炼印》、高甲戏《桃花搭渡》及《中医验方》等，受到群众喜爱，有的还行销海外。

随着福建出版事业的发展，相关管理机构也不断健全。1958 年 10 月，福建省成立了以福建人民出版社、省新华书店和省文化局新闻出版科为主体的福建省新闻出版局，将复建的新华印刷厂归出版局领导，以此形成编、印、发完整产业链的出版体系和运行机制，该年 12 月还成立了福建人民教育出版社。1964 年 8 月，福建人民出版社升格为厅局级建制，领导班子和编辑出版人员进一步充实，实力显著提升。出版工作者吸取了“大跃进”时期的浮夸风和违反出版规律的教训和做法，注重从文化建设实际需要出发，坚持出版物质量标准，坚持“两条腿走路”方针，陆续出版了一批科技、文化方面的好书，其中有《中医基础学》《新儿科临床手册》《福建常用草药》《统计学原理》等，以及莆仙戏《春草闯堂》《团圆之后》《嵩口司》和高甲戏《连升三级》等，地方文史资料《郑成功收复台湾史料汇编》，在当时具有全国影响。

2. 报刊媒体

作为现代传媒业，在电视出现之前，报刊曾经是重要的大众媒体，其发挥的作用不同于图书，主要承担党的方针政策宣传、时事新闻、文化娱乐等内容传播。1949 年 8 月 25 日，福建省委机关报《福建日报》创刊。1964 年年底，毛泽东为《福建日报》题写报头。中华人民共和国成立后的前 17 年，《福建日报》发行主要依靠各级党组织和邮电部门，创刊第一年平均日发行量约为 1 万份，以后逐年增加，至 1959 年突破 10 万份，到改革开放初期，因文化的市场需求大增而达到 36 万份。

期刊方面，中华人民共和国成立的最初几年，主要有《福建政报》月刊和《福建通讯》月刊，行业社团类的期刊有《福建公安》《福建青年》《福建教育》《福建宣传员》《福建工人》《厦门文艺》《福建画报》《福建林业通讯》等，以及部分高校学报，这些期刊虽然数量不多，却是在新中国百废待兴的情况下，经过各种努力才办起来的。这些期刊的创刊出版，成为福建期刊业的重要基础。随着新政权各项机构的完善和工作步入轨道，20 世纪 50 年代后期至 60 年代初期，期刊业有了较大发展，主要体现在各类文化、科技、教育等学术类期刊数量大幅增加。主要有厦门大学主办的《学术论坛》《科学进展》《中国经济问题》、福建师范学院主办的《福建师范学院学报》、福建医学院创办的《福建医学院学报》、福建林学院创办的《福建林学院学报》等。政府各主管部门也创办了许多行业期刊，如《福建文化通讯》《福建茶讯》《福建农业》《福建冶金》《福建机械》《广播战线》《福建实验》等，为福建学术文化和各行业发展发挥了积极作用，而其本身也构成福建文化事业的重要组成部分。

3. 广播媒体

成立于1949年9月的福建人民广播电台设立有“新闻”“新闻和报纸摘要”“专题广播和特别节目”“评论通讯和综合报道”“新人新事”“福建各地”“广播大会”等节目，负责宣传中国共产党和人民政府的各项方针、路线、政策，报道省内外大事、社会文化新闻及新事物新气象等；还设有为不同行业群体服务的栏目，如“工人节目”“对农村广播”“对渔区广播”“对台湾广播”“对华侨广播”等；还有专业性知识节目，如“科学与文化”“福建古今谈”等，以及“普通话教学”“俄语广播讲座”“英语教学”“日语教学”等语言教学节目，此外还有文艺类节目，如音乐节目、文学节目、戏曲曲艺、广播剧节目等。除了这些自办节目外，广播电台还转播中央人民广播电台部分节目，参加中央人民广播电台和各地人民广播电台联办节目。在报刊媒体特别是电视还远未普及的年代，广播电台发挥着传播党和政府的声音、普及科学文化知识和其他服务的重要作用，也是文艺娱乐的一种重要形式，是那个时代重要的媒介形式和传播载体。

4. 工艺美术

福建工艺美术具有悠久的历史和传统，从现在的非物质文化遗产概念看，工艺美术在非遗中占有很大比重。寿山石雕、软木画、漆画漆线雕、竹木雕刻、德化瓷雕、惠安石雕等，在全国都享有盛誉。中华人民共和国成立初期，许多工艺美术业属于个体经营，并受侨洋资本控制。由于国民党的长期反共宣传，不少侨商、洋商场店将资产转移海外或撤资停业，导致工商业凋零，工艺美术业陷于萧条状态。福建省人民政府积极恢复社会秩序、促进生产发展，制定颁布各项法规法令，宣传共产党旨在发展生产、安定市场、改善城乡人民生活的新经济政策。在党和政府提出的“发展生产、城乡互动、内外交流”方针指导下，从动员组织艺人归队、调动从业人员积极性，到开展城乡土特产品交易会等举措的实施，使福建省工艺美术业生产逐步恢复。

20世纪50年代中期，政府推动组建、发展手工业合作社。到1955年年初，福建手工业合作社达到了985个、社员2万余人；到1956年年底，全省手工业领域就发展到拥有3944个合作社、13.4万名社员的规模，成为福建地方经济的重要产业力量。福州“脱胎漆器”在50年代得到很好的发展，成为福建省闻名全国的工艺美术品种，不仅生产规模大、经济效益和出口销量好，而且在国内外展览中获得许多重要奖项。在1953年至1956年短短的三年中，脱胎漆器先后荣获三项巴黎国际博览会奖、五项莱比锡博览会奖，以及莫斯科中国工艺品展览会、叙利亚大马士革博览会、印度尼西亚雅加达博览会等近10项大奖，成为福建乃至全国社会效益与经济效益俱佳的工艺美术品种之一。

1961年，党中央提出“调整、巩固、充实、提高”的经济工作“八字方针”，同时发布《关于城乡手工业若干政策问题的规定（试行草案）》，使经济发展逐渐走向健康、快速发展轨道。作为福建经济重要支撑的工艺美术业得到高度重视，福建省从人才方面给予大力支持，相关主管部门评定了福建省工艺美术艺人138名，极大地鼓励和推动了工艺美术从业者的创作设计和生产积极性。到1962年年底，福建省手工业固定资产达到1977万元，至1965年，福建省工艺美术企业发展到89个，从业人员达10278人，产值1029万元。生产发展的同时，福建工艺美术产品的盛誉也得到了充分肯定，除了获得多项国际奖项，还得到国家领导人热情题词，朱德委员长题有“日新月异　精益求精”，董必武副主席题了“精巧日进”，张鼎臣副委员长题了“劳动智慧　巧夺天工”等，不仅给予福建工艺美术工作者极大鼓舞，也大大提升了福建工艺品的知名度。

（二）改革开放初期的文化产业（1976—2000）

1. 图书期刊

1976年，福建出版事业开始“文革”后的拨乱反正，尤其是中共十一届三中全会之后，逐步走向整顿恢复、健康发展的新时期。20世纪七八十年代，虽然文化产业的概念还未提出，但这个时期图书出版业在社会需求高涨的背景下实现了高速发展。为解决图书短缺尤其是中等教育课本与辅导用书的书荒问题，福建人民出版社大量印刷上海科教版的《数理化自学》，同时组织编写《中学生学习》丛书，以及适合青少年阅读的各科基础知识读物，发行达数百万册，满足了恢复高考后的市场需求，成为广受当时省内外读者欢迎的丛书，闽版文教书也因此享誉全国。

1978年，中共十一届三中全会召开，社会主义建设迎来了改革开放的新时期。从这一年起至20世纪90年代中期，与全国出版业一样，福建出版业进入了全面繁荣发展的黄金时期。首先是出版体制改革取得显著成效。1985年10月，福建人民出版社改为福建省出版总社，1988年6月成立福建省新闻出版局，与福建省出版总社合署办公；专业出版社陆续成立，先后组建成立了福建科技出版社、海潮摄影艺术出版社、福建省地图出版社、海峡文艺出版社、福建少年儿童出版社、福建美术出版社、厦门大学出版社、鹭江出版社、海风出版社等，全省出版社发展至11家。在运作体制方面，出版社开始从生产型向生产经营型转变，各出版单位实行独立经营、自负盈亏和生产经营型管理体制，同时在发行领域进行积极探索。根据中共中央宣传部有关发行体制改革精神，福建省积极推进“三放一联”改革，形成以国营书店为主体，多种流通渠道、多种经济成分、多种购销形式并存的新体制，增强了图书市场的流通与活力。其次是制定出台相关出版计划和法规条例，如《福建地方文献整理出版规划（1982—1990 年)》《1987—1990 年图书出版规划》《福建省图书报刊出版管理条例》《1991—1995 年重点图书出版计划》等。此外，配合中央有关部门开展出版业“扫黄打非”治理整顿，对书报印刷厂和集团、个体书店进行全面清理与重新登记，有效地维护了出版市场的秩序。再次是出版物地方特色鲜明，如《林则徐书简》《陈嘉庚传》《武夷山水》《泉州名胜古迹》《普通话闽南方言词典》《八闽文献丛刊》等；闽台关系图书出版拥有优势，出版了《台湾史略》《高山族简史》《郑成功收复台湾史料选编（修订本)》等。1979 年，福建省外文书店率先引进台湾版图书 10 多万册，1980 年出版了祖国大陆第一部台湾当代文学作品於梨华的长篇小说《又见棕榈，又见棕榈》。海峡文艺出版社与有关部门联合举办三届台湾文学研讨会。对外图书展览也在地方出版社中处于领先地位。80 年代中期，闽版《刘海粟名画集》参加在香港举办的中国书展，被评为参展的三部最佳画册之一；福建出版界先后组织 10 多批 30 多人次赴日本、英国、新加坡、菲律宾等国进行交流和参加书展活动。最后是期刊发展有新突破。新创办的普通期刊有《海峡》《中篇小说选刊》《中外电视》《台港文学选刊》《海峡姐妹》，复刊的有《福建青年》《生活·创造》《支部生活》《福建教育》，新创办的学术期刊有《福建论坛》《福建学刊》（后更名《东南学术》）《亚太经济》《台湾研究集刊》《福建文博》等。这些期刊不仅定位独特、内容充实，在读者中产生较大反响，而且其中一些走市场的刊物经济效益突出，期刊单期发行量达到 50 余万份。1988 年，福建省出版系统根据中宣部和出版总署精神，深化改革，实行社长负责制，采取“放水养鱼”优惠政策，加上整个社会改革开放所形成的良好环境，使出版业焕发了极大生机。1990 年，全省出版系统利润达 3744.7 万元，较之承包前1987年的1860万元增长了一倍多，使福建出版系统在经济效益和整体实力方面达到了历史最高水平。

2. 报纸广播

改革开放以来，福建报业发展迅速。从1978年到2000年，经过20多年的发展，全省拥有日报19家，发行量居前五位的日报有《海峡都市报》《福建日报》《福州晚报》《厦门日报》《泉州晚报》。1995年，全省45家报纸期发总量约为417万份，到2000年报社总数增加到49家，但因电视等媒体开始逐渐普及，发行量反而降至393万份。1990年，全省报纸广告收入仅为1800万元，到2002年，全省报纸广告收入达6.46亿元。广播媒体方面，福建人民广播电台一些曾经停办的节目逐步恢复，并根据新时期的需要进行改进和加强。如1980年，“新闻和报纸摘要”节目改为“本省新闻和报纸摘要”；1979年恢复曲艺节目后，1980年创办“相声与音乐”，其后又增办“闽南方言说书”“笑笑笑”；文学节目方面，80年代后创办“当代诗坛”“中外著名诗歌散文欣赏”等；参加“全国广播音乐厅”联播节目，创办“八闽新曲”等，成为新时期宣传党的方针政策、传播科学文化知识和文艺节目的重要渠道。

3. 工艺美术

改革开放之后，经过“拨乱反正”，对内搞活、对外开放的政策给福建工艺美术发展带来新的生机。1977年8月，国务院发文批转相关部委《关于进一步发展工艺美术品生产和扩大销售规模的报告》，明确了工艺美术发展方向、任务和措施。福建作为工艺美术大省，在政策支持下，生产与出口都有较大幅度增长，并在作品质量和社会效益方面有良好表现。第一，从生产企业和产值看，1978年全省工艺美术企业101个，从业人员14541人，年产值3449万元，出口交易值3835万元，为国家创汇902.63万美元；到2000年，工艺美术企业户数达246个，从业人员13442人，出口交易值15亿元，总产值16.95亿元。第二，从国内外交流展览展示看，这个时期的展览展示活动一直处于活跃状态，先后在日本东京、大阪举办工艺美术展览，多次赴港澳参加中国工艺美术精品展，与台湾省联合举办海峡两岸雕刻艺术精品展；同时还与美国东方艺术品集团公司联合在纽约举办首届中国福州雕刻艺术精品展，在德国莱法州举办中国福建旅游展，展出漆艺、石雕、木雕、微雕、木偶头、剪纸和华安玉雕等传统特色工艺品，在菲律宾马尼拉举办中国泉州轻工工艺品展等。第三，从产品种类和技术创新看，工艺美术品种随着时代发展和社会生活的提升而不断丰富，如德化瓷器从传统的宗教、历史人物题材，演变扩展为日用观赏性瓷器、文房用品和旅游纪念品，以及根据外销需求按订单设计的新型瓷艺产品“西洋工艺瓷”等。漆器方面，福建始终是全国同类行业龙头老大，科研生产单位进行了原材料“代用品”的研发，如木材干燥处理新技术、木胚胎骨标准化处理、大漆代用品生产应用技术、漆器批量生产的纹饰印刷技术等，其中，福建省工艺美术研究所研发的“合成漆一号”“人造琥珀”等，获福建省政府、省轻工厅表彰。此外，编结业的机械产品、防腐工艺，陶瓷业的电窑，刺绣工艺的抽纱刺绣工艺机械化、手工制化，以及工艺画企业、金属工艺和珠宝工艺业等相关技术改造、创新等，都取得很大进步，为提高传统工艺美术生产效率和产品质量发挥了重要作用。第四，从工艺美术教育与研究看，拥有50年办学历史的福建工艺美术学校在更名为“福州大学工艺美术学院”后，升级为国家全日制本科普通高校；创立于20世纪50年代的福州工艺美术学校，更名为“闽江学院艺术学院”；“福建工艺美术珍品陈列馆”“福建工艺美术研究院”“中国寿山石文化博物馆”等展馆与研究机构相继成立。一批专家学者进入福建工艺美术研究领域，发表众多成果，确立了其在文化产业中的重要地位，如方宗珪的《寿山石志》、陈秋平的《福建民间美术》、徐本章与叶文程的《德化瓷史与德化窑》、郑礼阔主编的《福建大观·福建工艺美术》、林荫煊的《闽台工艺美术家风采》、马永祥主编的《福州雕刻艺术》，以及第一部由学院派专家撰写的寿山石文化研究专著——方彦富、管宁主编的《中国寿山石文化的当代发展》。工艺美术教育的普及与提升，扩大了社会认知度；专家学者的参与研究，促进了行业水平的提升，为福建省工艺美术发展注入了新的活力。

从中华人民共和国成立到2000年，福建文化产业从文化边缘的相对落后状态，经过50年尤其是改革开放初期十余年的发展，成为东南沿海地区拥有独特优势和一定实力的省份，为新世纪的发展奠定了坚实基础。

二、21世纪：改革开放再铸新辉煌

2000年，党的十五届五中全会通过的《中共中央关于制定国民经济和社会发展第十个五年计划的建议》中，首次提出“文化产业政策”这一概念，标志着以往单纯从文化事业角度探索文化相关行业发展的历史将被一种新的思维、新的定位所取代。党的十六大和十六届三中、五中全会决议进一步明确了要完善文化产业政策、发展文化产业的任务。2006年年初，中共中央、国务院发布《关于深化文化体制改革的若干意见》，要求从巩固马克思主义在意识形态领域指导地位的高度，充分认识文化体制改革的重要性和紧迫性，为社会主义先进文化注入强大动力。《意见》成为我国深化文化体制改革的重要纲领性文件。党的十七大报告中提出大力发展文化产业，繁荣文化市场，增强国际竞争力；2011年政府工作报告和《十二五发展规划纲要》也提出要推动文化产业成为国民经济支柱性产业，确立了文化产业在国家战略中的新定位。2011 年 10 月 18 日，党的十七届六中全会审议通过《中共中央关于深化文化体制改革、推动社会主义文化大发展大繁荣若干重大问题的决定》，这是我党专门就文化发展做出的决议，充分显示了党和国家对文化发展和文化产业的高度重视。党的十八大报告提出，“要推动文化产业快速发展，2020 年使文化产业成为国民经济的支柱性产业”，并明确要建设文化强国。党的十九大开启了中国特色社会主义新时代，提出“要决定文化自信”，将文化视为一个国家、一个民族的灵魂，确立了文化建设在“五位一体”总布局中的战略地位。文化的重要地位进一步提升。

（一）大胆改革，勇于探索

作为改革开放前沿的福建省，一方面全面贯彻党中央关于文化产业发展的方针政策，落实国家文化强国战略和文化体制改革各项要求；一方面根据中央给予福建的特殊政策和自身优势特点，大胆改革、勇于探索，将文化体制改革发展放在改革开放的全局中进行布局和推进。

1. 改革顶层设计与政策举措

为贯彻文化强国战略，适应文化发展新的定位需要，福建省于 2006 年制定颁布了《福建省文化强省建设纲要》，提出了建设“文化强省”的目标：“文化发展主要指标进入全国前十位，成为文化事业整体水平和文化产业总体实力居全国前列的文化强省。”这一目标也写入了同年发布的《福建省“十一五”文化发展专项规划》。围绕建设文化强省的目标，2009 年福建省又出台《关于加快发展文化产业的意见》，对加快推进文化产业集约化、规模化发展，形成以公有制为主体、多种所有制共同发展的文化产业格局进行了具体布局。

《意见》指出，未来福建省将重点发展报刊服务业、出版印刷业、广播影视业、演艺娱乐业、文化旅游业、文化创意业、动漫游戏业、文化会展业、广告业、工艺美术业等十大文化产业行业。2011 年，福建省根据中央有关精神，制定出台《中共福建省委关于贯彻落实党的十七届六中全会精神推动文化大发展大繁荣的实施意见》，将福建文化产业的具体目标进一步确立为：围绕打造全国重要文化产业基地，加快建立区域布局合理、产业结构优化、主导产业突出、企业实力雄厚、市场繁荣有序、福建特色彰显的现代文化产业发展体系。2012 年又出台《关于进一步推动福建省文化产业发展若干政策》，进一步将福建省文化产业的发展目标细化为“培育壮大骨干企业”“推动文化产业集聚”“鼓励原创内容生产”“促进文化产业与科技相融合”“深入对外对台交流合作”“加强人才队伍建设”“拓宽投融资渠道”“加大政策扶持”“健全工作机制”九项具体内容。

在顶层设计不断完善的同时，积极推进重点体制改革。根据中央有关深化文化体制改革的精神要求，按照中央文化体制改革“区别对待、分类指导、循序渐进、逐步推开”的方针，福建省统筹规划，确定先行试点，实施国有文化单位“转制一批、整合一批、划转一批、撤销一批、保留一批”的分类改革；健全和完善相关组织机制，在省、市、县三级建立由党政主要领导担任组长的文化改革发展工作领导小组，强化对文化体制改革统一、协调领导，确保各项政策的顺利制定和有效实施。各级文改小组确立文化体制改革重点任务，主抓国有经营性文化单位转企改制、文化市场综合执法改革、广电网络整合三项工作，积极培育合格市场主体、完善文化市场管理体制、健全信息网络系统。

2. 改革实践探索

自 2002 年起，福建省在文化产业的重要领域传媒业中进行现代企业集团的重组改革，从报业、影视业、出版业等入手进行改革，将原来小而散的文化企业整合为企业集团，陆续组建了福建日报报业集团、福建省广播影视集团、福建海峡出版发行集团、福建广电网络集团等。2002 年率先成立的福建日报报业集团，将福建日报社所属的 11 报、11 刊及多个网站整合为融报、刊、网三大平台的立体化现代媒体集团，形成下属 40 多个经济实体的较大型产业集群。2004 年，依据管办分离、精简高效的改革原则，福建人民广播电台、福建省电影制片厂、福建电视台及其他所属单位整合组建成为福建广播影视集团，实行扁平式管理。同年组建的集团还有福建新华发行集团，这一改革是为了切实改变长期以来全省各地新华书店各自为政、分散经营的局面，以形成独立、新兴的市场主体；2009 年，包括福建人民出版社在内的 12 家出版单位转制后与新华发行集团整合，组建成立了福建海峡出版发行集团。2012 年，按照党中央、国务院和福建省委省政府有关加快推进“三网融合”的部署和要求，对全省广电网络单位进行资产重组和资源整合优化，组建成立了福建广电网络集团。四大国有文化企业集团的成立，标志着福建省文化体制改革取得重要进展，也体现着福建重要文化产业市场主体现代企业制度的逐步建立和完善，成为福建省文化产业的主力军。此外，福建省文化体制改革还进行了其他方面的探索实践。厦门广电于 2003 年被列为全国首批文化体制改革试点单位；2006 年，厦门被确定为全国文化体制改革综合试点地区，福建成为我国文化体制改革的前沿省份。随后，福建省歌舞剧院、省人民艺术剧院、省京剧院、省实验闽剧院、省图书馆和省电影公司等被列入省直文化系统体制改革试点单位，并于 2008 年完成了省属艺术院团“一院一团”的改革工作。

（二）完善政策，提升管理

经过21世纪前十年的顶层设计和改革实践，福建省理顺了机制，夯实了基础，激发了活力，促进了产业。至2010年，福建文化产业逐步形成了在新体制机制下快速发展的局面，进一步研究制定了《福建省深化文化体制改革实施方案》及《重要改革举措和工作项目》，明确了全省文化体制改革的“路线图”和“时间表”，细化了到2020年要完成的108项具体改革举措。

1. 细化产业政策

随着产业发展实际情况的变化和各行业门类不断发展壮大，新的政策需要制定，尤其是适合文化产业各行业发展特点的专项政策。福建省在“十二五”期间，一方面继续加强和完善宏观政策制定，创造产业发展的良好政策环境与保障机制，如出台《全省文化产业重点项目管理办法》（2011）、《关于进一步加强版权保护和管理工作的意见》（2011）、《福建省文化产业发展专项资金管理办法》（2012）等；另一方面高度重视各行业门类专项规划和政策的制定，先后制定了《福建省广播影视业2010—2012年发展规划》《福建省演艺娱乐业2010—2012年发展规划》《福建省广告业2010—2012年发展规划》《福建省工艺美术产业2010—2012年发展规划》《福建省文化旅游业2010—2012年发展规划》《福建省动漫游戏产业发展规划（2010—2012年）》《福建省文化会展业2010—2012年发展规划》《关于加快旅游产业发展的若干意见》《福建省传统工艺美术保护办法》等重要行业的发展规划与政策意见，有力推动了文化产业各行业的改革发展。同时，根据文化与科技、文化与旅游融合日益紧密、跨界融合发展和“互联网+”快速发展的新趋势，及时调整发展战略，制定出台了《加快推进文化和旅游融合发展的实施意见》（2013）、《关于加快推进文化和科技融合发展的实施意见》（2013）、

《福建省人民政府关于推进文化创意和设计服务与相关产业融合发展八条措施的通知》（2014）、《福建省人民政府关于加快互联网经济发展十条措施的通知》（2015）、《福建省推进“互联网+文化产业”行动实施方案》（2016）、《传统媒体和新兴媒体融合发展重点扶持项目管理办法》（2016）等。相关政策在加大改革力度、扩大政策优惠、放宽准入门槛方面也有新突破，如支持省属文化集团以资产为纽带，通过联合、兼并、重组等形式整合资源、做大规模和提升实力；支持文化企业以股权出质、出资等方式拓宽融资渠道；允许非公有资本进入影视制作、发行、演艺等产业领域等。

2. 完善管理服务

福建省在完善政策体系的同时，进一步优化管理机制，增强政策扶持力度；采取相关工作举措，明确重点推进方向，提高政策落实效率。省市及大部分县区设立了文化产业发展专项资金，扶持文化产业龙头企业、重点文化产业基地、重点文化产业园区、重大文化产业工程的建设和发展。省级文化产业专项资金从2012年至2016年每年安排1亿元，近年提高为1.3亿元；同时还设立文艺发展专项基金、省级软件产业发展专项资金和创意产业专项资金。2012年，福建省委宣传部和省文改办启动实施文化产业“310行动计划”，福建省政府力图通过有计划地培育10个重点文化产业园区、打造10强骨干文化企业、推进10个重点文化项目建设，全面提升文化产业规模化、集约化和专业化发展水平，激发产业活力，形成示范效应。为有效推进和完善“310行动计划”，福建省政府制定了包括《全省文化产业重点项目管理办法》《福建省“文化企业十强”评选管理办法》《福建省文化产业重点园区认定管理办法》等在内的配套政策措施与管理指导意见，对入选“310行动计划”的园区、企业和项目，给予资金、用地、税收等方面的重点支持，为推动文化产业的快速发展起到了积极作用。

（三）快速增长，实力壮大

在福建省委省政府和文化主管部门领导下，福建文化体制改革和政策体系构建不断完善、优化，有力推动了文化产业健康、快速发展，使福建成为我国东南地区文化产业的重要增长点。

1. 产业规模持续壮大

2004 年以来，福建文化产业发展连续保持两位数增长，增长速度明显高于全省同期 GDP 的增长速度。2005 年，全省文化产业增加值 163.39 亿元，GDP 占比 2.5%；2010 年，全省文化产业增加值达 601.66 亿元，GDP 占比 4.2%；2015 年，全省文化产业增加值为 1070.94 亿元，GDP 占比 4.1%；2016 年，全省文化产业增加值为 1190.28 亿元，比上年同期增长 11.14%，占地区生产总值的比重为 4.13%。十九大之后，随着我国进入新时代，福建文化产业也进入一个新的发展阶段。2017 年，全省文化产业仍保持平稳增长态势，实现增加值 1307.47 亿元，按现价计算（下同），比上年增长 9.8%，对比 2016 年的同期增长 11.14%，虽有小幅回落，但仍然高于同期 GDP 增长速度，也符合新常态中高速增长的大背景。文化产业增加值占地区生产总值的比重为 4.1%，总量和占比均居全国第 9 位，均比上年提高 1 位。从文化产业从业人员、营业收入等方面看，在经济大环境不佳的情况下依然保持较高增长趋势，表明政策效应逐步显现，文化产业投资环境向好。2017 年，全省文化产业法人单位拥有从业人员 106.96 万人，实现营业收入 5417.57 亿元，拥有资产 4458.77 亿元，分别比上年增长 12.3%、15.0% 和 5.1%。就产业集聚情况看，重点发展的十大产业实现增加值达到 1114.43 亿元，增长 9.6%，占全省文化产业增加值的 85.2%。其中，文化旅游业、广告业、演艺娱乐业、文化会展业、新闻出版业、广播影视业增长均超过10%，增速较快，超过文化产业整体水平，表明重点产业成为福建省文化产业的主要支撑，实力强劲。

2. 重点企业实力不断增强

文化产业发展的标志之一，是作为市场主体的文化企业规模化、集约化、专业化发展程度，以及行业龙头企业发展情况。通过改革整合重组的福建省属国有四大文化集团在全省文化产业中发挥着重要作用，四大文化集团的产业经济指标逐年增长，总体经济实力不断增强，位居全国同行业的前列，成为全省产业中坚。2014年，福建日报社（报业集团）实现总收入18.2亿元，总利润1.96亿元；其中主营业务收入10.6亿元，多元经营收入7.6亿元；报社（集团）总资产32.15亿元，净资产12.89亿元。2015年，海峡出版发行集团实现营业总收入25.72亿元，税前利润2.67亿元，总资产55.39亿元，净资产38.66亿元，比2010年分别增长38.50%、217.86%、54.25%和53.35%，年平均分别增长6.73%、26.02%、9.05%和8.93%。福建省广播影视集团旗下的6个广播频率广播节目制作播出都已实现数字化和网络化。10个电视频道电视节目制作播出已经实现数字化，其中有6个电视频道电视节目制作实现网络化。2014年7月成立全资子公司福建广电新媒体有限公司，集团网站“海博TV”、手机客户端“海博视频”在省内已有一定的知名度和影响力，展示了福建风采。2015年，福建广电网络集团总收入超过30亿元，有线电视用户750多万户，集团高清用户140万户，在网电视终端突破1000万台，数字化率达95%，位居全国第五。2016年实现总收入33亿元，年末总资产70亿元，连续四年被评为福建省十强文化企业，2017年、2018年连续两年荣获全国文化企业三十强提名奖。福建龙头企业的发展还得益于2012年开始着力实施的“310行动”方案，这一方案通过建立更加规范的评选、奖励和监督管理机制，全面推进重点企业、重点园区、重点项目的培育工作，并在政策上给予大力支持，出台《关于鼓励和支持文化企业上市融资的工作意见》，对加快建立现代企业制度和股份改造所需要的政策、项目、资金等予以扶持。从已评选的多届“文化企业十强”情况看，十强企业户均主营收入、税前利润、净资产三项指标有较平稳的增长。2016 年，福建省文化企业十强整体规模实力较上届有较大提升，十强企业主营收入、净利润、净资产分别为 139. 19 亿元、16. 69 亿元、150. 16 亿元。获评的民营文化企业占有较大比例，获得文化企业十强及提名奖的 18 家文化企业中，14 家为民营文化企业。这些民营文化企业成长快速，做到双效统一。其中，网龙集团两次（2014 年、2016 年）获得全国文化企业三十强，集友公司获得 2012 年全国文化企业三十强。

3. 文化品牌影响力显著提升

为打造文化精品，扩大福建文化品牌影响力，中共福建省委宣传部与省财政厅共同设立“福建文艺发展基金”，制定《福建文艺发展基金项目资助实施办法》，专项扶持资助重大文化、艺术门类的创作、研究、演出、出版、展览等 53 个项目；为促进福建电影、电视剧创作和创新发展，中共福建省委宣传部颁布了《福建省影视精品创作生产奖励办法（试行）》，重奖影视精品。在政策鼓励扶持下，文艺精品不断涌现。中共福建省委宣传部选送的电影《衍香》、芗剧《保婴记》、电视纪录片《船政学堂》、广播剧《跨越海峡的追寻》、歌曲《海峡月光曲》获第十三届精神文明建设“五个一工程”（2012—2014）奖。戏剧方面，王君安荣获第 27 届中国戏剧“梅花奖”，芗剧《保婴记》获第十三届中国戏剧节综合类最高奖——“中国戏剧奖 · 优秀剧目奖”；舞蹈方面，原创舞蹈《香扇春情》《方志敏》荣获第九届中国舞蹈“荷花奖”，大型闽南风情舞蹈诗

《沉沉的厝里情》获第九届中国舞蹈“荷花奖”舞剧·舞蹈诗比赛金奖，实现零的突破。“一带一路”建设为福建文化品牌的展示提供了广阔空间和高端平台。“丝绸之路国际电影节”“海上丝绸之路国际艺术节”分别落户福州和泉州，成为“一带一路”建设中的靓丽名片。泉州市在成功举办首届海上丝绸之路国际艺术节的基础上，继续举办第十四届亚洲艺术节并加挂第二届海上丝绸之路国际艺术节。亚洲艺术节上举办了“魅力文都”系列活动、闽南语歌曲创作演唱大赛、国际南音大会唱、国际木偶节、世界（永春）白鹤拳大会等一系列精彩的文艺活动，将南音、木偶、白鹤拳、闽南语歌曲等闽南元素展现得淋漓尽致。报刊出版与广电媒体品牌方面，《海峡都市报》成为首家获得“中国一级广告企业”资质的福建媒体，连续第六年跻身“中国500最具价值品牌”排行榜，入选全国“百强报刊”，2014年品牌估值39.92亿元；海峡出版发行集团注重精品出版物的打造，共有107种重点图书获得国家级奖项或列入国家重点规划项目，出版福建历史文化相关图书600余种，其中荣获中国图书奖、首届国家图书奖提名奖和世界太极科学金奖的《朱子大传》（教育社）弘扬朱子文化，《闽南非物质文化遗产丛书》（共10册，鹭江社）充分展示福建非遗神韵。电视综合频道栏目《帮帮团》荣膺2014年“中国民生新闻领导品牌栏目”称号；纪录片《船政学堂》获“五个一工程奖”和“2014中国电视十佳纪录片”。东南卫视《海峡新干线》在TV地标（2014）中国电视媒体综合实力大型调研成果发布会上获“年度上星频道最具品牌影响力节目十强”，树立了大陆地方媒体涉台报道的标杆性地位，一直位列省级卫视新闻节目排行榜的前三名；2015年二季度开始跨季播出《扬帆走海丝》节目，使东南卫视成为传媒领域融入“一带一路”建设的先行者。电视新闻频道也荣获了2015年“全国十大品牌频道”等。

福建地方特色题材文艺作品在对台交流中发挥重要作用。2014年6、7月间，福建省文化厅所属的六大艺术院团462名演职人员，先后赴桃园、新竹、台南、高雄等地开展演出活动，歌剧《土楼》、京剧《锁麟囊》、闽剧《别妻书》《梅玉配》、话剧《要离与庆忌》、越剧《玉蜻蜓》等带有浓郁地方文化特色的文艺作品，赢得台湾民众热烈反响，好评不断。2015年5月，大型舞剧《丝海梦寻》和非物质文化遗产精品，赴台湾高雄佛光山和台北台湾艺术大学展演、展示，也获得巨大成功，进一步加深了闽台之间的文化交流。

4. 文化“走出去”提升福建影响力

近年来，福建逐步完善文化出口资金扶持办法，重点在文化出口奖励、文化企业参加境内外展会、国际认证等方面加大扶持力度。2012年评选认定23家“福建省文化出口重点企业”，其中21家文化出口企业获评2011—2012年度国家文化出口重点企业，落实扶持资金1330万元。2011年，福建文化产品进出口额20.4亿美元，增长54.5%，居全国第2位；2012年，文化产品进出口额19.53亿美元，居全国第4位；2017年上半年，文化产品进出口额为13.97亿美元，其中出口额13.69亿美元，进口额2751.3万美元。文化产品和服务出口已成为文化“走出去”的重要渠道，扩大了福建文化的影响力。《丝海梦寻》舞剧还赴欧盟总部、联合国教科文组织总部、马来西亚、印度尼西亚和新加坡等地巡演，艺术家们的精彩表演引发了当年海上丝绸之路沿岸国家观众们的强烈共鸣。

5. 文化新兴产业崛起

新兴产业代表着文化产业新的增长点，也对文化产业结构优化起到积极推动作用。面对新时代人民对丰富精神食粮的新期待，文化产业的高质量发展成为当前及未来的重要诉求和趋势，也构成新的挑战。在较长的一段时间里，福建省文化制造业在总量上始终占据半壁江山，而创意含量高的内容产业即文化服务在文化产业中占比偏低。从2016年以来，这种状况开始逐步改变，规模以上文化服务业同比增长17.1%，表明文化产业创意含量逐步提升，竞争力有所增强。2017年，产业结构进一步优化，文化制造业增幅有明显下降。从分类型看，2017年文化制造业、文化批发和零售业、文化服务业分别实现增加值830.79亿元、80.24亿元、396.43亿元，分别增长5.5%、15.9%和18.7%。其中，批零业和服务业增幅相比上年均呈现上升趋势，分别提高6.5和3.2个百分点，制造业增幅比上年下降4.1个百分点；而主要以内容为主的广告业、演艺娱乐业、文化会展业、新闻出版业、广播影视业等文化服务业增长均超过10%，产业结构优化趋势更加明显。这与福建省文化主管部门持续推进文化体制改革、加强和鼓励内容产业创新创造分不开。如，积极营造浓厚的创新氛围，举办海峡两岸新媒体创业大赛，在福州、厦门两地举办丰富的沙龙活动，主题涉及"互联网+"创业、项目出海、自媒体专场、资本对接等专场活动；持续推动福建文创奖及创意集市等相关系列活动，举办海峡工业设计大赛，并促成多项作品与企业对接落地，借助各类创意设计赛事提升创意设计水平，普及现代设计教育，增强设计师与文化企业之间的交流合作等。在新兴文化产业发展方面，福建动漫游戏业表现突出，增长超过20%，发展势头强劲；而作为传统文化产业的工艺美术虽然仍占全省文化产业增加值的45.5%，但增速缓慢，仅有1.8%。动漫游戏业影响力快速提升，第四届厦门国际动漫节动漫游戏与技术展示会在厦门召开，提升了该产业的辐射力，福州、厦门成为重要动漫游戏产业集聚地。2017年年底，《福建推进"互联网+文化产业"行动实施方案》等相关政策发布，鼓励利用互联网信息技术提高传统媒体新技术应用水平，创新内容生产和信息服务，打造新型主流媒体。

2017 年，福建省互联网行业收入连续四个季度保持 20% 以上增长，成为文化产业中增长最快的行业。从 2018 年福建互联网企业 20 强名单发布报告看，企业规模不断扩大、盈利能力显著增强、游戏娱乐和电子商务引领、地市互联网发展形成雏形、研发投入明显增加，显示出新兴文化产业发展领域的潜力。

福建日报社（报业集团）积极建设新媒体集群，加快技术升级改造，通过链接微博、微信和《今日福建》等新媒体平台，与传统报刊形成媒体互动集群，提升传播力和覆盖面。数字媒体领域的技术应用、网站盈利模式、数字媒体产品开发等方面也实现了诸多突破，包括“新闻门户类网站、微博微信类和客户端”三个主要类型，累计创办网站 40 个，拥有“两微一端”总数接近百个（其中微信公众号超过 60 个），累计用户数超过 400 万。海峡出版发行集团积极推进数字出版建设，是全国首批数字出版转型示范单位，也是国家专业数字内容资源知识服务试点单位中的唯一地方出版集团；初步完成集团数字出版暨信息化基础平台建设，开发数字出版项目并探索可盈利的商业模式。东南网作为福建最大的官方门户网站，在福建日报新媒体发展有限公司的具体运营下，快速、准确地传播省内外、国内外最新时政要闻及经济、社会、文教、科技、体育等各领域新闻信息，不仅成为全省最具权威性的新闻专业网站和借助互联网让世界了解福建的重要窗口，而且搭建了包括电子杂志、网络广告、在线调查、视频、博客、SNS 交友、RSS 订阅等综合性服务平台，拓展了网站功能，并在各地市设立地方频道，影响力持续扩大。

提升新媒体产业集聚度，平台搭建至关重要。以新媒体发展为主的蒲公英创新工场努力提供良好的公共服务，以集聚新媒体企业所需要的资金、技术、产品和人才等资源，目前已汇聚了三个传媒类众创空间、YOU + 国际青年创业社区等，并以平台为核心进行外围扩展，与北京、上海、广州、深圳、杭州及台湾的新媒体创业者形成联盟。针对新媒体知识付费、短视频、动漫 IP、内容垂直细化分化等热点，原创性、精品化的新媒体内容成为企业的核心竞争力，有关部门和企业主体从加大新媒体教育和人才培养方面应对未来挑战。2018 年，首届“数字中国”建设峰会在福州举办，标志着数字福建在全国具有重要地位。峰会集聚全国互联网企业巨头马云、马化腾及诸多著名互联网企业，福建网龙公司、新大陆科技集团、新东湖科技有限公司等福建本土网络公司均作为建设峰会战略合作伙伴或合作伙伴，积极参与峰会各项活动与分论坛，显示了数字福建建设的突出成就。

三、新时代：总结经验开启新征程

回顾福建 70 年文化产业发展历程，尤其是改革开放 40 年来的发展成就，福建在文化体制改革和文化产业发展中，大胆改革、勇于探索，实践了一些切实有效的做法，积累了许多宝贵的经验。认真总结这些经验，有助于我们在新时代更加坚定地走中国特色社会主义文化发展道路，增强“四个意识”，坚定“四个自信”，全面贯彻“五位一体”战略，在习近平新时代中国特色社会主义思想指导下，为“新时代新福建”建设提供智力支撑，为实现文化强国做出福建应有的贡献。

第一，紧密对接国家战略，结合实际科学谋划。福建历届省委省政府坚决贯彻中央文化体制改革发展建设，积极贯彻国家各项文化产业发展战略和政策精神。特别是十八大以来，紧密团结在以习近平同志为核心的党中央周围，努力贯彻落实十九大精神和新时代对文化建设的新要求，充分利用国家赋予福建的中国（福建）自贸区、21 世纪海上丝绸之路核心区、国家生态文明示范区、福厦泉国家自主创新示范区、福州新区、平潭综合实验区等“六区叠加”系列优惠政策，依据福建区域文化资源优势和对台地缘优势，科学谋划文化强省建设战略，审慎及时出台规划制定政策，使文化体制机制改革始终按照中央部署有序推进，文化产业始终依照市场规律稳步发展。福建省注重以科学完善的工作机制确保各项规划和政策落地实施，强化文化体制改革管理和改革任务落实制度，不断完善组织工作机制。福建省委宣传部、省文改办会同省直有关部门定期开展文化体制改革单位认定工作，实行“半月一督查、一旬一通报、一周一部署”的督查落实机制，经常性召开改革专场协调会，组织相关部门开展改革专项督查，通过实施“310 行动计划”，以具体措施和评价机制的建立，有效促进文化产业规模集约化、专业化发展。

第二，优化细化配套政策，扶持保障改革发展。文化体制改革是一个系统工程，政策配套与细化关系到改革是否能顺利开展。2003 年以来，福建省委、省政府先后制定出台一系列有关改革的意见措施，《关于组建福建省新华发行集团的总体方案》（2003）、《关于推进新华发行集团试点工作的实施意见》（2004）、《关于深化全省出版社体制改革的意见》（2009）、《福建省出版发行系统体制改革方案》（2009）、《福建省非时政类报刊出版单位体制改革实施方案》（2012）、《福建演艺集团有限责任公司组建方案》（2012）等有关文化体制改革的重要文件，使改革有规可循、有序推进，做到了既积极稳妥，又取得实效。福建省委、省政府从改革大局出发，及时出台政策对文化产业进行财政上的支持。“十二五”期间，2011 年从省级新增财力中安排 2 亿元用于支持文化改革发展，其中 1 亿元专款用于支付转制单位职工社保费补缴、补充注册资本金等改革成本；2012 年出台的《关于进一步推动福建省文化产业发展若干政策》从财税扶持、市场准入、土地供给、鼓励出口等方面进行政策保障，保证了改革过程的平稳与社会和谐。同时，在改革过程中注重国有文化企业资产保值增值，出台《国有文化企业重大资产变动事项管理暂行办法》《省级文化企业国有资产监督管理暂行办法》《省级文化企业重大事项管理实施办法》等文件，不断完善管人、管事、管资产、管导向相结合的国有文化资产管理模式，使国有文化企业焕发市场活力，获得资产的有效增长。

第三，突出地方特色优势，加强对台文化合作。福建省充分发挥对台优势，采取各种优惠政策与措施，加强闽台文化产业合作。省属四大文化集团利用自身产业实力，注重凸显海峡特色。福建日报社在涉台宣传方面，深化记者驻台报道模式；重点将“海峡媒体峰会”打造成海峡两岸主流媒体交流协作的重要平台。福建广播影视集团着力打造“妈祖之光”电视晚会及“全球闽南语歌曲创作演唱大赛”和“客家之歌”电视晚会，使其成为富有影响力的系列闽台文化交流活动。海峡电视台积极推动对台传播落地工程，率先创办了两岸媒体共同制播方式，成功实现全频道节目落地覆盖台湾300个星级酒店和集中住宅区。海峡出版发行集团充分挖掘闽台特色出版资源，加强两岸合作出版，大型《闽南涉台族谱汇编》《福建涉台文物大观》等相继出版；加强闽台版权交流双向合作，通过举办特色活动，如海峡儿童阅读论坛、海峡两岸青少年快乐读书会、海峡两岸亲子夏令营、“海峡出版杯”全球儿童画大赛等，不断深化和密切两岸交流。

第四，完善文化贸易政策，培育对外文化品牌。福建除了对台优势，还有海外华侨优势，以及海上丝绸之路核心区优势。为贯彻落实国务院《关于加快发展对外文化贸易的意见》，福建先后制定《关于加快发展对外文化贸易的实施意见》（2014）、《福建省文化出口重点企业认定办法》（2014）等政策，充分体现和突出福建对台和华侨特色与优势，《实施意见》中设“深化闽台港澳侨文化贸易合作”专节，提出制订和实施闽台文化贸易方案、积极发挥华侨华人在文化贸易中的作用等举措，有力促进了文化贸易呈现较快增长态势，有效落实文化产业专项资金支持文化贸易出口奖励的措施，促进了文化企业扩大对外文化贸易。为发挥海上丝绸之路核心区优势，福建着力推动海丝文化产业发展，打造海丝文化品牌，创新海丝旅游产品，编制《福建省海上丝绸之路旅游发展策划方案》，推出“21 世纪海丝之旅”，并被国家旅游局列入 2016 年首批推出的中国十大国际旅游品牌；引导支持各地市深挖历史文化资源，展现海丝文化艺术成果，打造海丝文化品牌。泉州举办首届“海上丝绸之路青年设计展”和海丝文化衍生品创意设计大赛；厦门启动建设海丝艺术品中心，构建群聚效应显著、功能齐全、配套完善的艺术品生态圈。全省积极推进与海丝沿线国家和地区的人文交流，着力构建与海丝沿线国家的多层次常态化合作机制，在美国、南非设立全国首创的对外文化交流工程“闽侨文化中心”“闽侨书屋”，并继续推动其在海丝沿线国家和地区深入拓展，广泛扩大福建海丝文化传播。一系列国际性的海丝文化人文交流活动，充分展示了福建海丝文化特色与内涵，在海内外影响力逐步提升。

十九大报告提出要满足人民日益增长的对美好生活的需要，习近平总书记在全国宣传思想工作会议上讲话强调，要推动文化产业的高质量发展。总结福建 70 年来文化产业发展历程和宝贵经验，对我们开启新时代、新福建、新征程提供了有益启示。展望未来，我们要在习近平新时代中国特色社会主义思想指导下，在新时代、新福建建设中，从以下几方面推动文化产业再上新台阶：

第一，以创新精神落实各项政策。中央出台一系列优惠政策促进福建加快发展，“六区叠加”为福建省提供了难得的政策优势和发展机遇。要在新时代建设新福建、实现新跨越，就要用好、用足政策；同时根据福建实际情况，发扬勇于拼搏精神，创新制度，搞活机制，积极探索，大胆实践，先行先试，稳步推进。福建自贸区探索促进文化贸易发展新机制，福州新区探索文化产业总体布局和重点发展方向，沿海重点城市探索文化科技融合的人工智能产业，内地山区探索生态文化产业与乡村振兴结合新路径，闽台文化产业集聚区探索两岸合作开辟“一带一路”文化新走廊，以体制机制创新，激发文化产业发展内在潜力和内生动力。

第二，以更大力度提升创意设计。适应文化产业高质量发展要求，为人民群众提供全方位、生活化的高品质设计艺术产品，为文化产业转型升级及与相关产业融合发展服务，应集中各方资源大力提升创意设计水平。在总体思路上，要聚焦和探索传统文化与现代设计有机融合，关注和推动当代文化创意设计提升，着力和探索工业设计及智能设计发展。在政策举措上，全面贯彻好相关政策精神，落实兑现优惠措施，坚持办好“福建文创大赛”，拓展大赛后续效应；举办多样化创意设计活动，包括设计师创新创业训练营、大设计创客空间，推动形成八闽设计流派。

第三，以跨界思维促进产业融合。2018 年，国家统计局发布《文化及相关产业统计目录》，在“创意设计”类中将“工业设计”列入其中。这表明创意设计领域进一步拓展，对制造业转型升级的推手作用更加突出。人工智能快速发展，也给文化创意提供新的空间。适应新的产业发展大趋势，必须确立跨界思维，打破文化创意与各产业领域的壁垒和界限，成立跨界协调组织机构，建立跨界的产业联盟，搭建跨界的交流合作平台。

第四，以包容情怀延揽文化人才。推动福建迈向新征程、实现新跨越，需要的不只是资金，更需要大批一流人才。制定顶尖人才引进政策，在待遇和发展环境、创业平台、工作机制等方面给予特殊政策扶持；探索设立福建小硅谷，吸引集聚优质高端人才和企业，以包容宽松环境和灵活政策，推动文化产业项目孵化与产品开发。加强现有文化人才管理和培养，进一步发掘福建文化名家和各类文化人才潜力，创新人才政策与扶持资金使用方式，既管好人才，又关爱人才，让制度适应人才成长需要，用机制释放人才内在潜能。